GANGKOU CHUANBO ANDIAN JISHUYUSHIJIAN

港口船舶岸电
技术与实践

主　　编　　刘兴宇

副 主 编　　宋连峻　葛启栋　宋志强

编写人员　　崔新廷　田浩杰　戴　洵　李东野　梁海洪

　　　　　　崔　宇　马晓奇　王浩淼　康　勇　万　涛

　　　　　　殷树刚　陈文彬　杨　昕　徐鲲鹏　刘　磊

　　　　　　吴新刚　孙　科

中国电力出版社
CHINA ELECTRIC POWER PRESS

内 容 提 要

　　本书内容完善、与时俱进、通俗易懂，由浅入深地介绍港口岸电有关的技术基础知识，在对理论知识深度解读的同时，紧密联系生产实际，配合相关实例分析，注重理论与实践的结合。

　　本书主要内容包括港口智能用电技术概述，港口船舶岸电变频供电技术，船舶岸电系统智能连接技术，船舶智能用电状态监控技术，智能港口电力用户信息交互技术，港口智能用电计量、计费方法，港口智能用电技术的商业模式，港口智能用电的政策及推广，港口智能用电技术的应用实例。

　　本书适合作为港口岸电技术培训教材使用，或作为从事港口岸电行业的技术人员自学之用，也可为岸电有关设计和科研人员参考。

图书在版编目（CIP）数据

港口船舶岸电技术与实践/刘兴宇主编 . —北京：中国电力出版社，2018.2
ISBN 978-7-5198-1449-6

Ⅰ.①港⋯　Ⅱ.①刘⋯　Ⅲ.①船舶—岸电　Ⅳ.①U653.95

中国版本图书馆 CIP 数据核字（2017）第 294860 号

出版发行：中国电力出版社
地　　址：北京市东城区北京站西街 19 号（邮政编码 100005）
网　　址：http://www.cepp.sgcc.com.cn
责任编辑：王杏芸　（010-63412394）
责任校对：李　楠
装帧设计：赵姗姗
责任印制：杨晓东

印　　刷：北京大学印刷厂
版　　次：2018 年 2 月第一版
印　　次：2018 年 2 月北京第一次印刷
开　　本：787 毫米×1092 毫米　16 开本
印　　张：10.5
字　　数：225 千字
印　　数：0001—2000 册
定　　价：48.00 元

前　言

　　随着我国经济的快速发展，节能与环保成为当前所面临的焦点问题，人们迫切需要以电能代替污染严重的传统化石能源，通过提高清洁能源使用占比来缓解当前雾霾及环境污染等问题。港口以前停靠码头的船舶必须每时每刻采用船舶辅助发电来满足其用电需求，在此过程中产生了大量的废气和噪声等污染。并且船舶燃油供电受到船舶自身设备大小、质量等很多方面的因素限制，造成燃料利用率不高、损耗比较严重，且不能储存船舶柴油发动机产生的多余电能，消耗了大量的能源，造成了很大的浪费。因此，港口岸电技术以其清洁、无污染、可再生、可持续的特点得到了国际社会的高度重视。近年来，港口岸电技术日益成熟，性能不断改善，岸电产业在全球能源产业中脱颖而出。

　　本书以港口岸电的主要技术为基础，对国内外先进技术加以阐述分析。此外，引入商业模式分析与相关政策研究，知识结构更为立体，国内这方面的书籍较少。

　　本书内容完善、与时俱进、通俗易懂，由浅入深地介绍港口岸电有关的技术基础知识，在对理论知识深度解读的同时，紧密联系生产实际，配合相关实例分析，注重理论与实践相结合。参与本书编写的人员不仅有扎实的理论基础知识，而且也是在港口岸电开发领域有着多年经验的专家，本书正是集百家之所长，倾编者之心血。本书适合作为港口岸电技术培训教材使用，或作为从事港口岸电行业的技术人员自学之用，也可为岸电有关设计和科研人员参考。希望本书的出版能对中国岸电产业技术人才的培养提供支持，对推动中国岸电事业的发展产生积极的作用。

　　编者对在本书编写过程中给予大力支持和帮助的单位和个人，在此一并表示诚挚的感谢。

　　由于时间仓促，本书在编写过程中难免有疏漏之处，希望各位读者给予谅解并欢迎读者不吝指正。

编　者
2018 年 2 月

目　录

第一章

港口智能用电技术概述

　　我国港口众多，随着近年来环境污染问题越来越严重，港口智能用电技术成为建设绿色港口的重要技术之一，受到了各地政府的重视。本章对岸电技术国内外发展历程进行了简单介绍，对国内外岸电政策和标准进行总结；同时对岸电系统组成和电气配置方案进行综述，并指出了目前港口智能用电技术存在的问题；最后在综合分析的基础上对岸电技术在国内的研究发展方向和意义进行了阐述。

第一节　港口智能用电技术发展现状

一、港口智能用电技术发展历程

1. 港口智能用电技术的产生背景

　　能源，既是人类生存之根本，也是全球经济发展的物质基础，所以能源富则国富。随着人口的不断增加、经济的快速发展，能源危机日益严重。目前全球能源主要是煤、石油和天然气，而这些能源都是一次能源，其储量会随着开采而越来越少。最近几年，石油资源越来越紧张，石油价格不断上调，中国石油有一半以上要依赖中东，长此下去，最终会遏制我国经济的增长。据有关统计显示，如果每年开采 40 亿吨，我国的煤储量仅够开采 50 年，而我国的能源消费却会越来越高，50 年之后，我们拿什么来满足这样的能源需求？另外，燃烧煤、石油等矿物燃料排放了大量的有毒、有害气体，导致环境持续恶化，时刻危害着人类和动植物的健康成长，并导致全球范围内温度不断升高，进而导致地球两极冰川持续融化、海平面不断升高、洪水等自然灾害现象频发，长此以往，这将会给自然界造成难以预料的灾难，环境污染和安全问题已经严重威胁着人类的生存并阻碍着经济的发展。能源已成为制约各国经济发展的瓶颈。就能源之路，我们必须寻求可持续发展之路。因此寻找新的、清洁的、无污染的替代能源是当今社会面临的重要课题。

　　目前，国内大型船舶在靠泊卸载时，船上的燃油发电机必须持续运行，以保持船舶大功率机泵及其他设备支撑系统正常运作。燃油发电机在发电的过程中，会排放包含氮氧化物（NO_x）、硫氧化物（SO_x）、挥发性有机化合物（VOC）和颗粒排放物（PM）在内的污染物，对港口空气及水域造成了很大的污染，如图 1-1、图 1-2 所示。此外，停靠港口的船舶会产生较大的噪声和振动，给船员、旅客、码头工人和邻近社区居民的工作和生活带来了极大困扰。

图 1-1　船舶燃油发电机排放图例

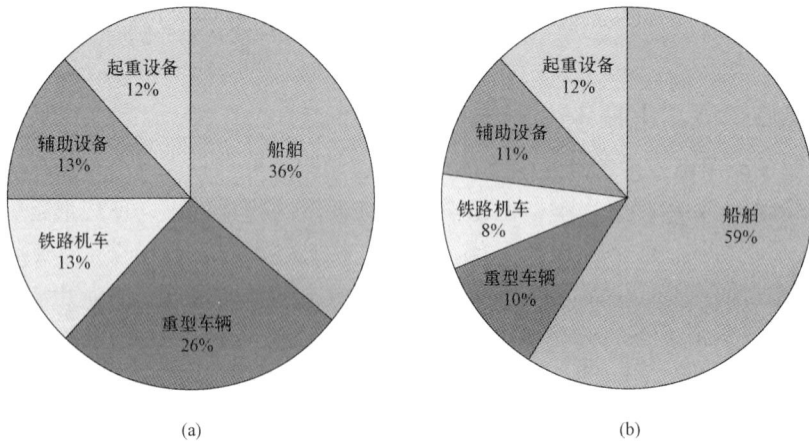

(a)　　　　　　　　　　　(b)

图 1-2　港口污染源种类及其所占的比重

(a) 氮氧化物 NO_x 排放比例；(b) 颗粒排放物 PM 排放比例

中国拥有全球最繁忙的港口区域，全球十大港口有七个在中国，中国十大港口集装箱吞吐量占世界总吞吐量的 26%，见表 1-1。同时，伴随着新建港口码头的大量出现，靠港船舶的数量和靠港船舶密度大大增加，形成相当庞大的"海上流动污染源"。船舶利用辅机发电受船舶自身发电设备质量、品质及船舶配电系统等局限性影响，船舶辅机燃油利用效率不高、损耗也比较严重，并且船舶辅机发电机生产的多余电能也不能储存，导致能源浪费，并且对港口所在的城市环境造成了不可逆的破坏。因此，有必要采用一种清洁能源形式替代传统船舶用电方式，港口智能用电技术应运而生。

表 1-1　　　　　　　　　　2013 年世界十大集装箱港口吞吐量

排名	港口名	国家	吞吐量 （百万 TEU）	占世界 总吞吐量比例 （%）
1	上海	中国	33.6	5
2	新加坡	新加坡	32.6	5
3	深圳	中国	23.3	4
4	香港	中国	22.3	3
5	釜山	韩国	17.7	3
6	宁波舟山	中国	17.4	3
7	青岛	中国	15.5	2
8	广州	中国	15.3	2
9	迪拜	阿拉伯联合酋长国	13.5	2
10	天津	中国	13.0	2

2. 港口智能用电技术简介

电能是相对低污染的绿色能源，港口智能用电技术的研究、应用与推广，代表着绿色港口的发展方向，对于保护港口与所在城市的环境，建设清洁、宜居的港口城市和保护地球生态环境，都具有十分重要的意义。港口智能用电技术指船舶在靠港期间停止使用船上发电机，而改用岸上电源供电，又称船舶岸电技术。

港口智能用电系统主要由港区变电所、岸上电源装置、岸电接收装置和电缆连接设备等组成。世界上大多数国家的船舶，除特种船外，船舶用电的交流电制形式为：三相交流 6.6kV 60Hz、三相交流 440V 60Hz 和三相交流 400V 50Hz，国际上通用的岸电供电方式大体上包括：高压岸电/高压船舶、高压岸电/低压船舶、低压岸电/低压船舶三种供电方式。

（1）高压岸电/高压船舶/60Hz 直接供电方式，如洛杉矶港部分集装箱码头、长滩港集装箱码头。

（2）高压岸电/低压船舶/50Hz 直接供电方式，如哥德堡港采用了码头固定式的供电装置，给滚装船和邮轮供电。

（3）低压岸电/低压船舶/60Hz 直接供电方式，如洛杉矶港采用趸船式的供电装置，给少量集装箱班轮供电。

3. 港口智能用电技术发展历史简要回顾

靠港船舶使用岸电，对降低靠港船舶用电成本、提高供电效率和减少区域环境污染具有重大意义，是港口节能环保的有效途径之一。所以，国内外一些先进的港口正在依据自身的特点，对岸电系统，进行积极研究，并分阶段实施。船舶岸电系统发展历程大致如下（见图 1-3）。

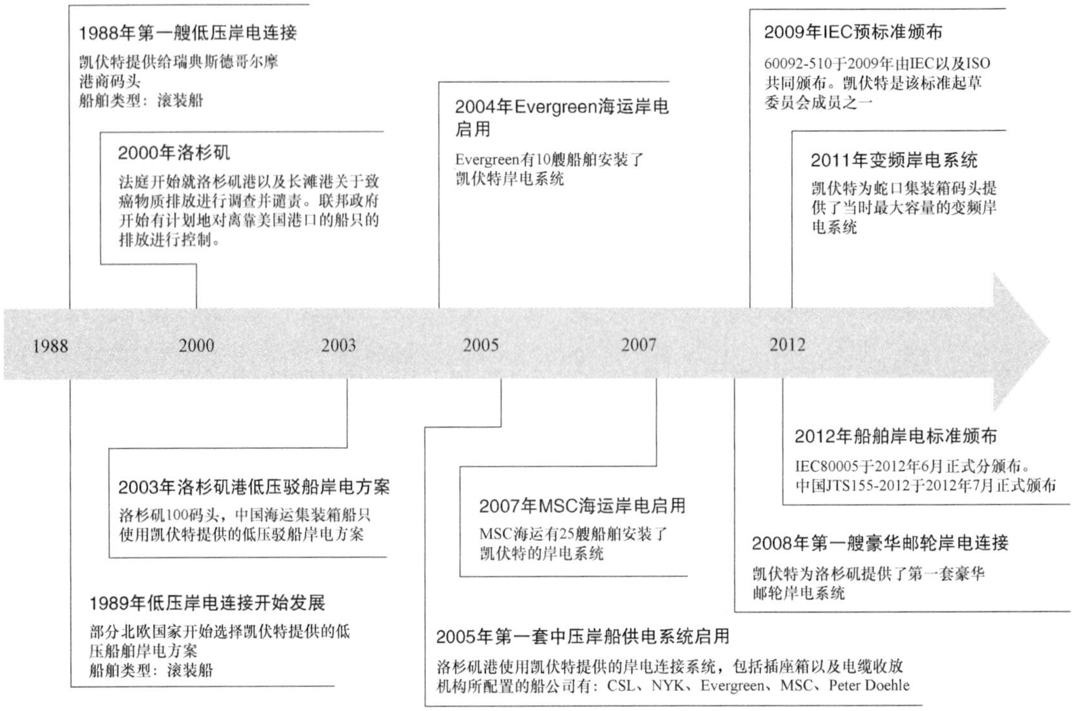

图 1-3　船舶岸电简史图

（1）1988年瑞典斯德哥尔摩港第一艘低压岸电连接，接用岸电的船舶类型为滚装船。

（2）1989年低压岸电连接开始发展到部分北欧国家，依然采用低压船舶岸电方案，船舶类型为滚装船。

（3）2000年美国洛杉矶法庭开始就洛杉矶港以及长滩港关于致癌物质排放进行调查并谴责。联邦政府开始有计划地对离靠美国港口船只的排放进行控制；2003年洛杉矶港低压驳船岸电方案在洛杉矶100码头实施。

（4）2004年Evergreen海运岸电启用，Evergreen海运有10艘船舶安装了岸电连接系统。

（5）2005年第一套中压岸船供电系统在洛杉矶港启用，现配置的船公司有：CSL，NYK，Evergreen，MSC，Peter Doehle。

（6）2006年，YangMing海运岸电启用，YangMing海运有10艘船舶安装了岸电连接系统；2007年MSC海运岸电启用，MSC海运有25艘船舶安装了岸电连接系统。

（7）2008年第一艘豪华邮轮岸电在洛杉矶港启用。

（8）2009年IEC预标准《船舶电气安装　第510部分：高压海岸连接系统》（IEC/PAS 60092—510），由IEC以及ISO共同颁布。

（9）2011年蛇口集装箱码头SMW变频岸电系统启用。

（10）2012年船舶岸电标准颁布：IEC 80005于2012年6月正式颁布；中华人民共和国行业标准《码头船舶岸电设施建设技术规范》（JTS 155—2012）于2012年7月正

式颁布。

据不完全统计，截至 2013 年，全世界使用岸电技术的港口约有 30 多家，而岸电的应用也从最初的滚装、集装箱及邮轮码头，扩展到了油码头与天然气码头等。岸电在港口城市应用后，船舶靠港污染物排放量明显降低。在港区应用船用岸电技术，对于保护港区、市区的环境意义重大，可为未来"绿色港口"建设和发展做出巨大贡献，同时对于船方来讲，靠港后使用岸电可降低 30% 的低燃油消耗成本，其经济效益显著。

二、国内港口智能用电技术发展现状

1. 中国港口智能用电现状

中国是世界最大的海运国，国内港口的船舶岸电技术研究尚处于起步阶段，进一步加快港口智能用电技术应用推广迫在眉睫。近年来，中央把"节能减排"作为全面贯彻落实科学发展观、调整经济结构、转变发展方式的突破口，全面加快了建设"资源节约型、环境友好型"社会的步伐，以宏观调控为契机出台了一系列政策措施。为此，2009年以来国内多个港口已建立船舶岸电试点性工程，成为中国港口智能用电技术应用的开端。2009 年青岛港招商局国际集装箱码头有限公司首先完成了 5000 吨级内贸支线集装箱码头船舶岸电改造，但该系统仅针对内货船只，且应用面较窄；2010 年 3 月，上海港外高桥二期集装箱码头运行移动式岸基船用变频变压供电系统，其主要是针对集装箱船舶，且工程规模较小；2010 年 10 月，连云港港口首次将高压船用岸电系统应用于"中韩之星"邮轮；2011 年 11 月—2012 年 1 月，招商国际蛇口集装箱码头先后安装了低压岸电系统与高压岸电系统；随着港口智能供电技术的推进，福建港、宁波港、天津港[4]等国内一些港口码头也正在进行船舶岸电系统的建设和试验；2015 年，国家电网宁波供电公司与宁波舟山集团合作建成的高压变频岸电项目，能够根据靠港船舶的电制选择性输出 6kV/50Hz 或 6.6kV/60Hz，并使得用电计量设备在不同频率下也能稳定工作，提升了岸电系统的适用性；2016 年 12 月 22 日，南方电网首个高压"港口岸电"项目在珠海高栏港神华粤电珠海港煤炭码头正式建成使用；2017 年 4 月 4 日，江苏省实现了江河湖海港口岸电全覆盖。

国内主要应用岸电技术的码头的电压等级、频率、容量见表 1-2。

表 1-2　　　　国内主要应用岸电技术的码头的电压等级、频率、容量

港口	电压等级（V）	供电频率（Hz）	供电容量
青岛港招商局	低压 380	50	131.6kVA
上海外高桥码头	低压 440	50/60	2MVA
连云港	高压 66k	50/60	2MVA
蛇口 集装箱码头	低压 440	50/60	5MVA
	高压 66k		

2. 我国制定的港口智能用电标准

随着国内岸电技术应用与日俱增，我国交通运输部也组织制定了相关的标准规范：

2011 年 5 月，中国船级社发布了《船舶高压岸电系统检验原则》。该原则为现阶段国内船舶安装岸电系统入级检测提供依据，并为国内船舶岸电的设计、产品制造、建造

改造提供船基设施标准，且为安装上船的高压岸电设备检验和发证。

2012年7月4日，交通运输部颁布并实施的《码头船舶岸电设施建设技术规范》（JTS 155—2012）和《港口船舶岸基供电系统技术条件》（JT/T814—2012），其主要是针对船舶岸电系统的岸基部分进行的一般性的规定，并提出"新建集装箱码头、干散货码头、邮轮码头和客滚轮码头，应在工程项目规划、设计和建设中包含码头船舶岸电设施内容"的强制要求。但规定较为宽泛，具体的工程实施难以做到有章可循。

2015年12月4号，为贯彻实施《中华人民共和国大气污染防治法》，推进绿色航运发展和船舶节能减排，减少船舶在我国重点区域的大气污染物排放，交通运输部印发了《珠三角、长三角、环渤海（京津冀）水域船舶排放控制区实施方案》，方案控制要求包括：

（1）自2016年1月1日起，船舶应严格执行现行国际公约和国内法律法规关于硫氧化物、颗粒物和氮氧化物的排放控制要求，排放控制区内有条件的港口可以实施船舶靠岸停泊期间使用硫含量≤0.5%m/m的燃油等高于现行排放控制要求的措施。

（2）自2017年1月1日起，船舶在排放控制区内的核心港口区域靠岸停泊期间（靠港后的一小时和离港前的一小时除外，下同）应使用硫含量≤0.5%m/m的燃油。

（3）自2018年1月1日起，船舶在排放控制区内所有港口靠岸停泊期间应使用硫含量≤0.5%m/m的燃油。

（4）自2019年1月1日起，船舶进入排放控制区应使用硫含量≤0.5%m/m的燃油。

（5）2019年12月31日前，评估前述控制措施实施效果，确定是否采取以下行动：①船舶进入排放控制区使用硫含量≤0.1%m/m的燃油；②扩大排放控制区地理范围；③其他进一步举措。

（6）船舶可采取连接岸电、使用清洁能源、尾气后处理等与上述排放控制要求等效的替代措施。

三、国外港口智能用电技术发展现状

1. 国外港口智能用电现状

近年来，美国、欧洲等国家对节能减排、环境保护工作的重视程度越来越高。靠港船舶使用岸上电源系统供电，作为减少港口环境污染问题的一项重要技术，已经在国外一些港口早于国内进行了实际应用。

2000年，瑞典哥德堡港第一个在渡船码头，设计安装了高压岸电系统。此项技术使得船舶靠港期间污染物排放减少了94%～97%，在欧盟引起了广泛关注。随后欧盟的主要港口，如荷兰鹿特丹港，比利时安特卫普港等集装箱码头，以及泽布勒赫港、哥德堡港等客滚或渡船码头也陆续应用了岸电技术。

2001年，美国朱诺港首次将岸电技术应用在豪华邮轮码头。2004年，美国洛杉矶港将其应用在集装箱码头100号集装箱泊位上，并在2014年给所有集装箱码头安装岸电设施。2009年，长滩港首次将其应用在油码头。

美国加州是率先颁布法律限制船舶污染排放的国家。加利福尼亚州于2009年对船舶减排的法规生效，法规要求自2014年1月1日起50%的船舶使用岸电并每年依次递增，到 2020 年 1 月 1 日达到 80% 的船舶使用岸电目标。目前世界上只有美国加利福尼亚州对船用岸电做了强制性规定。

欧洲许多国家也出台了鼓励船舶采用岸电的措施。欧盟于 2006 年建议港口提供船舶岸电或含硫 0.1% 的燃油，《欧盟法令 2005/33/EC》[8] 规定从 2010 年开始船舶在靠港以及在内河流域船舶建议使用船舶岸电。

国外主要应用岸电技术的码头见表 1-3。

表 1-3　　　　　　　　　　　国外主要应用岸电技术的码头

港口	国家	岸电电压（V）	电网频率（Hz）
洛杉矶港	美国	440/6600	60
长滩港	美国	6600	60
西雅图港	美国	6600/11000	60
匹兹堡港	美国	440	60
朱诺港	美国	6600/11000	60
哥德堡港	瑞典	400/6600/11000	50
斯德哥尔摩港	瑞典	400/690	50
赫尔辛堡港	瑞典	400/440	50
皮特奥港	瑞典	6000	50
奥卢港	芬兰	6600	50
凯米港	芬兰	6600	50
科特卡港	芬兰	6600	50
安特卫普港	比利时	6600	50/60
泽布吕赫港	比利时	6600	50
吕贝克港	德国	6000	50

2. 国际制定的港口智能用电标准

随着各国对港口智能用电技术的重视，2012 年，国际电工委员会、国际标准化组织、电气和电子工程协会 3 家联合发布了国际标准 IEC/ISO/IEEE80005-1[9]，即《在港设施 第一部分：高压岸电系统一般要求》。

该标准对高压岸电系统的 3 个部分组成（岸基供电系统、船岸连接系统、船舶受电系统），从系统组成的设备和要求、保护系统的配置、安全连锁的实现方式和设备、船岸等电位连接的实现方式和设备、岸基供电系统的供电电制和电能质量、船岸连接设备的组成和对连接设备的特殊要求等方面进行了非常详尽的规定。除此之外，还对高压岸电系统首次应用和日常保养应进行的检测项目分别进行了规定。该标准的出台对于船用岸电技术的发展起到了积极的促进作用[10]。

第二节　港口智能用电技术存在问题及发展前景

一、港口智能用电技术存在的问题

岸电技术的推广和应用仅有不到 20 年的时间，属于新兴的技术。虽然目前在世界很多地方已经开始大范围推广，但仍有诸多问题需要解决。

1. 资金层面

目前，岸电设施的建设投资普遍较高。一套低压岸电设施的建设费用在 100 万元左右，一套高压岸电设施的建设费用在 1000 万元左右，如果码头电力涉及增容问题，则投资更大，对于港方来说投资的回收期很长。如何解决好投资、效益和收益的问题是摆在我们面前的重要课题，因此各地政府考虑在港口建设岸电之前应该权衡岸电技术和其他管控技术或措施的投资与效益比，根据地方政府的能力有序地推进岸电设施的建设。同时，在未来还需进一步探索政府、港口以及社会共同投资的模式，缓解在资金方面的压力。

从成本的角度来分析，岸电技术港口设备的成本主要包括建设成本、管理维护成本。其中建设成本主要包括土建成本，设备成本和人力成本；管理维护成本主要指管理维护过程中的人力成本、设备更换维修成本和电价成本，其中电价成本根据广州市电力公司提供的大工业电价标准确定。

通过对文献 [4] 的相关实际数据进行解算可得：对于 10 万吨泊位而言，平均每个泊位的高压开关柜的成本约为 30 万元；平均每个泊位的变频设备改造成本约 262.5 万元；平均每个泊位的变压器改造成本约为 60 万元。此外，码头接口岸电箱的成本约为 5 万元，由于 10 万吨试点泊位在泊位起点和终点各装一个岸电箱，故其岸电箱总价约为 10 万元。11kV 高压电缆的价格约为 400 元/m。而根据南沙港三期工程的实地考察情况，得知南沙港三期工程目前计划先选择一个 10 万吨泊位作为岸电技术试点泊位，后续工程将根据试点泊位的收益情况以及到港船舶的用电情况决定是否继续添加岸电设施。对于 10 万吨岸电技术试点泊位岸电设施的建设与维护成本计算见表 1-4。

表 1-4　　　　　　　　　　　岸电设施建设成本估算

项目	成本（万元）	项目	成本（万元）
电缆	92.4	岸电箱	10
变压器	60	材料费总计	$S_t = 454.9$
开关柜	30	建设成本总价概算	$S_g = K_s \times S_t = 1.5 \times 454.9 = 682.35$
变频设备	262.5		

注　K_s 是参考文献 [4] 的工程总价估算方法，即算入土建费、成套费、人工费、辅料费、措施费等费用需合计价格乘系数 1.5。

2. 技术层面

（1）船舶岸电系统组成。船舶岸电系统主要由三部分组成：岸上供电系统，船岸交互部分和船舶受电系统。船舶岸电系统示意图如图 1-4 所示。

图 1-4 船舶岸电系统示意图

1) 岸上供电系统。岸上供电系统使电力从高压变电站供应到靠近船舶的连接点，即码头接电箱，完成电压等级变换、变频、与船舶受电系统不停电切换等功能。

2) 船岸交互部分。连接岸上连接点及船上受电装置间的电缆和设备，电缆连接设备必须满足快速连接和储存的要求，其不使用时储存在船上、岸上或者驳船上。

3) 船舶受电系统。在船上原有配电系统的基础上固定安装岸电受电系统，包括电缆绞车、船上变压器和相关电气管理系统等。船舶电站发电机的电压等级可分为高压和低压两种。高压船舶电站电压等级为 11kV、6.6kV/60Hz、6kV/50Hz，低压船舶电站电压等级为 400V/50Hz 或 440V/60Hz。

（2）已有船用岸电电气配置方案。船舶配电电压包括高压配电和低压配电两种，高压配电主要为 6.6kV、6kV，低压配电为 440V、400V。各港为船舶提供的岸电电压、频率不尽相同，如北美地区港口提供岸电的频率为 60Hz，欧洲大部分国家则为 50Hz，而不同类型、不同吨级船舶上的电压、频率也不相同。因此为适应各国船只到港供电与用电制式的匹配是船舶岸电系统需要重点解决的问题之一，码头上的岸电电源装置需要将岸电电源的供电制式转为与靠港船舶相应的用电电源制式。

1) 低压船舶/低压岸电供电方案。美国洛杉矶港即采用这种低压船舶/低压岸电/60Hz 直接供电方案，该供电方案示意图如图 1-5 所示。电网电压经变电站降压至 6.6kV，并接到码头岸电接电箱。因港口空间有限，6.6kV 到 440V 变电箱安装在移动驳船上，船舶经由驳船上 9 根电缆连接岸电。

该方案可用于对低压配电船舶进行供电，且无须改造码头，配置简单。但因低压船舶不易安放变电箱，该设备需置于驳船，从而造成连接困难；另外使用 9 根电缆供电，则安装拆卸时间长。

国内上海港外高桥二期集装箱码头的岸电系统，目前采用的也是低压船舶/低压岸电供电方案，但其涉及变频技术，低压船舶/低压岸电变频供电方案示意图，如图 1-6 所示。方案采用的是移动式岸电电站，变压与变频主体结构装载在集装箱内，方便港口搬运移动，且可放置于岸边或者驳船上。电网 10kV/50Hz 的三相交流电压先经变压器

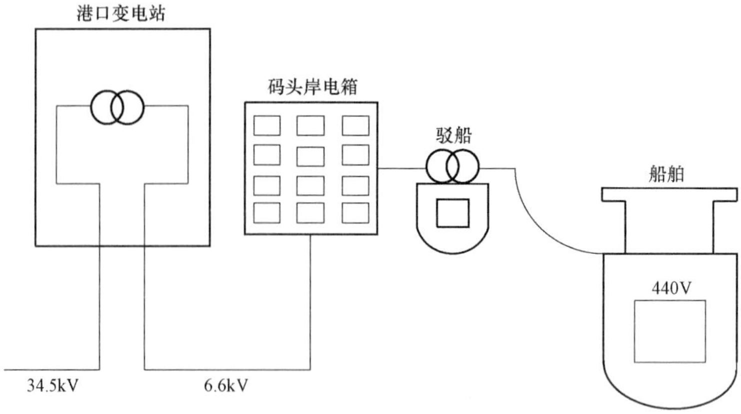

图 1-5 低压船舶/低压岸电/60Hz 直接供电方案示意图

变压到变频器工作电压，然后经变频器由 50Hz 变为 60Hz，再由变压器降压到 440V/60Hz，最后将 9 根电缆连接到船上，如图 1-7 所示。

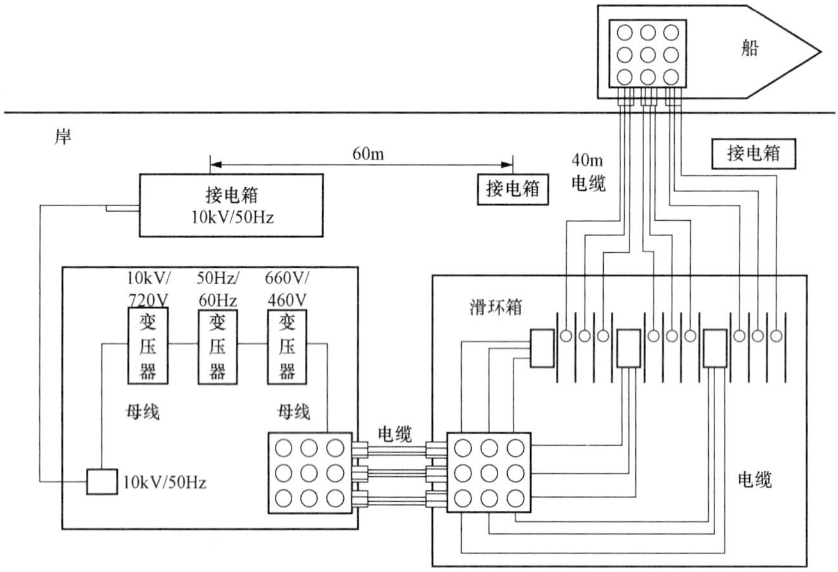

图 1-6 低压船舶/低压岸电变频供电方案示意图

该岸电方案使用较为灵活，且无须码头提供额外电气设施。缺点是该系统网侧采用二极管不控整流，对电网有污染，必须加以解决。对比国内外两种低压船舶/低压岸电供电方案可知，该方案的共同缺点是，由于 440V 低压供电，使用 9 根电缆连接，供电连接操作复杂，每次船舶到港后安装与拆卸时间长。

2）低压船舶/高压岸电供电方案。瑞典哥德堡港滚装船码头采取低压船舶/高压岸电/50Hz 直接供电方案。该供电方案示意图如图 1-8 所示。电网电压经变电站降至 6～20kV，由码头岸电接电箱接岸电上船，因传输电压高，传输电缆使用 1 根高压电缆即可。上船后通过变压器降压至船舶配电电压等级向船舶供电。

该方案适用于对高压配电船舶进行供电，当给低压配电船舶供电时，需在岸侧或船

图 1-7　低压岸电接线图例

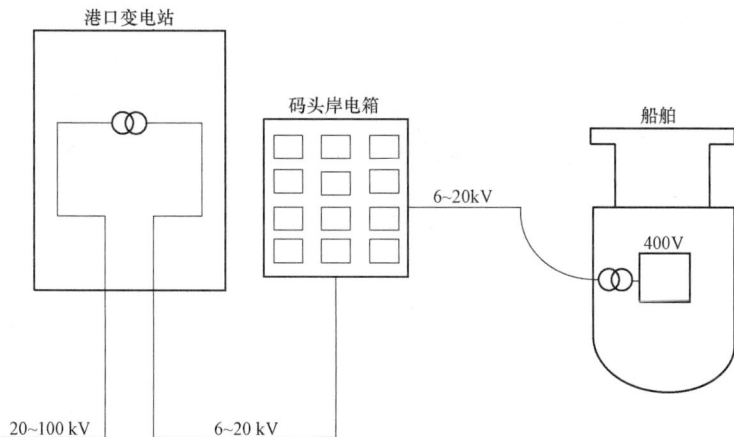

图 1-8　低压船舶/高压岸电直接供电方案示意图

侧加装变压器。由于未加装变频器，当向 60Hz 船舶供电时，该岸电只能给船舶上的照明等非动力负载供电。

　　国内连云港码头采用低压船舶/高压岸电的供电方案，该岸电系统同样涉及变频示意图，如图 1-9 所示。输入侧接 10kV/50Hz 电网电源，经岸上变频器变频，输出侧为 6.6kV/60Hz。将变频后的高压电送至码头前沿的高压接线箱内，同时在船舶上安装配套的固定变压器。

　　该供电方案的优点在于采用高压一根电缆上船，安装便捷，且可实现不间断供电，供电均有岸侧管理，运行方便；缺点是由于采用岸上并网方式，每台变频器对应单独的船舶，且船舶需相应改造，技术实现成本高，灵活性较差。

　　对比国内外两种低压船舶/高压岸电供电方案可知，该方案共有的优点是，高压供电，使用 1 根电缆快速连接，如图 1-10 所示；缺点是需要在船上安装变压器，船舶改造复杂。

11

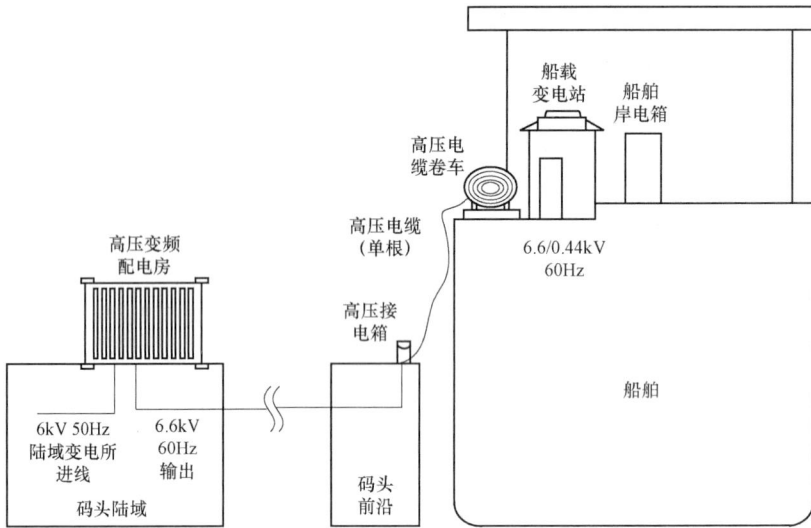

图 1-9　连云港低压船舶/高压岸电供电方案示意图

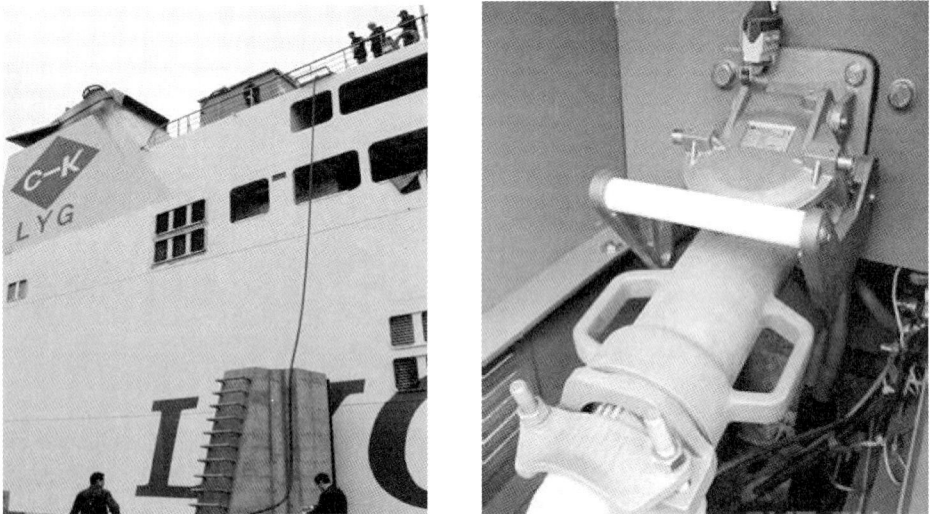

图 1-10　低压船舶/高压岸电供电方案连接图例

3）高压船舶/高压岸电供电方案。美国长滩港集装箱码头即使用高压船舶/高压岸电/60Hz 直接供电方案，该供电方案示意图如图 1-11 所示。电网电压经变电站降至 6～20kV，由码头岸电接电箱接岸电上船，上船后可直接切换至船舶配电系统并向船舶供电。国内尚未有港口应用类似方案。

该方案适用于对高压配电船舶进行供电，当给低压配电船舶供电时，需在岸侧或船侧加装变压器。由于未加装变频器，当向 50Hz 船舶供电时，该岸电只能给船舶上的照明等非动力负载供电。

3. 法规、政策层面

船舶靠泊使用岸电技术是一个利船、利民、利国的好举措，需要在国家层面进行鼓

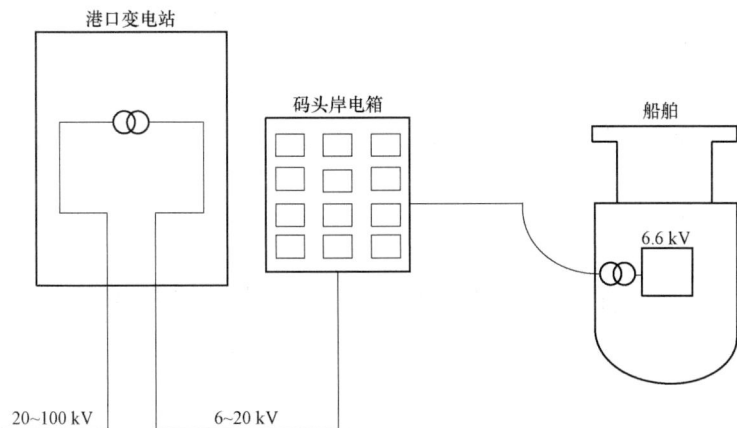

图 1 - 11　高压船舶/高压岸电直接供电方案示意图

励和推动。目前多地港口岸电设施建设已经开展，但船舶也需要进行相应的改造才能够使用岸电，船方进行岸电改造的意愿需要政府出台补贴政策加以引导。由于我国进行岸电应用的技术还不成熟，出台靠泊船舶强制使用岸电的法规可行性较差，但可以在有条件的区域设立排放控制区（如果条件成熟，至少需要 5 年的时间），船舶在此区域内靠泊时可以选择使用岸电或者其他能够减少大气污染物排放的方式，否则予以处罚。通过设立排放控制区，不仅有助于改善港口城市环境空气质量，还能够倒逼各类船舶进行岸电改造或采取更先进的减排措施。

二、港口智能用电技术的发展前景

根据船舶岸电国内外应用现状及配置方式调研结果，船舶岸电技术将以如下几个方面重点开展研究。

1. 大容量船舶岸电供电电源技术研究

航运事业的飞速发展促使船舶的吨位不断增大，其所需要的电力功率也越大，且要考虑多条船舶同时应用岸电的情况，所以需要的岸电电源容量也越大。

2. 岸电供电变频，变压技术研究

目前国内外船舶频率不同，电压等级也不尽相同，船舶岸电须满足国内外不同频率船舶、不同配电电压等级船舶的供电需求，同时需对不同类型船舶负荷特性进行分析，确定船舶用户对供电电能质量的需求。岸电变频、变压技术需采取相应的技术手段满足岸电电源供电品质。

3. 岸电设备紧凑化布局研究

大容量供电设备体积较大，在码头岸电设计时，供电设备的安放位置即要满足船舶供电需求，又不能影响码头操作和交通，所以需要考虑隐蔽布置或移动式设备，从而减少空间需求。

4. 船舶岸电供电模式研究

为实现船舶岸电技术在国内的推广应用，需提出可广泛适用于港口码头电气环境的供电模式，以满足规模化推广的需要。目前国内现有的岸电示范工程仅针对特定工程开展，不具有普适性，须在主电气接线方式、继电保护配置、岸电并网方式等多方面开展研究，形成该领域的技术规范和标准，从而推动岸电产业的发展。

5. 船岸交互技术研究

靠港船舶连接岸电须同时满足快速、安全、稳定的技术需求。该技术的实现涉及船岸连接电缆、接地方式及继电保护配置方式。目前柔性电缆技术由国外公司垄断，接地方式及继电保护配置还未形成统一的技术标准，须进一步开展此关键技术研究，促进实现岸电技术的国产化、规模化应用。

第三节　港口智能用电技术的实施意义

一、实施岸电的环境效益

洛杉矶港采用岸电技术对集装箱船进行供电，实施效果良好，硫化物、氮化物和可吸入颗粒物 PM10 的排放量平均减少 95%。估计 1 艘 3MVA 的集装箱船停靠 1 天的 NO_x、NO_x 和 PM 排放量分别减少 1.03 吨、0.59 吨和 0.043 吨，减少燃油消耗 771 升。据美国加州空气资源局估计，如果自 2014 年起，执行 50% 的靠港船舶停止使用柴油机发电转而使用岸电，2014～2020 年，将避免 280 个因空气污染导致早逝的案例发生，同时将节省 13 亿～19 亿美元的医疗成本开支。

哥德堡港滚装船码头完成可提供岸电电源的终端，哥德堡港使用岸电后估计每年 NO_x、NO_x 和 PM 排放量分别减少 80 吨、60 吨和 2 吨。瑞典电力的生产平均所造成的环境污染要小于船舶燃油供电，而所有在哥德堡港靠泊的滚装轮船所使用的岸基供电均由风能产生，意味着电能生产对环境影响非常小。

2009 年温哥华港开始为邮轮提供岸电供应，是全球第三个为邮轮提供岸电的港口。2010 年全年为 57 航次靠泊邮轮提供的岸电，实现碳减排达到 3000 吨。

纽约布鲁克林邮轮码头于 2011 年获纽约港务局批准兴建邮轮码头岸电设施。据纽约港务局研究显示，布鲁克林邮轮码头岸电设施的使用，总体上每年将会减少 100 吨氮化物、100 吨硫化物以及超过 6 吨特殊有害物质的排放。

在欧盟，欧盟委员会通过影响评估方法得出靠泊船舶使用岸电方案产生的效益，具体码头采用这一方案的效益需要基于具体条件利用成本效益分析法进行分析。影响评估方法针对 500 个泊位，靠泊船舶使用中型柴油发电机的情形进行，影响效益评估的一个重要因素是燃料中的硫含量。影响评估方法设定了码头燃料硫含量为 2.7% 和 0.1% 的情形，将减少 SO_x、NO_x 等污染物排放导致的对人类健康和物料损耗方面的积极效果考虑为经济效益。评估结果表明，在使用含硫量为 2.7% 的燃料的情况下，靠泊船舶使用岸电每年减少污染物排放的折算经济效益为 2.52 亿～7.08 亿欧元；在使用含硫量为 0.1% 的燃料的情况下，靠泊船舶使用岸电每年减少污染物排放的折算经济效益为 1.03 亿～2.84 亿欧元。船舶使用岸电还将产生其他效益，如减少超过 50% 的 CO_2、约 99% 的 CO 和超过 50% 的 NO_2 的排放。

二、实施岸电的节能效益

1. 船舶能耗分析

根据上港集团统计数据，2012 年上海港集装箱船平均在港停泊时间为 15 小时。一艘 4250TEU 集装箱船停港期间平均功率消耗为 1000kW，一艘 5688TEU 集装箱船舶平均功率消耗为 1200kW，根据船期表，4250TEU 集装箱船一年停靠上海港 12 次。为计算方便，在此取 1000kW，可得一艘 4250TEU 集装箱船停靠上海港一年共消耗岸电180 000kWh。瓦锡兰四冲程柴油机的燃油耗率为 0.216kg/kWh，一艘 4250TEU 集装箱船停靠上海港一年共消耗重油 38.88 吨，折合标煤 56.65 吨。如改用岸基供电，则可节约重油 38.88 吨，折合标煤 56.65 吨。

2. 电厂能耗分析

根据《中国电力减排研究 2012》白皮书发布的数据，电网综合线损率为 6.53%，当一艘 4250TEU 集装箱船一年消耗岸电 180 000kWh，火电机组需发电 192 575.16kWh，折合标煤 23.67 吨。如船舶改用岸基供电，电厂将额外产生能耗 23.67 吨标煤。

以上计算可以看出，如船舶改用岸基供电，一艘集装箱船可节约能耗 56.65 吨标煤，电厂将额外产生能耗 23.67 吨标煤，实际将节约能耗 32.98 吨标煤。如果 2012 年达到上海港 6309 艘远洋集装箱船全部使用岸电，实际将节约能耗 208 070.82 吨标煤。由此可见，船舶使用岸电，节能效果显著，值得在港口大力推广。

参考文献

[1] 王仁祥. 电力新技术概论 [M]. 北京：中国电力出版社，2013.

[2] 丁毓山，雷振山. 中小型变电所实用设计手册 [M]. 北京：中国水利水电出版社，2012.

[3] 陈晓宏，王闯. 蛇口集装箱码头船用供电系统方案设计 [J]. 水运工程，2012（1）：74 - 78.

[4] 佟志国. 天津港船舶岸电系统技术经济研究 [D]. 天津：天津大学，2013.

[5] 中华人民共和国交通运输部. 码头船舶岸电设施建设技术规范 [S]. 北京：人民交通出版社，2012.

[6] 中华人民共和国交通运输部. 港口船舶岸基供电系统技术条件 [S]. 北京：人民交通出版社，2012.

[7] 彭传圣. 靠港集装箱船岸电技术的应用 [J]. 集装箱化，2011（8）：21 - 24.

[8] 国际标准化组织. Utility connections in port - part1：high voltageshore connection（HVSC）systems - general requirement [S]. ISO：International Standard，2012.

[9] 王正甲，谢立新，万芳. 高压岸电在散货船上的应用研究 [J]. 船舶与海洋工程，2012（4）：42 - 45.

[10] 包起航，黄细霞，葛中雄，等. 上海港口外高桥六期码头岸电试点项目方案论证 [J]. 港口科技，2009（12）：6 - 11.

[11] 包起帆，江霞. 上海港岸基船用供电系统研究与实践 [J]. 水运工程，2010（5）：11 - 16.

[12] 张国桥，穆鑫. 探索岸电技术建设绿色港口 - 连云港港船舶靠港接用岸电项目调查 [J]. 港口经济，2011（1）：36 - 38.

[13] 河北远洋运输集团股份有限公司. "富强中国"轮使用岸电项目 [J]. 交通节能与环保，2013（3）：15 - 20.

[14] 苏勇，章广春，陈钢. "中韩之星"轮船舶高压岸电技术的应用 [J]. 港口科技，2012（9）：8 - 12.

[15] 贾石岩. 船舶使用岸电对温室气体排放的控制研究 [D]. 大连：大连海事大学，2009.

第二章

港口船舶岸电变频供电技术

世界上不同国家所使用的岸电系统不尽相同，但是总体上来说，可以分为三大部分：岸基供电系统（船舶岸电电源系统）、电缆连接系统和船舶受电系统[4]，如图 2-1 所示。

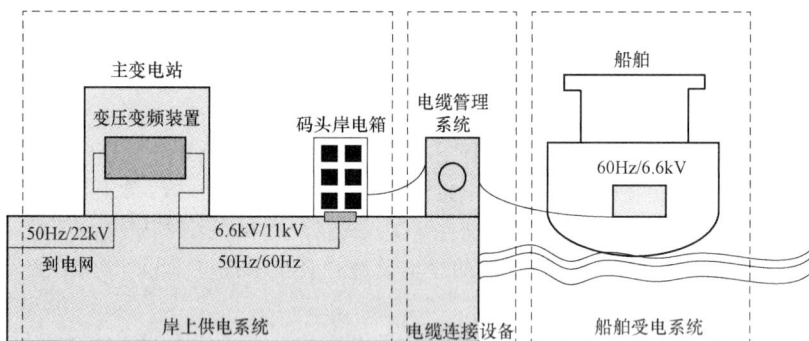

图 2-1　船舶岸电系统原理图

（1）岸基供电系统（船舶岸电电源系统）：使陆上高压电力网的电能从港口主变电站输送到泊位的接电桩，并能变换成船舶所需要的电制。

（2）电缆连接设备：连接岸边泊位上的接电桩和船上受电设备的电缆和各种电气保护装置。电缆连接设备要求操作快捷、安全可靠，如快速连接头和电缆绞车等。

（3）船舶受电系统：靠港船舶所安装的能够接受岸电的各种设备，包括可移动式的电缆绞车、岸电连接屏和岸电配电屏等设备。

船舶岸电系统的核心技术在于对船舶岸电电源的研究，传统的岸电电源都是发电机组式（或称为旋转式）的，即采用两台同步电机，一台同步电动机利用港口陆上电力网的电能运行，作为原动机来驱动另外一台同步发电机旋转，这样就可以将港口陆上电网的 50Hz 电能转换为 440V/60Hz 电源。与上述旋转式的岸电电源相比，静止式的岸电变频电源就有了很多优势，岸电变频电源结构如图 2-2 所示。因为静止式岸电变频电源采用了大功率电力电子器件，没有旋转部件，所以效率高，噪声小，对环境造成的污染也很小，因而受到了人们的强烈关注。

变频器是船舶岸电电源系统最重要的核心设备，承担了整流和逆变两大任务，其主

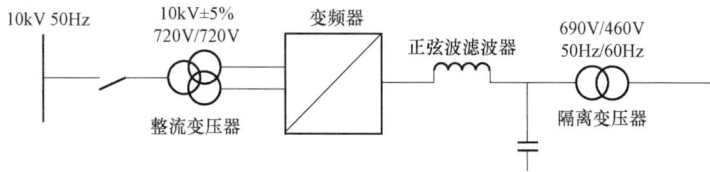

图 2-2　静止式岸电变频电源简图

要功能是将电网 50Hz 的电能转换成船舶电网使用 60Hz 的电能。在岸电电源系统中所使用的变频器是交—直—交电压源型变频器，整流器先把来自陆上电网 50Hz 的交流电整流成直流电，然后再通过逆变器，将直流电逆变成 60Hz 的交流电。

⛵ 第一节　港口船舶岸电变频供电技术综述

一、岸电变频供电（特性）需求

近年来，随着中国经济的高速发展和对外贸易的不断扩大，我国船舶工业发展迅速，我国已成为世界造船大国。

目前，美国和欧洲部分港口为环保目的已经开始使用岸电技术，效果良好。有统计数据显示，从 2000 年至今，美国、比利时、加拿大、德国、瑞典、芬兰、荷兰及中国等国，已有约近百个港口使用了岸电系统，采用岸电技术的船舶达到了近千艘[6]。

越来越多的国家和地区在我国的造船厂定制并维修符合其标准、频率和电压要求的船舶，到中国港口作业和中转的国外运输船数量也越来越多，但各国电源频率不同，见表 2-1，欧洲、亚洲、非洲主要使用 50Hz 电源，北美、南美和东亚（日本、韩国、中国台湾等）的部分地区为 60Hz 电源。

表 2-1　　　　　　　　　　　　　不同地区电网频率参数

地区	欧洲	北美洲	南美洲	非洲	亚洲	东亚
频率（Hz）	50	60	60	50	50	60

我国使用的是 50Hz 频率和 380/220V 电压的供电电源，世界上有许多国家和地区使用 60Hz，440/110V 的供电电源。使用 60Hz 电源的国家或地区的名称、电压和相数见表 2-2（供参考）。表 2-2 是从近百个国家或地区中统计出的 28 个使用 60Hz 电源的国家或地区，约占统计国家或地区数的 28.8%。因此，承揽外国或地区船舶的修造业务的船厂以及堆存外国或地区的冷藏集装箱的港口除了具有 50Hz 的供电电源外，还需要提供 60Hz 的供电电源，50Hz、60Hz 电源之间的频率转换，成为限制船舶岸基供电技术快速发展的瓶颈。

表 2 - 2 　　　　　　　　　使用 60Hz 电源的国家或地区

序号	国家和地区	电压/V	相数	序号	国家和地区	电压/V	相数
1	阿拉斯加	208	3	15	夏威夷	240	3
2	巴拿马	200	3	16	日本	220	3
3	玻利维亚	220	3	17	韩国	200	3
4	巴西	200	3	18	朝鲜	200	3
5	巴西	380	3	19	科威特	415	3
6	加拿大	230	3	20	墨西哥	220	3
7	香港（中国）	346	3	21	巴拿马	220	3
8	台湾（中国）	200	3	22	秘鲁	220	3
9	哥伦比亚	220	3	23	菲律宾	220	3
10	古巴	230	3	24	波多黎各	230	3
11	多美尼加	230	3	25	美国	208	3
12	厄瓜多尔	230	3	26	美国	240	3
13	关岛	220	3	27	美国	460	3
14	危地马拉	240	3	28	美国	480	3

　　国内港口的船舶岸电技术研究尚处于起步阶段，2009 年以来国内已经有多个港口建立船用岸电试点性工程。见表 2 - 3，主要应用岸电技术的码头中，只有青岛港招商局码头只提供 50Hz 交流电，而其他港口如连云港码头、上海外高桥码头、蛇口集装箱码头等均提供 50Hz 和 60Hz 两种规格的交流电，以满足不同规格船舶或不同规格设备的要求。

表 2 - 3 　　　　　　　国内应用岸电技术码头的供电规格

码头	电压等级	供电频率	供电容量
连云港码头	高压 6.6kV	50Hz/60Hz	2MVA
上海外高桥码头	低压 440V	50Hz/60Hz	2MVA
青岛港招商局码头	低压 380V	50Hz	1316kVA
蛇口集装箱码头	低压 440V，高压 6.6kV	50Hz/60Hz	5MVA

　　电力系统的电能质量是指电压、频率和波形的质量。我国规定供电频率为 50Hz，供电频率偏差允许为 ±0.2Hz，电网容量在 3000MW 以下者允许为 ±0.5Hz。这说明频率是电能质量的重要指标之一。

　　使用 60Hz 电源的国家或地区的船舶及冷藏集装箱若直接应用在我国通用的 50Hz 电源上，频率的偏差已超过国家规定的允许值，使设备的整体效率下降或无法使其正常运行。不同的频率在理论上对纯电阻负载没有什么影响，但是，不同的频率对电感性负载或电容性负载有较大的影响。船舶上的辅机动力、锚机动力、起重机动力及许多动力设备都是异步电动机；冷藏集装箱的冷冻机动力设备也是异步电动机，而异步电动机是很常见的电感性负载，因此，为提供 60Hz 的交流电，变频电源供电是必不可少的。

因此，为使港口供电和船舶电制协调一致，顺利地实现港口变电所向靠港船舶供电，港口需要利用岸电技术新建或者改建变频岸电电源。随着现代电力电子技术、微电子控制技术的不断发展，采用 IGBT 作为功率器件的大功率逆变电路（400kW 以上）在变频调速领域得到广泛应用，为新型岸电变频供电技术打下坚实基础。

二、岸电变频供电原理

变频技术是应交流电机无级调速的需要而诞生的，是集自动控制、微电子、电力电子、通信等技术于一体的高科技技术。随着科学技术的高速发展，变频器以其具有节电、节能、可靠、高效的特性应用到了工业控制的各个领域中，保证了调节精度，减轻了工人的劳动强度，提高了经济效益。

20 世纪 60 年代后期开始，电力电子器件从 SCR（晶闸管）、GTO（门极可关断晶闸管）、BJT（双极型功率晶体管）、MOSFET（金属氧化物半导体场效应管）、SIT（静电感应晶体管）、SITH（静电感应晶闸管）、MGT（MOS 控制晶体管）、MCT（MOS 控制晶闸管）发展到今天的 IGBT（绝缘栅双极型晶体管）、HVIGBT（耐高压绝缘栅双极型晶闸管），器件的更新促使电力变换技术的不断发展。起初，变频技术只局限于变频不能变压。20 世纪 70 年代开始，脉宽调制变压变频（PWM‐VVVF）调速研究引起了人们的高度重视。20 世纪 80 年代，作为变频技术核心的 PWM 模式优化问题吸引着人们的浓厚兴趣，并得出诸多优化模式。

1. IGBT 器件

绝缘栅双极型晶体管（Insulated Gate Bipolar Transistor，IGBT），是由双极结型晶体管（Bipolar Junction Transistor，BJT）和金属氧化物半导体场效应晶体管（Metal Oxide Semiconductor Field Effect Transistor，MOSFET）组成的复合全控型电压驱动式功率半导体器件，兼有 MOSFET 的高输入阻抗和电力晶体管（Giant Transistor，GTR）的低导通压降两方面的优点。GTR 饱和压降低，载流密度大，但驱动电流较大；MOSFET 驱动功率很小，开关速度快，但导通压降大，载流密度小。IGBT 综合了以上两种器件的优点，驱动功率小而饱和压降低，大功率 IGBT 模块实物如图 2‐3 所示，IGBT 内部结构如图 2‐4 所示。

自 IGBT 商业化应用以来，作为新型功率半导体器件的主型器件，IGBT 在 1～100kHz 的频率应用范围中占据重要地位，其电压范围为 600～6500V，电流范围为 1～3600A。IGBT 广泛应用于工业、航空航天、国防军工等传统产业领域以及轨道交通、新能源、智能电网、新能源汽车等战略性新兴产业领域。利用 IGBT 进行功率变换，能够提高用电效率和质量，具有高效节能和绿色环保的特点，是解决能源短缺问题和降低碳排放的关键支撑技术。

2. 岸电变频供电

从本质上来说，船舶岸电电源系统就是一台大功率的变频器。岸上电力网的电能通过变电站的降压，整流变压器的调压，变流器的整流逆变，正弦波滤波器的滤波，经过隔离变压器的电气隔离，最后通过岸电连接装置送到船上受电系统，进过船上配电输送给船舶各个电气设备，其结构简图如图 2‐5 所示。

栅极(G)

发射极(E)

N+   N+
P   P

N−

N+

P+

集电极 (C)

图 2-3 大功率 IGBT 模块 　　　　　　　　　图 2-4 IGBT 结构图

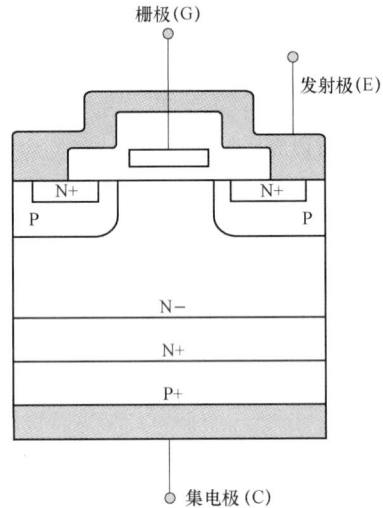

船舶岸电变频电源可分为控制电路和功率变换主电路两大部分。主电路采用交—直—交整流逆变型结构，包括整流器、直流滤波器、逆变器、交流滤波及隔离变压器等部件组成。

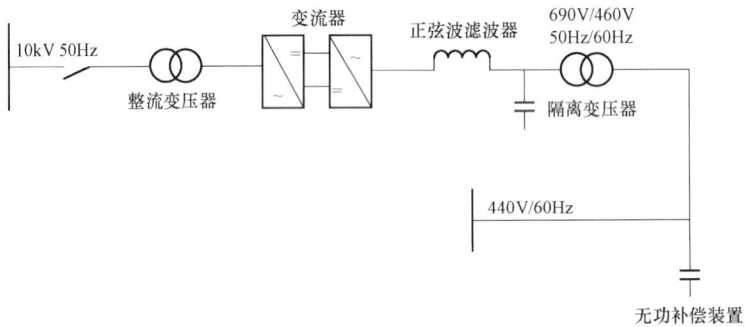

变流器

10kV 50Hz

整流变压器

正弦波滤波器

690V/460V
50Hz/60Hz

隔离变压器

440V/60Hz

无功补偿装置

图 2-5 岸电电源系统变频器简图

（1）移相变压器（也是整流变压器的一种）。移相变压器位于整个岸电变频电源系统的最开始部分，其主要作用是为了降压，将来自港口主变电站的电压降到变流器正常工作所需要电压，同时移相变压器还起到了隔离作用，降低变频系统对供电电网造成的谐波污染。在实际应用中，如果所安装的岸电电源容量不大，为了降低成本，可以选择不安装移相变压器设备，将变频系统直接与陆上电力网连接。

对移相变压器的容量选择非常重要，容量过大将会造成浪费，容量过小不能满足电能需求，同时对设备的使用也会产生不利影响。要根据具体的需求和实际情况选择合适容量的变压器。

（2）变流器。变流器是船舶岸电电源系统最重要的核心设备，承担了整流和逆变两

大任务，变流器包括两个部分：整流器
和逆变器，如图 2-6 所示。变流器的主
要功能是将电力网 50Hz 的电能转换成
船舶电网使用的 60Hz 的电能。一般在
岸电电源系统中所使用的变流器是交—
直—交电压源型变流器，整流器先把来

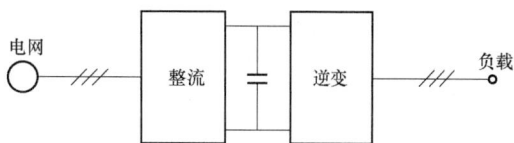

图 2-6　变流器变频工作简图

自陆上电网 50Hz 的三相交流电整流成直流电，然后再通过三相 PWM 逆变器，将直流
电逆变成 60Hz 的三相交流电，此时输出的 60Hz 交流电压波形为 PWM 波形。

　　根据变流器结构不同，变频效果也不尽相同，如图 2-7 所示。整流器整流方式有
二极管整流供电方式和 IGBT 整流供电方式，逆变方式有两电平逆变、三电平逆变和多
电平逆变方式。

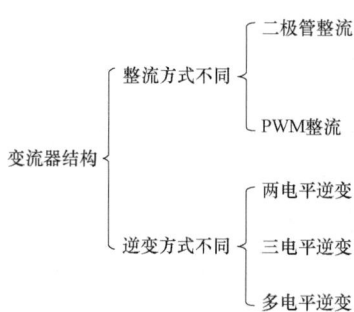

图 2-7　变频方式分类

　　（3）正弦波滤波器。常见的无源滤波器形式有 L、
LC 和 LCL 三种形式，L 型滤波器为一阶滤波器，由
于其结构和控制简单，得到了广泛应用。但随着逆变
器功率等级的不断增加，为了减小负载电流谐波，所
需电感值需要增大，这不仅影响系统的动态性能，造
成系统成本和体积重量增加，而且会使系统的效率下
降。所以在实际应用中，L 型滤波器一般多应用于小
功率场合。LC 型和 LCL 型滤波器一般应用在中大功
率逆变器系统，其中 LC 型滤波器多用于逆变器独立
运行的场合，而 LCL 型滤波器则多用于并网逆变器，这样可以有效地抑制进网电流的
高次谐波。由于 LCL 型滤波器是一个三阶系统，自身存在的谐振现象影响了系统的稳
定性，所以对于基于 LCL 型滤波器的逆变器系统通常采用无源或者有源阻尼的方法来
改善系统的稳定性。由于岸电电源属于离网逆变器，而且从系统稳定性、控制复杂程度
及系统体积等因素考虑，岸电电源系统中一般选用 LC 型滤波器作为岸电电源的正弦波
滤波器。

　　滤波器的主要作用是把变流器所产生的 PWM 矩形波转换为标准的正弦波，使得岸
电电源输出的电能能够满足船舶电网的要求，所以电源输出的电能必须满足《钢制海船
入级规范》的要求。根据该规范要求，电压波形总谐波畸变率要小于 5%，否则不能保
证船舶电气设备正常工作。

　　（4）输出隔离变压器。隔离变压器在岸电和船电之间主要起到了电气隔离的作用，
对电气设备进行保护。同时，由于岸电电源主回路中的电感在船舶感性负载投入较大
时，会产生很大的电压降，严重影响了岸电电源输出电压的稳定性，此时可以利用隔离
变压器进行调节，保证最终输出电压不受船舶感性负载的影响。

第二节　港口船舶岸电技术特点及适用范围

　　船舶负载不同的性质给船舶岸电系统的设计带来了极大的挑战，岸电电源系统一旦
出现技术故障，将会给船舶带了不可估量的损失。

一、技术分类

1. 低压变频岸电技术

基于 IGBT（绝缘栅双极型晶体管）的低压变频技术问世于 20 世纪 80 年代，国内 90 年代开始在工程项目中引进使用，但主要为几大国际品牌产品。随着近年节能减排、环境保护工作的推进和国内装备制造业的快速发展，我国低压变频器制造技术已日趋成熟，并在工业、民用和市政等各个行业得到了广泛应用。IGBT 电压源型低压变频主电路一般由整流、中间直流环节、逆变几部分组成。整流部分采用三相桥式整流，中间直流环节为滤波、直流储能和无功功率缓冲，逆变部分为三相 IGBT 桥式逆变，通过改变调制比来实现输出电压幅值、频率的稳定，最终输出两电平 PWM 电压波形。低压变频器结构原理如图 2-8 所示。

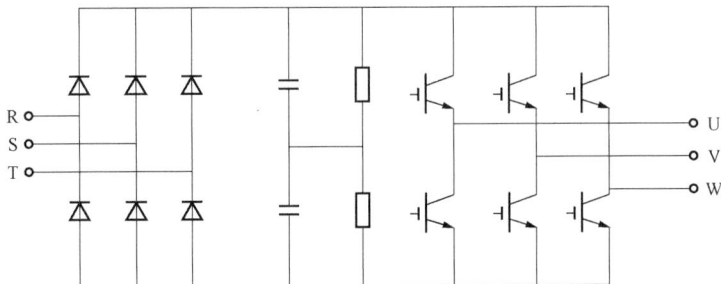

图 2-8　低压变频器结构原理

低压变频岸电系统，通常由输入降压变压器、低压变频电源装置、正弦波滤波器、输出隔离变压器几部分组成。对于低压供电船舶，变频器输出可通过低压电缆直接连接至船舶受电盘；对于高压供电船舶，变频器输出需通过变压器升压至 6.6kV 或 11kV 后，再经高压电缆连接至船舶受电盘。

目前常用的整流方式主要包括不控整流和可控整流两种方式。三相不控整流通常以二极管作为整流器件。根据二极管的数量以及组合情况，不控整流又可分为 6 脉波整流、12 脉波整流、18 脉波整流等，如图 2-9 所示。6 脉波不控整流方式产生的谐波电流一般为基波电流的 30%～40%，在大功率场合会对电网有明显的影响。12 脉波及以上的不控整流方式产生的谐波电流会明显减小，对电网的影响也随之减小。

三相可控整流电路又分为半控整流和全控整流，如图 2-10 所示。其中半控整流通常采用晶闸管，一般应用于大功率场合。随着电力电子器件的发展，全控型半导体器件的功率等级得到明显提升，使得其在中大功率场合得到推广应用。三相可控整流电路产生的谐波电流比不控整流产生的谐波电流更小，其功率因数可接近 1。此外，可控整流电路直流侧输出电压可调，这样可以增加后级电路设计的灵活性，但其控制相对比较复杂，成本也相应较高。

虽然可控整流电路具有明显的技术优势，但其一般独立应用于直流用电场合。由于不控整流电路结构简单而且具有明显的价格优势，所以采用不控整流桥和滤波电容这种结构的整流方式占了大多数。虽然近年来对采用可控整流电路的岸电电源也有研究，但是考虑到系统性价比，目前岸电电源大多采用不控整流的方式。对于大功率岸电电源大多采用 12 脉波和 18 脉波及以上的整流方式，小功率岸电电源一般则采用 6 脉波不控整流。

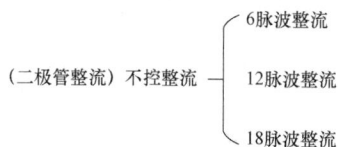

$$
(二极管整流) 不控整流 \begin{cases} 6\ 脉波整流 \\ 12\ 脉波整流 \\ 18\ 脉波整流 \end{cases}
$$

图 2-9 不控整流方式

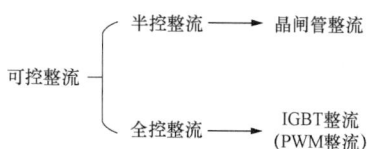

$$
可控整流 \begin{cases} 半控整流 \longrightarrow 晶闸管整流 \\ \\ 全控整流 \longrightarrow \begin{matrix} IGBT整流 \\ (PWM整流) \end{matrix} \end{cases}
$$

图 2-10 可控整流方式

　　岸电变频供电系统的核心环节为逆变，整流电路和逆变电路的存在是岸电电源有别于传统岸电变换装置的重要标志。岸电电源中逆变器的主要作用就是将整流得到的直流电变换为频率为 60Hz 的交流电。目前逆变器种类繁多，其主要的逆变方式包括两电平逆变、三电平逆变以及多电平逆变等，如图 2-11 所示。传统的低压变频结构一般采用两电平逆变器。

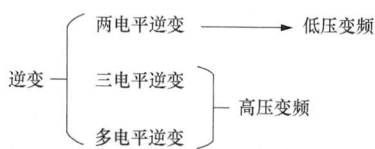

$$
逆变 \begin{cases} 两电平逆变 \longrightarrow 低压变频 \\ 三电平逆变 \\ 多电平逆变 \end{cases} 高压变频
$$

图 2-11 逆变方式

　　传统两电平逆变器应用于高压大功率场合时，由于半导体器件自身的限制，往往通过采用开关器件串并联的方式来提高开关管的耐压等级和通流能力。这就要求组合在一起的开关管需要同时开通和关断，但是由于半导体器件制造工艺的限制使得器件之间完全匹配具有一定的困难，所以这种方案实现起来比较烦琐，可靠性也会受到影响。

　　考虑到传统逆变器功率等级低，而且由于较高的 dv/dt，di/dt 增加了开关管的应力，所以在高压变频电路中，多电平逆变器得到了广泛研究与应用。然而由于三电平以上的三相逆变器线路复杂，换流回路众多，杂散电感造成的电磁干扰很难减小，器件关断电压尖峰也随之增大，导致系统对器件的耐压等级要求有所提高，所以目前高压变频电流应用最广泛的主要是三电平逆变器，下节详细介绍。

　　虽然低压变频器技术发展成熟、设备价格低廉，但变频器容量较小，输出功率有限，且现场连接电缆数量较多，大容量供电时需要 10 多根电缆进行拼接，给电缆卷筒的储存和受电盘的连接带来很多不便。因此，低压变频技术已难以满足目前岸基电源系统大功率输出和快速连接拆除的要求。

2. 高压变频岸电技术

　　随着船舶吨位的不断增大，船舶装机容量也不断提升，大型船舶的装机容量一般为几千千瓦，豪华邮轮用电设备的装机容量甚至可达 2 万～3 万 kW，目前新建大型船舶已普遍采用高压系统（6.6kV 或 11kV）供电。国家交通运输部颁布的《码头船舶岸电设施建设技术规范》（JTS 155—2012）中也规定高压岸电连接的额定电压为 6.6kV/60Hz 或者 6kV/50Hz，高压变频岸电系统已逐渐成为船舶岸电技术的发展方向。

　　高压变频器无须设置升压变压器，可以直接输出 6.6kV 电压，高压变频器的单机功率最大可达到 1 万千瓦，并支持多台装置并机运行。与低压变频岸电系统相比，高压变频岸电系统能够提供更大的输出功率，并且在同等输送容量下，高压岸电系统与船舶的连接电缆数目很少，通常 1～2 根电缆即可满足船舶的用电需求。

当前，高压变频主要有两种成熟的主电路拓扑结构：一种是国内比较成熟的 IGBT 串联多电平结构；另一种是使用 IGBT、IGCT 或者 IEGT 的高压三电平结构。

（1）串联多电平逆变结构。目前国内 IGBT 串联多电平高压变频器技术发展和设备制造已比较成熟，在工业领域 3～10kV 风机水泵类调速系统中应用也非常广泛。

IGBT 串联多电平高压变频器一般由进线开关、移相变压器、低压功率单元、LC 滤波单元几部分组成。以常规低压变流电路为基础，将多个变流器单元串联在一起，构成一个整体的大容量变流装置。每相采用多组低压变频功率单元进行串联，可直接输出 3～10kV 高压。如在 6.6kV 输出时，每相使用 6 个低压功率单元进行串联，最终为 36 脉波整流和 13 电平相电压输出。每个低压功率单元结构如图 2-12 所示，相应的高电压变频串联多电平逆变结构如图 2-13 所示。

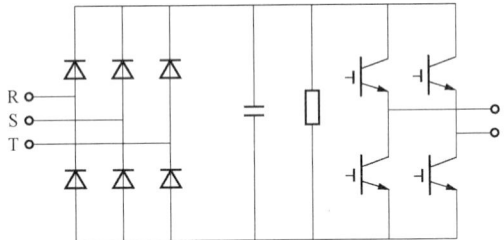

IGBT 串联多电平高压变频器的优点在于低压功率单元技术成熟、价格低廉，

图 2-12　单位低压功率单元结构

同时采用多级移相的整流方式和多电平输出后，输出电压谐波含量少。此种结构高压变频器的缺点是只能在第一象限运行，无法进行能量回馈，且过负载能力较差。因此目前在大容量高压风机、水泵等稳定负载场合的应用非常广泛。

（2）高压变频的三电平逆变结构。传统岸电变频技术的三电平逆变结构的输入端采用 12 脉波整流，两个三相全桥串联，直流回路采用电容储能，逆变桥由高压 IGBT 组成三电平式电路，中心点用二极管钳位。三电平电压源型高压岸电逆变环节典型的拓扑结构如图 2-14 所示，逆变桥的一个桥臂中，开关管开关状态互补，任何时候都不会出现两个器件同时导通或同时关断的情形，所以不存在器件串联的均压问题。但是，在传统的三电平逆变中，受 IGBT 器件耐压水平的限制，最高电压输出只能到 4.16kV，为了实现 6kV 输出，仍需要通过内置变压器进行升压。

20 世纪 90 年代末 IGCT 和 IEGT 功率元件开始出现，此类器件同时具备了 IGBT 高开关频率和 GTO 高阻断电压的优点，单只元件的耐压最大可达到 4.5kV。三电平结构高压变频器在每个开关位置采用两个 IGCT 或 IEGT 器件串联，可直接实现 6.6kV 高压输出。由于目前 IGCT 和 IEGT 功率元器件制造技术还只掌握在少数国外厂商手中，国内现阶段也只在轧机传动、风电并网装置等大容量同步电动机调速场合有应用案例。

三电平高压变频器的拓扑结构简单、功率器件数量少、可靠性高、过负载能力强，目前主要用于大容量轧机传动和风电并网装置等特殊场合。由于三电平电压输出波形中谐波含量较大，电压谐波畸变率高达 15%，因此输出侧必须配置 LC 滤波器。目前 ABB 和东芝公司主推的三电平高压变频器输出电压也均为 3.3kV，使用 IGCT 和 IEGT 功率元件直接输出 6.6kV 的变频器设备还不成熟。

3. 谐波抑制与无功补偿

（1）谐波抑制技术。由于采用变频器作为变频电源的核心部件，不可避免地会产生谐波。作为标准电源使用，这些谐波会影响到电源的质量，进而直接影响使用设备的稳

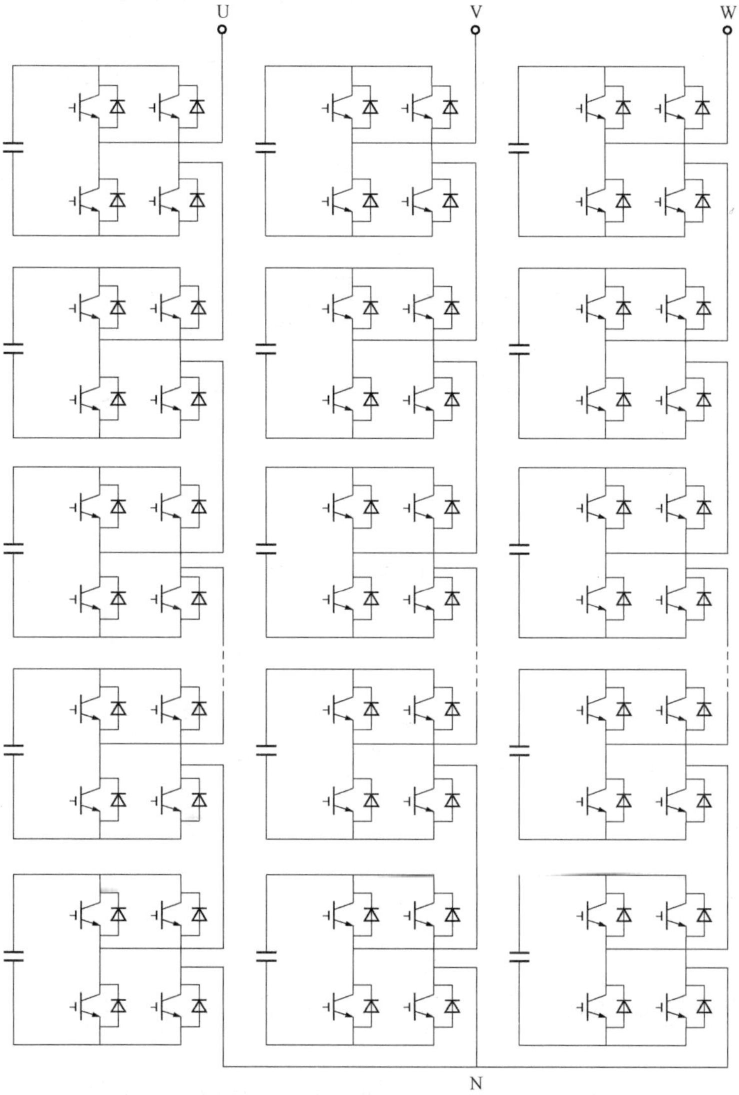

图 2-13　串联多电平逆变结构

定和寿命。因此，必须采用适当的措施来抑制谐波，所谓适当就是要结构简单、成本低的谐波抑制方法。具体措施如下：

1）输入侧接入 EMI 滤波器，EMI 滤波器是由 L、C 构成的低通器件，结构如图 2-15 所示，其主要用于控制和保证输入变频器的电网电能质量，将电源功率毫无损耗地传输到设备上，大幅衰减经电源传入的 EMI 信号，保护设备免受其害；同时，又能有效地控制设备本身产生的 EMI 信号，防止其进入电网，污染电磁环境，危害其他设备。

2）输入侧还接入交流限流电抗器，选用通用电抗器（如 VACON 变频器自带交流限流电抗器），其作用是抑制从电源到变频器或变频器内部产生的对电源侧的高频扰动。它同时也可改善变频器的输入电流波形。

3）变频电源设计为 12 脉波整流，可消除 11 次以下的输入谐波电流。具体可选用

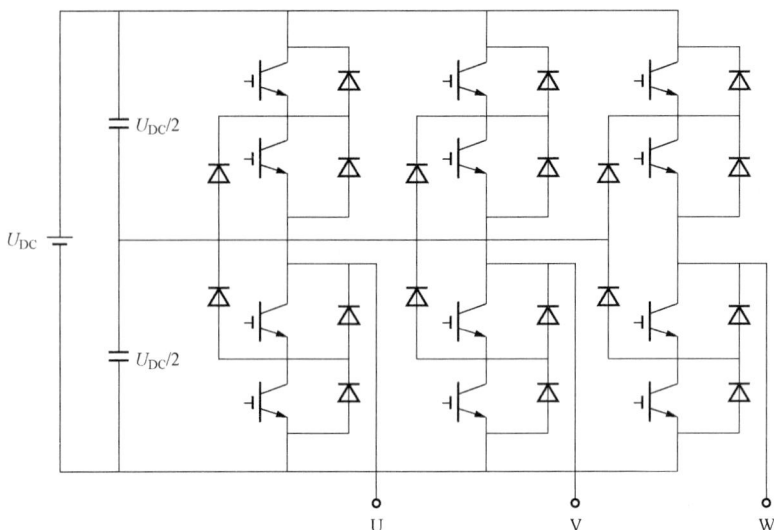

图 2-14　高压变频的三电平逆变结构

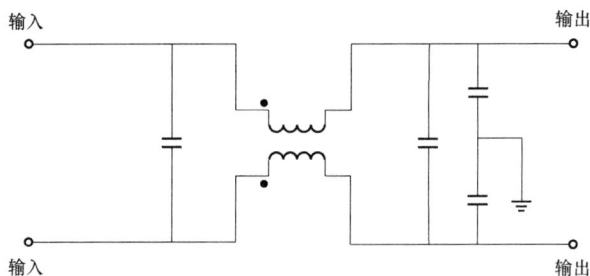

图 2-15　EMI 滤波器结构

12 脉波的变频器，配套 6 脉波转换为 12 脉波的变压器，实现 12 脉波整流变频电源的功能。

　　4）变频电源输出侧采用无源正弦滤波器。正弦波滤波器是逆变系统中的关键部件，它的主要作用是将逆变器输出的 PWM 波转换为正弦波，平滑逆变器得到的交流电压，以保证系统良好的供电质量。与输出电抗器、DV/DT 滤波器相比较，正弦波滤波器末端有一级电容滤波电路，使变频器输出波形接近正弦波。常见的无源正弦滤波器形式有 L 型、LC 型和 LCL 型三种，如图 2-16 所示。

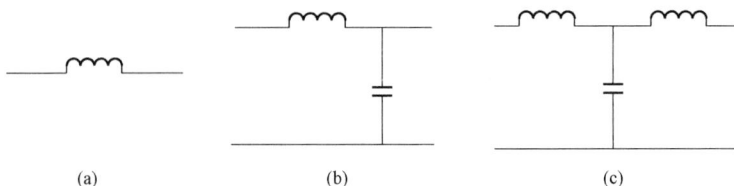

图 2-16　无源滤波器常见的三种形式
（a）L 型；（b）LC 型；（c）LCL 型

　　L 型滤波器为一阶滤波器，由于其结构和控制简单，得到了广泛应用。但随着逆变器功率等级的不断增加，为了减小负载电流谐波，所需电感值增大，这不仅影响系统的动态性能，造成系统成本和体积质量增加，而且使系统的效率下降。所以在实际应用中，L 型滤波器一般多应用于小功率场合。

　　LC 和 LCL 型滤波器一般应用在中大功率逆变器系统，其中 LC 型滤波器多用于逆变器独立运行的场合，而 LCL 型滤波器则多用于并网逆变器，这样可以有效地抑制进网电流的高次谐波。由于 LCL 滤波器是一个三阶系统，自身存在的谐振现象影响了系统的稳定性，所以对于基于 LCL 滤波器的逆变器系统通常采用无源或者有源阻尼的方法来改善系统的稳定性。有源阻尼方案虽然可以在一定程度上降低系统损耗，但其控制相对复杂，所以目前工程应用中采用有源阻尼方案的案例很少。

　　由于岸电电源属于离网逆变器，而且从系统稳定性、控制复杂程度以及系统体积等因素考虑，岸电电源系统中一般选用 LC 滤波器作为岸电电源的正弦波滤波器。

　　5）在正弦滤波器还不能达到很理想的效果的情况下，需要分析谐波来源、负载情况、周边用电的环境以及各次谐波的比例和含量，分开滤波。

　　（2）无功补偿技术。众所周知，船上的负载大多为感性负载，大量感性负载投入使用的时候，会降低整个船舶电网的功率因数，功率因数的降低会导致岸电电源主回路中电感的压降增大，因而导致岸电电源输出电压的降低。其中，功率因数与岸电电源主回路中电感压降的关系为

$$\Delta V = \sqrt{3}\omega L \cdot \sqrt{1-(\cos\varphi_{\text{Load}})^2} \cdot I_{\text{Load}}$$

式中　　L——岸电电源主回路中的等效电感；

　　$\cos\varphi_{\text{Load}}$——功率因数。

　　由上式可以看出，如果船舶电网的功率因数降低，$\sqrt{1-(\cos\varphi_{\text{Load}})^2}$ 就会增大，那么岸电电源主回路中电感的压降 ΔV 就会变大，最终使得岸电电源的输出电压降低，影响电源的供电质量。同时也造成岸电系统中主回路设备利用率下降，投资增大、损耗增多等。

　　为了避免上述的一些问题，在变频供电系统应增加无功补偿装置，接入于隔离变压器的输出侧。其具体作用如下：

　　1）提高岸电系统负载的功率因数，降低系统中设备所需容量，减少不必要的损耗。

　　2）稳定岸电系统输出电压。

　　3）对于船舶负载，经常会有三相负载不平衡的现象，通过无功补偿装置，可对三相视在功率起到一定的平衡作用。

　　无功补偿的基本原理是：把具有容性功率负荷的装置与感性功率负荷并联接在同一电路，能量在两种负荷之间相互交换。这样，感性负荷所需要的无功功率可由容性负荷输出的无功功率补偿。提供无功功率的途径大致有以下五种：

　　1）同步发电机：调整励磁电流，使其在超前功率因数下运行，输出有功功率的同时输出无功功率。

　　2）同步电动机：与同步发电机一样可提供无功功率。

　　3）同步调相机：当同步电机空载运行而仅向电网输送无功功率时，便被称为同步

调相机。

4）静止无功补偿装置：早期为饱和电抗器型的，目前较先进的采用了自换相变流电路。

5）并联电容器：可提供超前的无功功率以补偿感性负荷，多装于降压变电所，还可就地补偿。

二、技术特点

船舶岸电系统的核心技术在于对船舶岸电电源的研究，传统的岸电电源都是发电机组式（或称为旋转式）的，即采用两台同步电机，一台同步电动机利用港口陆上电力网的电能运行，作为原动机来驱动另外一台同步发电机旋转，这样就可以将港口陆上电网的50Hz电能转换为440V/60Hz电源，它们从本质上来说都不能解决港口的污染问题，同时运行效率低下，也不符合低碳的发展要求。与上述旋转式的岸电电源相比，静止式的岸电电源就有了很多优势，因为静止式岸电电源采用了大功率电力电子器件，没有旋转部件，所以效率高，噪声小，对环境造成的污染也很小。

1. 高低压变频供电特点

世界上已有岸电方法都是港口电网向船舶电网直接供电，按上船的岸电电压来分，主要有低压上船和高压上船两种方式。目前，船舶配电主要有440V和6.6kV两种电压。对于电压为6.6kV、11kV的配电船舶，码头船用岸电供电系统采用高压供电是最方便的方式。表2-4总结了几种典型的港口岸电技术优劣点。

表2-4　　　　　　　　　　比较港口岸电技术优劣点

岸电技术比较项	低压岸电60Hz/50Hz（上海港）	低压岸电60Hz 直供电（洛杉矶港）	高压岸电对低压船舶50Hz直供电（哥德堡港）	高压岸电60Hz直供电（洛杉矶和西雅图集装箱码头）	高压岸电60Hz直供电（连云港）
船舶配电电压	450V	450V	400V	6.6kV/11kV	450V
岸电电压	450V	450V	10kV	6.6kV/11kV	6.6kV
功率	2.0MVA	2.5MVA	2.5MVA	7.5MVA	5.0MVA
港口电网频率	50Hz	60Hz	50Hz	60Hz	50Hz
供电频率	60Hz/50Hz	60Hz	50Hz	60Hz	60Hz
岸电接入方式	港方提供电缆	港方提供电缆	港方提供电缆	船方提供电缆	船方提供电缆
空气污染	无	无	无	无	无
供电效率	好	好	好	好	好
供电操作性	9根低压电缆，快速连接	多根电缆，水上高压低压双向接线，复杂	1根电缆，快速	电缆较少	1根高压电缆
船舶改造复杂性	基本无	需要配岜船	需要在船上安装变压器	一般	由船方配备船载变电站

　　低压供电的优点是变压设备设置在岸边或中转装置，无须再船舶上安装变压设备；缺点是由于使用 440V 低压供电，传输电缆使用根数较多，连接费时费力且驳船造价较高等。高压供电优点是高压直接上船，只需使用一根电缆传输；缺点是需要在船舶上加装变压设备，船舶需要进行改装等。

2. 整流技术

　　变流器中的整流方式一般有二极管整流和 IGBT 整流，各种整流方式对比见表 2-5。

表 2-5　　　　　　　　　　　各种整流方式对比

对比内容	6 脉波二极管整流	12 脉波二极管整流	24 脉波二极管整流	IGBT 整流
谐波电流	30%～40%	10%～12%	4%～6%	4%
功率因数	0.90	0.90	0.90	1.00
整流变压器	可选择	需要	需要	可选择
直流电压波动	直流电压在一个电网周期内有 6 个脉动	直流电压在一个电网周期内有 12 个脉动	直流电压在一个电网周期内有 24 个脉动	直流电压在一个电网周期内有 1000～2000 个脉动
直流电压幅值	随电网电压而定	随电网电压而定	随电网电压而定	恒定，可设置
能量方向	单向电网到直流侧	单向电网到直流侧	单向电网到直流侧	双向
成本	低	略高	略高	很高

　　二极管整流方式（见表 2-5）有经济性好、结构简单、可靠性高的优点。二极管整流供电方式分为 6 脉波整流、12 脉波整流、18 脉波整流等方式。12 脉波和 18 脉波及以上整流方式的谐波电流明显减小，几乎不会对电网产生影响。而 6 脉波整流的谐波电流约为基波电流的 30%～40%，对电网有明显影响。对于小功率的岸电电源多使用 6 脉波整流供电方式，大功率的岸电电源多使用 12 脉波或 18 脉波整流供电方式。

　　与采用二极管整流供电方式相比，IGBT 整流供电方式具有功率因数可为 1，谐波电流约为基波电流的 4%；在电网电压在一定范围波动时，产生的直流电压可以保持恒定，有利于逆变后的电源质量；能量可以返回电网，可用于船舶栖装时的柴油发电机的负载测试，有利于减小环境污染和降低测试成本。

3. 逆变技术

　　逆变为岸电变频供电系统的核心环节，各种逆变方式对比见表 2-6。

表 2-6　　　　　　　　　　　各种逆变方式特点对比

对比内容	两电平逆变	三电平逆变	多电平逆变
输出波形	差	好	很好
配用的正弦波滤波器体积	大	较小	小
损耗	高	略高	低
可靠性	很高	高	低
成本	低	略高	高

采用通用变频器作为变频控制的大多使用两电平逆变方式，目前应用较为广泛。三电平逆变方式具有功率器件电压应力低、输出电压谐波小等优点，将随着功率器件的发展而更加广泛地应用在岸电电源系统上。

与两电平逆变器相比三电平逆变器具有如下优点：

（1）三电平逆变器工作时处于关断状态的开关器件承受的压降为传统两电平逆变器的一半，这样相同耐压值的开关管可以工作在更高的电压模式下。

（2）三电平逆变器开关管每次动作的 dv/dt 通常只有传统两电平逆变器的一半，这就大大减轻电磁干扰的问题，降低了对器件选型的要求。

（3）输出电压电平层数增加，理论上电平数越多就越接近标准正弦波，输出的 PWM 波经过滤波处理后可以得到更近似的正弦波。

（4）三电平逆变器可以用较低的开关频率得到较小的输出电压谐波，减小了开关器件的开关损耗，同时使逆变器的效率得到提高。

多电平逆变方式具体输出电压谐波更小，配用的输出滤波器可以很小，输出电压通常很高，需要输出隔离变压器变换到低电压，目前应用较少。

三、技术适用范围

低压变频岸电系统，通常由输入降压变压器、低压变频电源装置、正弦波滤波器、输出隔离变压器几部分组成。对于低压供电船舶，变频器输出可通过低压电缆直接连接至船舶受电盘；对于高压供电船舶，变频器输出需通过变压器升压至 6.6kV 或 11kV 后，再经高压电缆连接至船舶受电盘。

虽然低压变频器技术发展成熟、设备价格低廉，但变频器容量较小，输出功率有限，且现场连接电缆数量较多，大容量供电时需要 10 多根电缆进行拼接，给电缆卷筒的储存和受电盘的连接带来很多不便。因此，低压变频技术主要适用于小容量船舶供电以及非常用港口供电。

高压变频器无须设置升压变压器，可以直接输出 6.6kV 电压，高压变频器的单机功率最大可达到 1 万 kW，并支持多台装置并机运行。与低压变频岸电系统相比，高压变频岸电系统能够提供更大的输出功率，并且在同等输送容量下，高压岸电系统与船舶的连接电缆数目很少，通常 1～2 根电缆即可满足船舶的用电需求，由此可见，高压变频技术适用于高压上船，大功率输出和需要快速连接拆除的场合。

小　　结

在能源枯竭、温室效应与环境污染问题日益严重的今天，降低单位 GDP 能耗、减少碳排放量的任何行动都将成为今后节能减排工作中的重点。

当今，我国已经成为进出口大国，大量的国外船舶来往于我国。当国外船舶到我港口作业（特别是冷藏集装箱船）或维护时，需要停止船上柴油发电机的发电工作，转而使用岸上电源，以达到节能减排的效果。由于国外船舶用电的工作频率大都为 60Hz，所以提供实用、可靠、经济的 60Hz 岸电电能关系到船舶、码头的节能减排工作。今后，变频岸电供电将成为岸电供电的主要类型，对其进行详细的研究，有助于其推广和使用。

　　本章介绍了变频岸电系统的基本组成及其工作原理，通过分析比较确定了变频岸电系统主电路的拓扑结构。详细介绍了高低压变频供电技术的相关内容，并对比了变频系统中二极管整流和 IGBT 整流，两电平逆变、三电平逆变和多电平逆变的原理与优劣。还对高压变频最常用的串联多电平逆变结构和三电平逆变结构进行了介绍。

参考文献

[1] 牛兴伟. 新型低压船舶岸电供电电源系统的研究 [J]. 电子测量技术，2017 (3)：45 - 48.

[2] 杜琼. 变频器在岸电电源中的设计与应用 [J]. 变频器世界，2016 (04)：107 - 110.

[3] 祝亮亮. 船舶岸电电源系统的建模与仿真研究 [D]. 大连：大连海事大学，2016.

[4] 王金旺. 船舶岸电技术应用研究 [D]. 北京：华北电力大学，2015.

[5] 崔杰. 低压船舶岸电供电电源的研制 [D]. 秦皇岛：燕山大学，2015.

[6] 赵春雨，王璐. 浅谈港口岸电系统 [J]. 品牌研究，2015 (3)：156 - 157.

[7] 王栩生，王耿芳. 高低压变频岸电装置结构型式分析 [J]. 港工技术，2015 (2)：42 - 44.

[8] 钟道祯. 基于高压变频器技术的船用岸电电源 [J]. 电力电子技术，2013 (12)：103 - 105.

[9] 李婷. 秦皇岛港低压变频岸电技术方案研究 [J]. 港口科技，2012 (12)：31 - 34.

[10] 袁庆林，黄细霞，张海龙. 港口船舶岸电供电技术的研究与应用 [J]. 船舶与海洋工程，2010 (2)：35 - 37.

[11] 何晓航. 60Hz 电子静止式岸电电源的研究 [D]. 上海：上海交通大学，2010.

第三章

船舶岸电系统智能连接技术

第一节　船舶岸电系统智能连接技术综述

一、船舶岸电智能连接技术原理

在第二章已经提到过，总体上来说，港口岸电系统可以分为三大部分：岸基供电系统（船舶岸电电源系统）、电缆连接系统和船舶受电系统，其中电缆连接系统是连接岸边泊位上的接电桩和船上受电设备的电缆和各种电气保护装置。电缆连接系统要求操作快捷、安全可靠，比如快速连接头和电缆绞车等。

由于港口码头作业的需要，必须在很短时间内保证电缆安全，所以智能快速连接技术是实现岸基供电关键技术。

针对船电、岸电切换连接过程中容易发生岸电电源和船舶自带电源短时并列运行状况，若此时船舶自带电源不满足并列运行条件，就会造成船电、岸电非同期合闸，容易发生事故。针对到港大型船舶靠岸时间短，要求电缆安全、智能快速连接的问题，研究岸电智能快速连接技术，实现智能快速连接，提高岸电上船并网供电效率。

港口码头潮位落差变化会引起船舶上下、左右、前后摇摆，还有海风大浪的影响，在岸基供电电源供电时，会牵扯供电电缆。只有电缆进行智能柔性自动收放，才可确保接电安全可靠。

国外岸电系统智能连接示意图如图 3-1 和图 3-2 所示。

1. 电缆管理系统

船只靠岸后需要通过电缆收放装置将岸基供电部分的连接点与船舶受电部分智能的连接起来，并且实现"软连接"，即电缆收放期间须保持电缆的恒张力，这些主要是通过电缆管理系统来实现，其由电缆绞车与相关仪表等构成。

电缆管理系统的安装需"因地制宜"，针对不同港口、船只的特点，安装地点各不相同。

（1）电缆管理系统安装在船只上。这类电缆管理系统被广泛应用，通常电缆管理系统安装在船只靠近码头侧的边缘，电缆和连接插头等存储在其内，随船使用。船只靠港后，需要将电缆绞车上的高压电缆下放至码头，插接到码头岸电箱中相应的电制插头上，即可实现对船上的用电设备进行供电。这种安装方式不用占据码头空间，能够最大

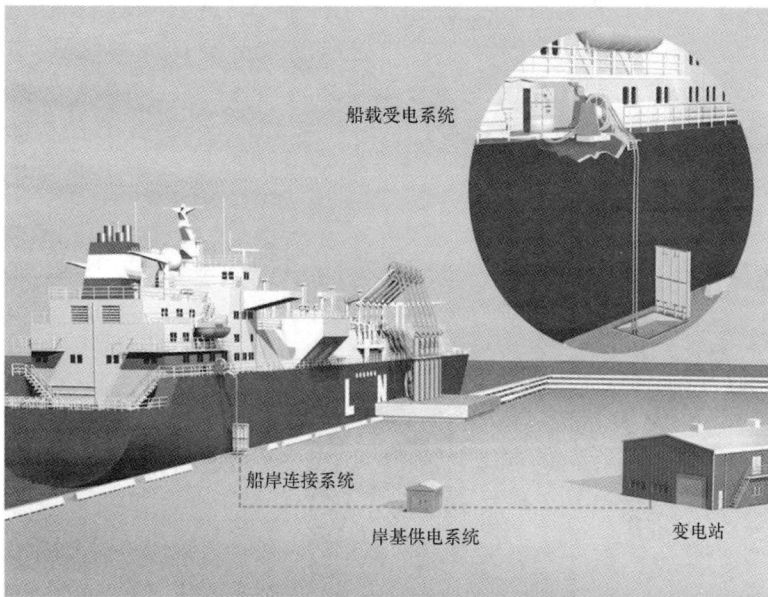

图 3-1　国外岸电系统智能连接示意图

限度地保证码头原来的布局。但是采用这种方式也存在弊端，即每一艘需要使用岸电的船只都需安装电缆管理系统。而且大多数船只的空间相对狭窄，电缆管理系统本身也会占用其空间，且改造不便。

（2）电缆管理系统安装在岸边。通常此类电缆管理系统安装在码头的边缘，当船只靠港需要接入岸电电源时，电缆从码头边的电缆管理系统释放出来，然后使用起重机或者人力将电缆拉至船上的配电接头。这种方式虽然节省了船只的空间，但是占据了

图 3-2　岸电系统智能柔性连接细部示意图

码头空间，且需借用起重机这类大型设备，收放不便，也不好控制。

（3）电缆管理系统安装在驳船上。通常此类电缆管理系统安装于船岸间的驳船上，一般驳船上还设置变压器，实现"低压上船"，即 440V/690V 船舶连接高压岸电电源，洛杉矶港所使用的岸电系统即采用的"低压上船"。船只接入岸电时，只需移动驳船，将电缆分别接至船上和岸电箱中。驳船的使用，使得船只与码头的空间都得以节省。

（4）电缆管理系统可以移动。对安装在岸边的电缆管理系统进行了改进，当船只未靠岸时，电缆管理系统并不占据码头的空间，需要接入岸电时，只需要在相应的位置安置电缆管理系统，这种方式仅在船只使用岸电的时候占据码头空间，可以更合理地利用

码头布局。类似于驳船，也可在其上安装一个变压器，以实现"低压上船"。

应该根据船只的需求和码头的情况，来选择如何安装电缆管理系统，实现"因地制宜"。此外，电缆管理系统与船只、岸上配电箱之间需要安装一个安全保护装置，此安全保护装置和船只、岸上配电箱之间设计成电气连锁，在收放电缆时，配电箱合闸无效，相应的当船只正在使用岸电电源时，不能打开电缆管理系统进行收放电缆。

2. 电缆绞车

电缆绞车是电缆管理系统的核心，如图 3-3 所示，其主要由驱动机构、减速箱、卷盘、滑环箱及缓冲机构等部件组成。

图 3-3　电缆绞车

驱动机构是控制电缆收放时张力的核心，按照驱动方式的不同，电缆绞车可以分为机械式驱动绞车、气动绞车、液压绞车和电机驱动绞车等几大类。机械式驱动绞车的动力来源是液力耦合器，它可以节省电能，并且能够长期运行，缺点是调速精度不够、尺寸较大、不易安装。气动绞车和液压绞车的工作原理相类似，绞车的正反转是通过改变进气口或进油口来实现的，若想控制绞车的旋转速度和输出转矩，可以调节进气量（压力）或者进油量（压力），它们的突出特点为安全性高，输出的转矩也大。电机驱动绞车的控制比上几类电缆绞车要精确，其传动机构尺寸较小，且当前的电机控制技术已非常成熟，能够很平稳地进行调速、正反转调节。

无论采用何种驱动方式，对于船电所用的电缆绞车，防潮、防水需有较高的标准，否则在这种潮湿的工作环境下会有漏电的风险。

3. 电缆绞车恒张力控制

电缆绞车需保证正常收放电缆过程中，电缆所受拉力不超过它的极限，且能够使得电缆长度保持一定，防止电缆松弛或者拉紧现象出现。另外，当电缆收放不正常时（如过度拉紧或过度松弛），应及时停止收放电缆，避免出现损坏设备的现象。

在收放电缆时，电缆下降或上升需保持一定的速度与恒定的张力。在放缆的前期，由于电缆卷径较大，为了维持放缆速度的恒定，电缆绞车的转速需放慢，此时转矩保持一个较大的值；放缆后期，电缆卷径逐渐变小，卷盘的转速相应的增大，转矩随之减小。收揽时的情况与放缆相反。为了达到上述精确的动态控制，除了选择性能较好地驱动器以外，更需要一个动态性能良好的恒张力控制器。

全变频控制、直接转矩控制和磁滞联轴控制通常采用的是驱动电机控制方式。这些控制方式工作原理、适合的工况不同，在选择控制方式时应考虑该港口的实际情况。

全变频控制方式基于电机稳态模型的。通过反馈电缆长度、高度、速度等量，对电缆的收放速度和电机转矩进行实时计算，用以控制电机的电流、转速，从而能够达到限制转矩或限制转速的目的。直接转矩控制方式建立在电机的动态模型上。检测反馈电缆绞车的多种瞬时参数（如收放瞬时加速度、已释放电缆长度及高度）给予 PLC，计算控制电机的磁链，然后调节电流改变转矩，此种控制方式动态性能更好，但其输出转矩可能有限。磁滞联轴控制兼有速度控制与转矩限制。如需放缆，则由吊具向电缆施加一个拖曳的力，用来克服磁滞联轴器磁场产生的磁力，电缆即从卷盘上释放下来；如需收揽，则只需吊具停止施加拖曳力，由磁力作用电缆卷筒即朝卷取方向旋转从而达到收揽的目的。在收放电缆的过程中，电缆的张紧度控制是由磁滞联轴器中的"磁耦合"来加以实现的。

全变频控制和直接转矩控制与磁滞联轴控制最主要的区别在于它们的传动结构，前者采用刚性连接，所以控制系统的响应时间短、静态响应良好，但其对系统的可靠性要求高，其驱动器与维护的成本较高，后者的传动结构采用软连接，电缆张紧度控制性能非常好，并且其传动系统结构简单、维护方便，运用非常广泛，但是如果收放缆速度较快或者电缆较重，则其响应速度不是很理想。

4. 电缆收放机构系统

港口智能连接技术的电缆收放机构模型如图 3-4 所示。整个模型主要由给予变论域自调整模糊控制与 SVPWM 的 DTC 控制器模块、永磁同步电机驱动模块、减速箱模块、电缆卷盘收放机构模块以及制动器模块组成。

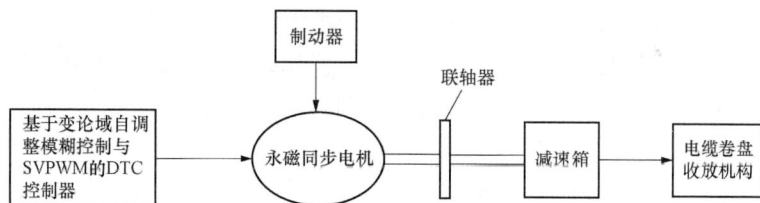

图 3-4　电缆收放机构系统模型

在模型中永磁同步电机用于提供动力源驱动电缆卷盘转动；减速箱是为了匹配驱动电机速度的装置；卷盘用于收放电缆；基于变论域自调整模糊控制与 SVPWM 的 DTC 控制器是该系统的控制核心，通过对永磁同步电机的转矩和速度加以控制，实现岸电快速柔性连接。

（1）电缆收放机构系统控制要求。

1）电缆卷盘在放缆过程中，卷盘直径一直在减小，要保持张力不变，电缆驱动电机的制动转矩应随之减少。

2）电缆收放结束后，处于连接状态，随着波浪、风的变化，会出现张力越限，此实时检测张力，调节收放程度，保证张力在安全范围以内。

3）电缆收放装置在加减速过程中，由于机械惯量的存在。为保证张力控制精确，需对驱动电机转矩进行动态补偿，补偿量的大小与加减速度变化量、当前卷径有关。

（2）电缆收放机构系统电机选择。系统驱动电机为永磁同步电动机。永磁同步电动机结构简单、体积小、质量轻、损耗小、效率高，和直流电机相比，它没有直流电机的换向器和电刷等缺点。和异步电动机相比，它由于不需要无功励磁电流，因而效率高、功率因数高、力矩惯量比大、定子电流和定子电阻损耗小，且转子参数可测、控制性能好；和普通同步电动机相比，它省去了励磁装置，简化了结构，提高了效率。

（3）岸电电缆张力控制类型。张力的控制有开环控制和闭环控制两种类型。开环控制即控制系统中没有张力反馈环节，系统按照张力变化规律输入相应的信号，操作简单但是控制精度较低。闭环控制以设定张力为输入信号，输出量作为张力反馈环节的信号，整个控制系统构成闭环控制，通过反馈调节维持张力动态平衡。

二、船舶岸电智能连接技术需求分析

船舶电缆收放装置能够实现根据电缆所受张力过大或过小分别实现恒张力自动收放电缆，该收放过程对电缆的特性要求较高。电缆的收放过程是一个时变、非线性和负载干扰大的过程。应对船舶靠岸与电连接过程电缆垂放时受到海风及海洋潮汐的受力情况，以及电缆下放到海里过程中的导体截面形变情况进行分析。通过研究船舶岸电电缆的机械特性、电气特性和材料特性，分析得到船舶靠岸与岸电连接过程电缆垂放时的受力情况有助于减少电缆收放过程所受的冲击力，实现快速、平稳收放。介绍船舶岸电电缆在故障电流冲击及长期使用后的连接电阻、绝缘特性、电应力、电场分布以及电缆防腐蚀的性质。

1. 岸电电缆机械特性的需求

由于海洋环境的特殊性以及不可预见性，岸电电缆经常遭受各种原因的破坏，造成破坏的主要因素是海风以及海洋潮汐，电缆一旦损坏，造成的影响和损失是巨大的，因此有必要对船舶与岸电连接过程电缆垂放时受到海风以及海洋潮汐的受力情况，以及电缆下放到海里过程中的导体截面形变情况进行分析，从而避免由于弯曲半径过小或张力过大而损坏电缆，充分提高岸电电缆抗风浪能力以及弯曲性能，使岸电电缆使用寿命得到延长。

（1）岸电电缆的结构分析。

岸电电缆机构如图 3-5 所示。它由外护套 1、绕包层 2、绝缘层 3、芯线导体 4、填充层 5 组成。外护套用来保护绝缘层，以免受到机械损伤，油雾、烟雾的腐蚀，它实际上是一层绝缘保护层，多用塑料做成。绕包层用来增加电缆的柔韧性。绝缘层用来隔绝芯线电流，防止芯线接地或相碰造成短路事故，目前使用的绝缘材料有天然橡胶、塑料、漆布、绝缘纸和矿物等，岸电电缆一般采用橡胶绝缘。芯线导体用来传输电流，为了减少输电线上的电压损失以及功率损失，岸电电缆的芯线采用铜线。岸电电缆中填充层充满绝缘之间以及绕包层与绝缘层之间的空间，其与绝缘层之间紧密结合，在电缆受拉力或扭曲时，芯线导体、绝缘层和填充层各向受力均匀，回弹性好，不易导致局部过度变形，不易打结扭曲。岸电电缆构件的结构参数见表 3-1；岸电电缆横截面结构参数见表 3-2。

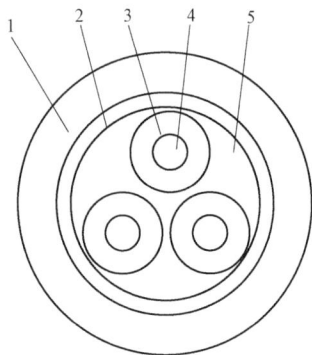

图 3-5　岸电电缆的结构图

表 3 - 1　　　　　　　　　岸电电缆各层结构参数与材料相对介电常数

参数	骨架	骨架半导体层	导体层	内半导电层	主绝缘层	外半导电层	屏蔽层
外半径 r（mm）	1.2	1.3	1.4	1.43	2.73	2.77	2.82
材料	铜	碳纸	铜	碳纸	PPLP	碳纸	铜
相对介电常数	1	15	1	15	2.21	15	1

表 3 - 2　　　　　　　　　　　岸电电缆横截面结构参数

规格芯数	导体结构根数（根）/单线直径(mm)	绝缘层厚度（mm）	保护套厚度（mm）	电缆外径（mm）
1	7/2.14	1.2	1.1	19.7
2	7/2.14	1.2	1.5	21.2
3	7/2.14	1.2	1.5	22.7

（2）岸电电缆的机械特性分析。

1）不同潮差下岸电电缆机械特性。随着时间的变化，电缆应力先增大后保持平稳。不同潮差接触碰撞下的岸电电缆应力变化的趋势是完全一致的，只是在幅度上略有差别，每点应力变化小于 10%。岸电电缆的应力过程可以划为三个阶段：第一阶段，随着挤压深度的加深，岸电电缆的最大应力逐渐增加，应力随时间近似呈现线性关系；第二阶段，当岸电电缆的应力超过屈服应力后，随着接触程度的加深，应力呈现波动变化，首先会经过小段的上升过程，然后波动下降；第三阶段，随着接触程度的加深，岸电电缆应力又呈现一种线性增加趋势最终趋于平缓。一般来说，港口潮差为 0.246～2m，岸电电缆应力不大于 700MPa。

2）不同风速下岸电电缆机械特性。海风的速度跟岸电电缆的应力有一定关系，风速速度越快，撞击程度越猛烈，岸电电缆的应力越大，挤压越严重。相关资料表明，港口风速一般在 10m/s 以下，此风速范围内岸电电缆应力不大于 700MPa，一旦出现风速过高或者台风，岸电系统会停止工作。

3）不同下沉深度下岸电电缆机械特性。图 3 - 6 为电缆微分段受力分析模型。

电缆受力微分方程

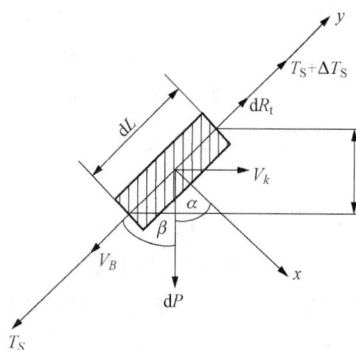

图 3 - 6　电缆微分段受力分析

$$\frac{P\mathrm{d}h}{\cos\beta}\sin\beta = \frac{1}{2}C_D\rho DV_n^2\frac{\mathrm{d}h}{\cos\beta}$$

$$\frac{P\mathrm{d}h}{\cos\beta}\cos\beta - \Delta T_S - \frac{1}{2}C_t\rho\pi D\frac{\mathrm{d}h}{\cos\beta}(V_B - V_k\sin\beta)^2 = 0$$

简化得:

电缆张力变化

$$\Delta T_S = \mathrm{d}h \left[P - \frac{1}{2}C_t \rho \pi D \frac{1}{\cos\beta}(V_B - V_k \sin\beta)^2 \right]$$

电缆张力

$$T_S = h \left[P \frac{164.3 C_t D V_k^2 \left(\dfrac{V_B}{V_k}\cos\alpha \right)}{\sin\alpha} \right]$$

式中　　P——单位长度电缆的质量;

　　　　V_n——潮汐速度;

　　　　V_B——电缆实际收放速度;

　　　　V_k——风速;

　　　　α——电缆入水角;

　　　　β——电缆与水平面间垂直夹角;

　　　　ρ——流体密度;

　　　　C_D——拖曳阻力系数;

　　　　C_t——摩擦阻力系数;

　　　　D——电缆外径;

　　　　h——水深;

　　　　$\mathrm{d}h$——水深微分元。

在不同下沉深度时,岸电电缆变形状态可分为三个阶段。第一阶段,海水与岸电电缆刚刚接触不久,岸电电缆开始屈服病产生塑性应变,但电缆的整体结构基本不变;第二阶段,电缆发生了比较剧烈的变形,但内部结构在其保护下仍然比较完整;第三阶段,电缆整体都被挤压变形,电缆护套层的保护作用处于一个极限状态,内部结构已经发生了挤压变形不能保持初始的工作状态,认为此时电缆处于重度损伤状态;随着下沉程度的加深,电缆已经完全扭曲变形,甚至有断裂的风险。

综上所述,港口岸电电缆在 0.246～2m 潮差下、风速 10m/s 以内及下沉深度 2m 以内所受应力均小于 700MPa,岸电电缆机械特性稳定,不会遭到损坏。

2. 岸电电缆电气特性需求

船舶电缆送电过程中,由于岸电供电系统性能要求电压偏差范围在±5%之内,变频电源具有 1.1 倍长期过载,为满足岸电设备以及短路保护装置正常工作,应对岸电电缆的过载能力、允许电流、短路允许电流、电压降以及热稳定性进行分析,下面通过公式计算结合岸电电缆的电气参数进行分析。

(1)岸电电缆的电气特性研究。电缆的电气参数有四个:电阻 r,电抗 x,电纳 b 以及电导 g,实际电缆是沿导线均匀分布的。从一小段电缆来看,可以用如图 3-7 所示的等效电路来表示,即沿电缆导线串联电阻 r 与电抗 x,导线与中线间并联电导 g 与电纳 b,从而得到电缆等效电路。

电缆等效电路的参数过于复杂和分散,为了计算方便,通常把全线路的阻抗集中起来,成为一个集中参数 $Z=R+jX=rl+jxl$,而将全线路的导纳集中起来平均分置在电

图 3-7　电缆等效电路

缆线路的两端，成为两个集中参数 $Y/2 = G/2 + jB/2 = gl/2 + jbl/2$，其中 l 是电缆线路的全长，于是得到电缆集中参数模型，如图 3-8 所示，岸电电缆的集中参数模型也是如此。

（2）岸电电缆的电气参数。岸电电缆的电气参数与电缆的导体横截面、芯数、电压等级、导体材料等因素都有很大关系，选用常用的交联聚乙烯（XLPE）绝缘电力电缆进行分析，参照交通运输部行业标准《码头船舶岸电设备建设技术规范》（JTS 155—2012）和《电气电缆手册电气参数标准》，额定电压 10kV 交联聚乙烯

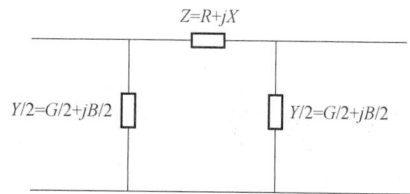

图 3-8　电缆集中参数模型

（XLPE）绝缘电缆和额定电压 6kV 交联聚乙烯（XLPE）绝缘电缆的电气参数分别见表 3-3 和表 3-4。

表 3-3　　　　　　　额定电压 10kV 交联聚乙烯（XLPE）绝缘电缆电气参数

导体截面（mm²）	导体的交流电阻（Ω/km）		电抗（Ω/km）	电容（μF/km）	电感（mH/km）
	铜	铝			
25	0.927	1.54	0.133	0.17	0.3797
35	0.668	1.11	0.126	0.19	0.3613
50	0.493	0.822	0.112	0.24	0.3423
70	0.342	0.568	0.106	0.27	0.3232
95	0.347	0.411	0.101	0.30	0.3092

表 3-4　　　　　　　额定电压 6kV 交联聚乙烯（XLPE）绝缘电缆电气参数

导体截面（mm²）	导体的交流电阻（Ω/km）		电抗（Ω/km）	电容（μF/km）	电感（mH/km）
	铜	铝			
25	0.927	1.54	0.124	0.19	0.3552
35	0.668	1.11	0.118	0.21	0.3384
50	0.493	0.822	0.112	0.24	0.3211
70	0.342	0.568	0.106	0.27	0.3040
95	0.347	0.411	0.101	0.30	0.2915

选择额定电压 10kV、截面为 50mm²、长度为 500m 的交联聚乙烯绝缘电缆作为算

例进行分析。建立实际岸电电缆的电气模型如图 3-6 所示，电源侧线路的电阻为 0.02Ω，电感为 10^{-3}H，负载侧线路的电阻为 0.01Ω，电感为 10^{-4}H，岸电电缆对地电阻 R_g 为 0.25Ω，对地电容 C_g 为 $0.12\mu F$。电源侧变压器容量为 1200kVA，6600/450V，Dy11 连接，阻抗电压 6%。根据以上参数进行计算，电压侧变压器施加额定电压、接至船舶的负载变压器一次侧短路时岸电电缆的短路电流。

（1）负载侧变压器。

变比

$$k = \frac{U_{1Np}}{U_{2Np}} = \frac{6.6}{0.45/\sqrt{3}} = 25.4$$

一次侧额定电流

$$I_{1N} = I_{1NP} = \frac{S_N}{\sqrt{3}U_{1N}} = \frac{1200}{\sqrt{3} \times 6.6} = 105A$$

二次侧额定电流

$$I_{2N} = = \frac{S_N}{\sqrt{3}U_{2N}} = \frac{1200}{\sqrt{3} \times 0.45} = 1540A$$

二次侧额定相电流

$$I_{2NP} = \frac{I_{1N}}{\sqrt{3}} = \frac{1540}{\sqrt{3}} = 889A$$

（2）岸电电缆阻抗

$$Z_D = \left| R_g // \frac{1}{j\omega C} \right| = \left| 0.25 // \frac{1}{j314 \times 0.12 \times 10^{-6}} \right| = 0.25\Omega$$

电源侧线路阻抗

$$Z = | R + j\omega L | = | 0.03 + j0.3455 | = 0.3468\Omega$$

总阻抗

$$Z_L = | 0.25 + 0.03 + j0.3455 | = 0.3466\Omega$$

（3）电源侧阻抗

$$Z_S = \frac{U_{1NP}}{I_{1NP}} = \frac{6.6}{105} = 0.0629\Omega$$

（4）负载侧阻抗

$$Z_b = \frac{U_{1N}^2}{100S_N} \times U_K\% = \frac{6.6^2}{100 \times 1.2} \times 6\% = 0.021\,78(\Omega)$$

（5）负载变压器二次侧三相短路时，折算到岸电电缆的短路电流为

$$I_d = \frac{U_{1NP}}{\sqrt{3}(Z_L + Z_S + Z_b)} = \frac{6600}{\sqrt{3}(0.0629 + 0.021\,78 + 0.346\,6)} = 6074A$$

按照《电力工程电缆设计规范》（GB 50217—2007）附录 E 要求，按照短路热稳定条件计算校核电缆导体允许最小截面的方法确定的电缆最小截面。

固体绝缘电缆导体允许的最小截面，由下列公式确定。

$$S \geqslant \frac{\sqrt{Q}}{C} \times 10^2$$

式中

$$Q = I_2 t$$

$$C = \frac{1}{\eta} \sqrt{\frac{Jq}{\alpha k \rho} \ln \frac{1 + \alpha(\theta_m - 20)}{1 + \alpha(\theta_p - 20)}}$$

$$\theta_p = \theta_0 + (\theta_H - \theta_0)\left(\frac{I_p}{I_H}\right)^2$$

根据以上公式便可得到电缆导线截面积应满足的条件。

3. 岸电电缆的材料化学特性需求

电缆制品护套和绝缘材料主要是橡胶和塑料，因此，造成电缆化学老化的因素主要有氧气、高温、盐雾和降水等，考虑到港口环境的特殊性，针对岸电电缆途径场所的温度、湿度、油水侵蚀程度、电缆长期暴露在海洋环境中所承受的盐雾浓度、海洋微生物与细菌浓度、环境酸碱度等电化学腐蚀情况进行分析。

（1）温度与紫外线。热和温度是引起电缆老化的一个重要因素。岸电电缆在储存和使用的过程中，经常要经受高温、低温和温度冲击的考验，所以岸电电缆表面的热降解现象普遍存在。温度升高会导致聚合物分子的热运动加速，一旦超过化学键的离解能，线缆护套和绝缘材料将发生降解。而低温会导致聚合物分子链段的自由运动受阻，电缆柔韧性变差，易开裂、脱落。当温度从高于玻璃化温度下降到低于玻璃化温度时，电缆体积处于非平衡态值，机械性能、热性能和绝缘性能均发生变化。当温度交替变化时，热胀冷缩反复进行，引起电缆内应力的变化，使电缆的附着力下降，导致开裂及破坏。参照《电气电子产品型式认可试验指南（2015）》一般港口环境温度在−25～40℃。

（2）水分及盐雾。水分及盐雾岸电电缆的影响主要方式有渗透和溶胀。溶剂挥发后，电缆内部产生微孔，水能通过这些微孔渗入到电缆内部，使得电缆内部的一些水溶性物质溶解，形成水树枝，从而改变其组成和比例，形成电缆的放电通道，使电缆内部场强降低，可能出现局部放电现象，从而破坏绝缘。对于执行海上任务的装备来说，盐雾等对电缆的影响非常明显，因为氯离子的粒子半径小，很容易渗入电缆内部，导致金属线芯腐蚀，破坏电缆内部结构，损坏电缆。参照《电气电子产品型式认可试验指南（2015）》，一般港口的盐雾浓度在15％左右。

（3）湿度。有关资料证明，环境温度为（30±2）℃且相对湿度大于95％时，由于港口环境的特殊性，最适合霉菌的大量繁殖。对于有护套的绝缘电缆，不仅影响产品外观，表面变色，并且影响表面绝缘电阻和体积电阻率，有可能漏电，最严重的是可能影响到机械性能和高分子材料的降解，因此岸电电缆应增强外护套。

船舶岸电电缆的绝缘材料选型重点考虑兼顾耐高温、柔软和电气绝缘性能，尤其是应考虑海洋环境的特殊性。对此，岸电电缆的绝缘采用有防水柔软乙丙橡胶，其耐温等级高，长期额定工作温度可达95℃，港口的相对湿度在90％左右，远高于目前常用船舶岸电电缆的60℃和90℃的工作温度，这样在相同负载条件下有利于减小电缆导体截面，降低船舶岸电电缆外径和质量，保证岸电电缆长时间海水浸泡后绝缘电阻稳定性和耐压等级，并且可以承受船舶供电瞬间峰值电压冲击，保证船舶供电系统供电的可靠性和安全性。岸电电缆的外护套选型主要考虑高强度、柔软、耐磨损和抗撕裂等因素。船舶岸电电缆的化学特性参数要求见表3-5。

表 3-5   岸电电缆的化学特性参数

名称	参数	名称	参数
工作温度（℃）	−40～95	水腐蚀级别	Im2
环境湿度（%）	≤90	盐雾浓度（%）	15
大气环境腐蚀级别	C5-M	环境酸碱度	6.5～7.2

4. 岸电电缆接头的机械和电气特性的需求

为了使船舶快速供电，减少船舶发电机组运行时间，达到节省燃油费用、减少港口排放、降低噪声污染、实现绿色环保的目的，将对岸电电缆接头的电气和机械特性以及电缆接头快速插拔性进行分析。

（1）岸电电缆接头的机械特性分析。因为岸电电缆接头拔抽次数多，电缆接头应该有足够的抗拉、抗弯、抗振强度。接头应具有承受一定的拉力/压力和防止外力损伤的措施。在插拔过程中，快速插拔式接头处电场有可能严重畸变，它是电缆系统中绝缘最薄弱部位，其绝缘结构设计和界面压强和电缆系统的安全运行息息相关。电缆接头一般为多层固体复合介质绝缘结构，绝缘介质界面的接触压力直接影响着整个电缆终端的绝缘和电缆表面放电水平。保持数值一定且均匀分布的压力水平对于电缆接头的安全可靠运行至关重要。

（2）岸电电缆接头的电气特性分析。电气性能的好坏是评判电缆接头品质的首要原则。主要考虑电缆接头的电场分布是否合理，改善电场分布的措施是否恰当，材料的电气强度、介质损耗和产品的绝缘裕度。依据国家标准《高压岸电连接系统（HVSC 系统）用插头、插座和船用耦合器　第 1 部分：通用要求》（GB/T 30845.1—2014）第 19、21、27 条进行型式试验。根据岸电电缆接头所处的特殊环境，如高盐雾、高湿度、高强度紫外线照射、耐油耐高温等，对岸电电缆接头进行的型式试验项目及要求见表3-6。

表 3-6   岸电电缆接头型式实验项目及要求

序号	试验项目	标准要求	备注
1	绝缘电阻	绝缘电阻用约 500V 直流（DC）电压测量，测量在施加电压 1min 后进行，绝缘电阻不得小于 5MΩ	按照 IEC 60502-4：2010 中规定进行
2	局部放电试验	局部放电在 1.73U_0时应小于 10pC	
3	交流（AC）耐电压试验	额定电压 12kV（有效值），1min 额定短时工频耐受电压 32kV（有效值），额定冲击耐受电压 75kV（有效值）额定电流 500A（3P＋E），试验电流 500A，导体尺寸 240mm²，最大表面允许温度 80℃；额定值为 500A，12kV 的电器附件最小预期短路耐受电流为 25kV（有效值），最大额定耐受电流 40kV（峰值）	按照 GB/T 11022 规定进行
4	温升		
5	限制短路耐受电流试验		

由上述试验项目以及要求可以看出，电缆接口必须符合上述指标，才能够满足带电作业现场长期安全、可靠运行的需要。

（3）10kV 电缆接头快速连接的技术指标。电缆接头可分为低压小容量接头，低压大容量接头，高压大容量接头。10kV 岸电电缆选用高压大容量电缆快速接头，根据国家电网公司企业标准《港口岸电设备技术规范　第 4 部分：船岸连接和接口设备》（Q/GDW 11468.4—2016）高压岸电接头的要求最大电压为 10kV，最大电流为 500A。

10kV 岸电电缆快速接头是为缩短接入时间而专门设计制作的高效接头，是一种可以直接卡入母排的插座式电缆接头，选用二元乙丙橡胶作主要绝缘材料，并保证界面始终保持足够的正压强，使得终端接头结构非常紧凑，其体积和质量仅为常规的插拔式电缆附件的 50％左右。岸电电缆插座其插孔不是简单的小孔，而是一个特别的环形插槽，这样的环形插槽设计很好地解决了插座位置隐蔽带来的问题，使用者可以不必特意对准插头与插孔，具有快速拔插功能，是机械中可以实现快装快卸的一种重要连接方式。插拔过程中，岸电电缆插座，自动排除空气，避免形成负压，复合材料的界面始终保持足够的正压强。针对岸电电缆的特殊环境，特殊设计了其密封防水。为防止接头与插座意外脱离，采用对位自锁装置，槽口松紧有过度限位段，增加了弹性，电缆接头不易刚性折断。此高压岸电接头与插座现场安装非常便利、运行安全可靠，具有结构灵巧、安全、稳定、操作简便等特点，大大缩短了大电流电缆的接续时间。电缆接头与插座拆装便利，可不借助工具，使用方便。10kV 电缆接头快速连接技术指标见表 3 - 7，一般来说，高压岸电接电箱的快速接插式插座防护等级不应低于 IP66H。

表 3 - 7　　　　　　　　　10kV 电缆接头快速连接技术指标

名称	指标	名称	指标
额定电压（kV）	10	温升	在 500A 的工频电流下，温升不大于 55K
最大电流（A）	500	绝缘材料（级）	F
交流耐压（kV）	45（1min）	插槽类型	环形
局部放电（pC）	AC 13kV≤5	防护等级	IP66H

第二节　船舶岸电系统智能连接技术特点

一、船舶岸电快速连接技术

在船舶进港后，需要通过标准电缆接线端口快速地将码头边的岸电箱与船舶连接起来。船舶和岸电的快速连接技术是船舶岸电系统的一个重要应用技术，只有快速、便捷的电缆管理系统能够保证港口岸电电源的正常使用。针对船舶岸电系统供电过程中存在的便捷性、快速性等需求，结合不同形式下的港口及受电船舶电缆接入方式，介绍船用岸电电缆的快速连接技术，达到船舶与港口岸电快速连接的目的。船舶电缆接入构成及流程如图 3 - 9 所示。

（1）安装在船舶上的电缆接入方式。安装在船舶上的电缆接入方式应用广泛，把电

43

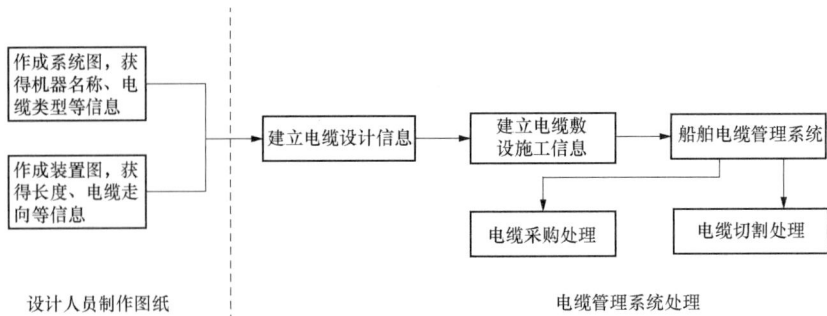

图 3-9 船舶电缆接入构成流程图

缆放置在船舶的边沿，电缆以及连接插头等都存储在船舶上。当船舶靠港需要使用岸电电源时，从船舶上的电缆管理系统释放出高压电缆，连接至码头边的岸电箱。这种方式几乎不占用码头的空间，对空间有限的码头具有优势。采用这种方式也有其固有的缺点，其需要对每一艘使用岸电电源的船舶进行改造，安装电缆，并且电缆接入方式本身也会占用船舶的空间。

（2）安装在岸边的电缆接入方式。船舶与岸电电缆连接也可以安装在码头的边沿，当船舶靠港开始使用岸电电源时，码头边的电缆管理箱释放出电缆，通过起重机或者人工的方式把电缆拉至船舶上，与船舶的配电板连接。这种方式把电缆管理系统固定安装在码头的边缘，占用大量的码头空间。

（3）安装在驳船上的电缆接入。船舶与岸电电缆连接也可以安装在一个可以移动的驳船上，这种方式已经被运用在洛杉矶港。船舶使用岸电时，移动驳船，把电缆一边连接至船舶上，另外一端连接至码头的岸电电源上。这种方式既不占用码头空间也无须占用船舶的空间，而是需要额外增加一条驳船。在这种方式下，驳船上还可以放置一个二次电压转换装置，比较适合与低压 440V/690V 船舶连接高压岸电电源。

（4）移动式的电缆接线箱。移动式电缆接线箱以自由地在码头使用。当有船舶使用岸电时，把电缆接线箱移动到相应的位置，当船舶使用完岸电离港时，移开岸电电源管理装置。这种方式平时不占用码头的空间，仅在船舶使用岸电电源时移动到码头，其可以运用在空间狭窄的码头上。并且也可以在移动式电缆管理系统上安装一个二次变压设备，增强其适用性。

船舶与岸电电缆连接方式应该根据船舶的需求，码头的实际情况灵活地选择。岸电电源的电缆连接比较耗时，选择合适的电缆管理装置能够加快岸电电源的使用，提高岸电电源的效率。

二、船舶岸电柔性连接技术

船舶岸电系统在进行并网时，由于船舶岸电三相电网各相之间存在 $120°$ 的相位角，如果直接对负载进行人工手动切换，则不可避免地会存在冲击电流的现象。冲击电流过大会导致船舶岸电电力设备因过热而遭到损坏、降低船舶岸电网络电压，破坏船舶岸电网络内用电设备的正常工作。冲击电流对很多船舶岸电负载都是致命的，可能会直接击穿负载电容，损坏船舶电子设备等。此外，如果切换时，负载电流不在电流过零点，则切换开关需要承担很大的相电压，开关触点很容易损坏。为减轻甚至消除冲击电流的危害与后果，在研究柔性切换技术的模式与特点的基础上，从电路结构对冲击电流影响的角度，研究新型变频器，对船舶岸电系统并网时产生的冲击电流有较好的抑制效果。

（1）柔性切换技术的模式与特点。柔性输电系统技术结合电力电子技术与现代控制技术，以实现对船舶岸电系统电压、线路阻抗、相位角、功率潮流的连续调剂额控制，大幅度提高输电线路输送能力以及船舶岸电系统的稳定水平，均衡船舶岸电微电网潮流，充分发挥输电网络利用率。柔性输电技术通过对船舶岸电输电系统的电压、功角及阻抗等参数进行控制进而改善其性能，等效电路如图 3-10 所示。

采用柔性交流输电技术可使输电线路的输送功率极限大幅度地提高至接近导线的热极限，输送能力得到显著提高，降损效益非常明显。柔性输电技术有助于减少和消除环流或振荡等问题，解决船舶岸电输电网中的瓶颈环

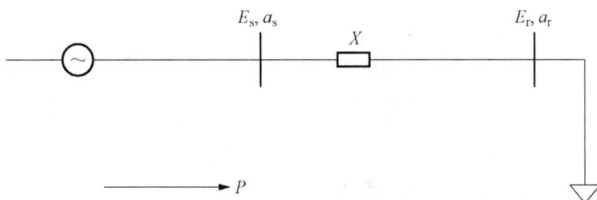

图 3-10 船舶岸电系统等效电路

节，在船舶岸电电网中建立电能输送通道，创造电力定向输送条件，有助于提高现有船舶岸电输电网的稳定性、可靠性和供电质量，保证更合理的最小网损并减小船舶岸电系统热备用容量。

（2）船舶岸电系统输电线路输送容量。船舶岸电系统由于受环境与地形条件等限制，减缓新建输电线路的需要以及提高输电线路的利用率十分重要。采用柔性交流输电技术可使输电线路的输送功率极大幅度地提高至接近导线的热极限，输送能力得到显著提高，降损效益非常明显。柔性交流输电技术对船舶岸电系统微电网的建设规划和设计产生重大影响。

（3）船舶岸电输电网络运行条件优化。柔性输电技术有助于减少和消除环流或振荡等问题，解决船舶岸电输电网中 的瓶颈环节，在船舶岸电电网中建立电能输送通道，创造电力定向输送条件，有助于提高现有船舶岸电输电网的稳定性、可靠性和供电质量，保证更合理地最小网损并可减小船舶岸电系统热备用容量。还有助于防止连锁性事故扩大，减少事故恢复时间及停电损失。通过柔性输电技术快速、平滑的调整，可以方便、迅速地改变船舶岸电系统的潮流分布，这对于正常运行方式下控制功率走向以充分挖掘微电网的传输能力以及在事故情况下防止因某些线路过负荷而引起的连锁跳闸是十分有利的。

（4）船舶岸电输电网络运行控制。柔性交流输电技术一方面可对已有常规稳定或反事故控制的功能起到补充、扩大和改进的作用。另一方面，将柔性交流输电技术融入船舶岸电输电网中，使输电网原有的 EMS 功能得到提高。有助于建设船舶岸电输电网络的实时控制，从而使船舶岸电系统的安全性和经济性有很大提高。

（5）船舶岸电系统交流输电扩展。在船舶岸电系统中，有时会发生输送容量与稳定的矛盾难以调和的情况。在这种情况下，应用柔性交流输电技术使常规交流电柔性化，改变交流输电的功能范围，定向传输电力、调制功率，可提高船舶岸电微电网资源的使用效率、实现船舶岸电系统资源的优化配置。

三、船舶岸电插座箱

为达到船舶与港口岸电快速连接、自动换相、提高船舶备航效率的目的，通过调研船员对岸电电缆快速连接及自动换相的需求，研制一种新型装置实现对岸电电压进行自动补偿，即具有自动稳压功能，这样就使船舶电气设备（和一些通导设备）能在良好的电网电力品质下工作，避免由于电网电压过高或过低引起的设备损坏或缩短寿命。同时该装置具有对输入电压的相序进行判别的功能，并当输入相序错误、过流或输入、输出电压过高或过低时，能发出声光报警信号。经过试验验证后实船安装，实现船舶电力系统与港口的岸电电源快速连接及自动换相。

岸电插座箱具有船上电源和船外电源转接的功能。当船外电源接口形式为插座时，岸电软电缆的插头侧接船外电源，岸电软电缆的接线端子侧接岸电插座箱的接线柱。当船外电源接口形式为接线柱时，岸电软电缆的接线端子侧接船外电源，岸电软电缆的插头侧接岸电插座箱的插座。岸电供电时，岸电插座箱具有相序自动转换功能，通过相序自动转换可输出顺序电源至岸电箱。

岸电插座箱系统连接示意图如图 3 - 11 所示。

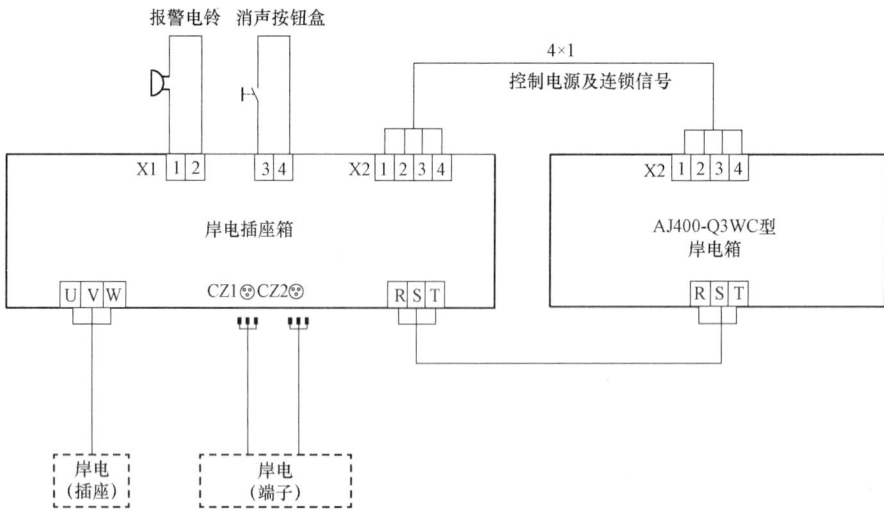

图 3 - 11　岸电插座箱接线图

通电前，设备内各部分元器件应完好无损，固定件应牢固可靠。输入电源电压应与装置铭牌上电压相符。接线应按制造厂提供的外部接线图准确接线。

将岸电电源通过插座 CZ1、CZ2 或者接线柱 X（U，V，W）接入岸电插座箱，"岸电有电"指示灯点亮。当接入的岸电为顺序（逆序）时，"岸电输入顺序（逆序）"指示灯点亮，按下"岸电供电"按钮，接触器 KM2（KM3）动作，"岸电输入顺序（逆序）"指示灯熄灭，插座箱接线柱 X（R，S，T）有顺序 AC380V 电源输出，"岸电供电""插座箱与岸电箱的连接电缆有电"指示灯点亮，按下"停止供电"按钮，岸电插座箱停止向岸电箱供电。

在船电对外供电时，当插座箱上"船电有电""插座箱与岸电箱的连接电缆有电"指示灯均点亮时，按下"对外供电"按钮，接触器 KM2 动作，"对外供电""岸电有电"

指示灯点亮，表明此时正在对外供电，接线柱 X（U，V，W）有 AC380V 电源。按下"停止供电"按钮，岸电插座箱停止对外供电。

当岸电插座箱内有电时，只要将岸电插座箱门打开，插座箱上"箱门打开报警"指示灯点亮，外接报警电铃发出报警声，按"消声"按钮可消除报警声，报警指示灯仍亮。将箱门正常关闭后则"箱门打开报警"指示灯熄灭。

小　　结

随着我国经济的发展，工业化进程的深入，对外贸易的增多，各种运输船舶开始大量使用，如远洋船舶。当这些船舶在停靠港口作业时，会耗费大量的燃油等能源，并且污染环境。在交通运输部十二五规划的资源节约技术中提出了港口岸电利用技术，如果所有船舶在港口靠泊期间关停燃油发电机而改用岸电，全国每年可减排各类废气近千万吨。船舶连接岸边市电时，必须使岸电向船舶供电的连接方式简单快捷，而且对国际船舶通用。

未来国内在船舶岸电连接技术的发展方向主要有：

（1）船舶岸电的连接研究。船舶与岸电的电力系统和电力网络的连接是船舶岸电连接技术中的核心内容。根据岸电电压等级的不同分类，有低压船舶岸电和高压岸电系统，从而满足不同船舶对电源的需求。由于船舶高压岸电系统相对于船舶低压岸电系统在连接电缆上有较大的优势，从而能快速地使岸电与船舶连接，且可以提供更大的功率来满足船舶的能源需求。

岸电电力系统与船舶电力系统的连接可分为：在船舶离开港口时，开启船上辅助设备供电系统，当船上供电系统发出电能的电压、频率、相位与岸电电力系统一致时，切除岸电电力系统与船舶的连接；当船舶靠近港口时，通过调节船舶辅助供电系统发出电能的电压、频率、相位，使其满足与岸电系统并网运行的要求，此时，关闭船舶辅助供电系统。

（2）岸电变压、变频技术研究。世界各国船用电电压和频率各不相同，变压与变频技术采用在岸电技术中，有助于满足港口对不同电压、频率的船实行岸上供电。

船舶岸电连接的变频方式有高—低—高变频，高—高变频。其中高—低—高变频技术是最新使用的一种变频技术，采用该技术变频电能利用效率低，同时变频过程中会产生谐波分量，该谐波分量会对岸电电力系统的电能质量造成影响，随着电力电子技术的发展，这种变频方式将退出这一领域。高—高变频技术由于采用的是 PWM 变频技术，由于 PWM 变频器的功耗低、容量大、产生谐波含量少等优点，使得以高—高变频方式在船舶岸电连接技术中得到了广泛应用。变压变频具体过程是：用电缆把 6kV/50Hz 的岸电接入变频器装置，使其转变为 6.6kV/50Hz，或 6.6kV/60Hz，或 6kV/50Hz，或 6kV/60Hz，然后经过变压器使其与船舶连接。

（3）岸电电缆的研究。岸电电缆使得船舶与岸电的连接，分为多根电缆连接和单根电缆连接，且由于电缆在使用过程中受到力、过电压、海水腐蚀等影响，研究一种更加适合港口的电缆就成了船舶岸电连接技术研究的一个重要内容。单根电缆上船的连接方式有着布线方便，使用便利，上船通道设计简单等优点，但也存在载流量相对于多跟电缆小的缺点，因此，研究出一种载流量大的单根电缆就成了一个发展趋势。目前，柔性电缆技术几乎被国外企业垄断，继电保护和中性点接地方式还没有形成统一的标准，我国在这一领域起步较晚，需要对这项技术做大量研究，使得船舶岸电连接技术在国内实现国产化和标准化。

（4）岸电控制系统研究。岸电控制系统把船舶与岸上的两个电力系统连接在一起，让船舶侧的数据和岸侧的数据能够实时进行交换，通过监控系统实时对船舶和岸电的运行状态进行监测。

为了能够对船舶岸电连接实现智能化的控制，则岸电控制系统需具备完成记录历史数据、提示及报警等功能，实现船与岸的双向控制，对船岸的信息化管理提供了条件，从而实现对船与岸的有效监控。

（5）船舶岸电自动并网负载转移技术研究。该项技术的目的是实现船舶岸电两侧负载转移，为船舶岸电进行双向操作提供条件。该项技术通过岸侧的操作界面提供了两种岸电接入控制方式，即岸电控制方式和船舶侧控制。在停靠港口时，通过调节岸电电力系统的调整使得船舶电力系统完成并网负载转移，船舶离港口时，通过调节船舶辅助电力系统使得岸电电力系统完成并网负载转移。控制系统根据对船舶电压、容量和频率判断，提供满足要求的电能。

参考文献

[1] 田鑫，史善哲，李士林，等．船舶与岸电快速连接技术现状［J］．湖南电力，2016，36（03）：36-38.

[2] 宋华辉，周腊吾，田猛．船舶岸电连接技术发展［J］．大众用电，2015（12）：21-22.

[3] 陈明，石磊，侯锦福，曾书俐．船用岸电电缆快速连接及自动换相技术研究［J］．广东造船，2015（05）：60-61.

[4] 王金旺．船舶岸电技术应用研究［D］．北京：华北电力大学，2015.

[5] 崔浩．船舶岸电智能控制技术应用研究［D］．天津：天津大学，2015.

[6] 蔡军，高一盼，丁汉辉．《高压岸电连接系统用高压插头、插座和船用耦合器》标准介绍与研究［J］．日用电器，2012（12）：25-28.

[7] 李建科，王金全，金伟一，等．船舶岸电系统研究综述［J］．船电技术，2010（10）：12-15.

第四章

船舶智能用电状态监控技术

现有岸电系统均为简单的"电网—岸电电源—船舶"连接形式，缺乏统一的监控管理。为满足船舶岸电系统对监控系统的需求，通过综合监控系统将船舶岸电系统的运行管理、设备监控、环境监测、视频安防和计量计费等功能统一起来。当船舶靠港接上岸电电源后，船舶岸电综合监控系统可以帮助工作人员对整个岸电系统进行集中监控，从而迅速且准确地掌握各岸电设备运行的实时信息、实时状态以及船舶的用电数据、用电费用等情况，及时发现设备运行中的故障，并做出相应的决策和处理，确保所有岸电设备安全可靠运行。从而使综合监控系统具有可靠性高、抗干扰能力强、实时性好及维护简单等特点，在船舶岸电系统运行监控、数据采集和计量计费等方面发挥重要作用。

第一节 船舶智能用电状态监控技术综述

一、船舶智能用电负荷类型及监测需求分析

1. 用电负荷类型分析

船舶停靠期间主机停止工作，辅机带动船载电力负荷运行。停船时船载电力主要包括如下负荷。

（1）生产设备：起锚机、起货机、舵机、冷藏机等。

（2）生产辅助设备：冷却泵、锅炉给水泵、燃油分离器、滑油泵、滑油输送泵、循环泵等。

（3）生活设备：空调、照明、电风扇、冰箱等。

就负荷特性而言，部分负荷属于固定负荷，如生活设备，冷藏机等，负荷特性曲线如图 4-1（a），此类负荷波动下，开启后基本保持在一定范围内波动。而期货机、各类泵则属于冲击性负荷，在启动工作时产生较大功率，停止工作时功率较小，特性曲线如图 4-1（b）所示。

船载负荷随着船型的不同也有所区别。对沿海大型船舶，基本上具备上述所有用电负荷，对沿江中小型船舶，主要负荷为生活设备用电负荷。沿海大型船舶岸电设备由变频电源、船岸连接设备和船载受电系统构成，如图 4-2 所示。

而针对沿江中小型船舶，岸电系统构成与沿海大型船舶类似；而沿内河的小容量岸

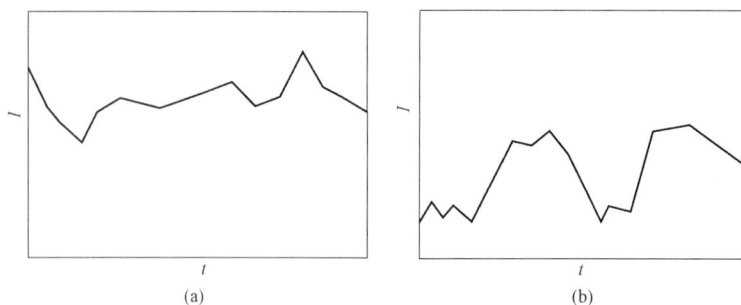

图 4-1 船舶负荷特性图

（a）有部分固定负荷的特性曲线；（b）冲击性负荷的特性曲线

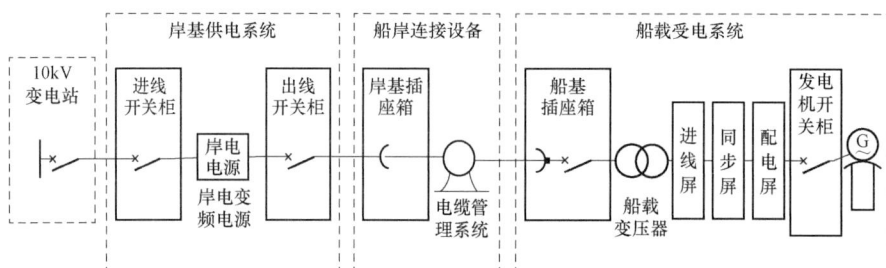

图 4-2 岸电系统构成

电设备由于无须变频，同时容量较小，因此只需船岸连接设备即可进行供电。因此，对于一些大型船舶如大型油轮、集装箱船，到港时用电负荷大，港口在配给岸电时应能满足要求，提供稳定、可靠的岸电。在出现问题时应能有相应的应对措施，不能影响正常的作业，所以需要智能监控系统实时监测。

2. 监测需求分析

根据不同的岸电设备，为保障岸电系统安全正常运行，需要监测岸电整个系统的运行状况，包括岸电电源、接口装置、船载电力负荷各类状态的变化。如图 4-3 所示。

图 4-3 船舶负荷类型及监测需求

就数据类型而言，主要包括遥测、遥信、遥控、遥调的数据。遥测量主要包括岸电系统的进出线以及变压器测量数据，包括电压、电流、功率、温度等参数。通过对遥测量的采集，能够实时快速地反映船载负荷的变化情况。遥信量主要包括进出线开关状态、各类保护信息等，通过开关状态判断岸电供电情况，通过保护信号实时反映岸电设备以及电源的启停控制。遥调量主要包括对电源的电压以及频率的设定，通过设备电压频率来改变电源的运行方式。

此外，考虑到码头特殊的地理位置与环境特点，岸电系统还会配置温湿度采集器对现场的环境数据进行采集和分析。一般而言，温湿度控制器安装于码头变电所内或岸电系统集装箱内部，并配备温湿度越线警告器和烟雾警告器等。采集器能够实时监测温度、湿度、烟雾颗粒浓度等环境数据，对于有特殊要求的港口还可以配备噪声等级采集和空气烟雾浓度采集装置。环境数据采集器与监控系统通过通信线连接，能够把环境数据实时上传至监控系统界面。当有数据值越限情况发生，系统及现场的报警器会发出告警，提醒工作人员处理，温度过高等紧急情况下系统会发出急停指令，控制岸电系统停止供电。

而对于内河小容量岸电系统，由于结构简单，因此可以采用刷卡缴费一体化的模式来进行建设，其数据主要包括设备的遥信量、遥测量和控制量。同时需要对刷卡信息进行采集。

3. 监测系统设计要求

岸电供电监控系统需要在港口高温差、高湿、高盐、强震动等特殊条件下运行，针对岸电供电自动监控系统还需满足安全性、准确性、可靠性、普及性等要求，具体体现在[1]：

（1）港口需有多个独立而又协调工作的岸电供电设备，它们之间能够协调供电，使高负荷用电船舶和低负荷用电船舶都能同时正常工作。

（2）控制中心能够实时监控整个岸电供电系统的运行，并且能够对单个或者多个独立岸电供电装置实施操作。

（3）各个岸电供电装置在其中某个或多个有故障时不影响其他供电设备的运行，同时能够快速报警，以便维修人员快速维修。岸电供电稳定、安全、可靠，在出现意外状况时能够有相应的应对措施，防止造成更大的损失。

（4）智能监控用户的用电状况，能在终端实时显示余额、供电单价、供电量并能相应地设置密码以及联网充值。通过网络化共享机制，能够使不同的港口共享用户信息，方便岸电使用者一卡多用。

监控系统根据具体的监控对象和监控环境有着不同的设计要求，针对港口岸电供电的监控系统设计运行环境复杂、监控对象的流动性较大、各型船舶的用电情况不一等特点，船舶靠港使用岸电的智能监控系统设计要求如下。

（1）监控系统要有良好的可靠性。监控岸电的实时信息为岸电使用的智能化管理提供了基础，而没有良好的可靠性，这一切都是空谈。系统在港口的高湿度、高盐、强震动、露天易遭雷击等严苛条件下要能稳定良好运行，系统设计的可靠稳定将大大地减少港口针对监控系统后续的投入，大大减少我国岸电技术推广的投入成本。

（2）监控系统要有良好的数据传输实时性。数据的传播如果离开了实时性的性能指标要求，就失去了其应有的意义；用户在使用港口的岸电资源时，是一个实时持续的过程，系统需要在用户使用岸电时能及时地上传需要监控的数据，同时管理人员也能实时地管理岸电使用的通断和处理供电的异常，而这些都需要以实时性为基础，实时性是设计时必须考虑的重要指标之一[2]。

（3）监控系统需要有一套完善的智能供电异常报警处理机制。码头供电存在其特殊性，船舶的正常运行离不开电力资源源源不断的供给，同时一些重要设备在一般情况下也是不允许断电的；码头岸电的供给需要和船舶自身的发电装置相配合，在极端情况下也能保证满足船舶的供电需求；在供电、用电参数、用户用电数据等信息传输异常时能根据设计要求分级别、不同方式的实时报警，并能提供维护人员有价值的异常信息，方便维护人员能准确地找出异常点，为尽快恢复系统的正常运行提高保障[3]。

（4）监控系统要有良好易操作的人性化人机监控界面。在港口供给岸电的使用过程中，正常的情况下，岸电供给一般是不会出现异常状况的，港口管理者没有必要给监控中心配给全部专业的电力相关技术人员来完成岸电的监控任务，这就要求在设计人机交互界面时，能让使用者易于理解并且具有操作的便捷性。人性化的码头岸电监控界面应能使监控人员快捷清晰地从监控界面上读取以下信息。

1）港口各监控分站的使用与否情况，方便调度室能协调船舶进入空闲的岸电供电通道。

2）港口配给船舶岸电的接通和断开时间及其使用持续时间。

3）船舶使用岸电的实时用电电量及用电费用。

4）各船舶在使用岸电时用电参数的实时数据，如电压、电流、功率因数等。

5）船舶在使用岸电时的各报警信息提示，如用电余额不足、过（欠）电压、过（欠）电流等异常。

（5）监控系统的网络化。为了推广岸电供电技术，各港口可根据地区实行联网控制，这能为岸电的使用和普及带来极大的便利。各港口实行信息共享互联机制后，用户信息共享，各港口的供电信息共享，这使得港口对船舶使用岸电时的管理更加便捷；由于规模效应，将使岸电使用成本大为减少，对于岸电技术的推广具有重大意义。

（6）港口岸电只供给注册过的合法用户。为了方便对岸电使用者收取相关费用，各联网港口可统一使用预付费技术，为注册过的合法用户提供电力供应；同时岸电使用者也能凭借其合法身份，查询自己的用电相关状况，如用电额度、每次用电费用、余额等信息。用户能根据调度中心的调度，在合适的供电分站使用岸电；监控管理中心也能根据用户的信息或根据岸电的供给状况开启或关断相应分站的用电通道。

上述船舶岸电供电自动监控系统对故障的智能分类报警，可以有效地减少故障排查时间，提高监控系统的运行效率。对到港船舶岸电使用的信息化互联管理，将有效地解决船舶流动性大的难题。不同港口实行信息共享，对岸电使用方使用岸电的情况有清晰的记录和管理，很容易形成规模化效应，能极大地降低港口方的初期投入成本。

二、船舶岸电采集与监测技术原理

1. 监测技术总述

船舶接入岸电后，根据前文对监测需求的分析，需要建立岸电监测系统实现对岸电的全过程监测。考虑港口以及设备及参数的多样性，需对其部分进行抽象和选取，进而构建三层的系统架构，使其更灵活，更易于扩展。其整体架构如图 4 - 4 所示。

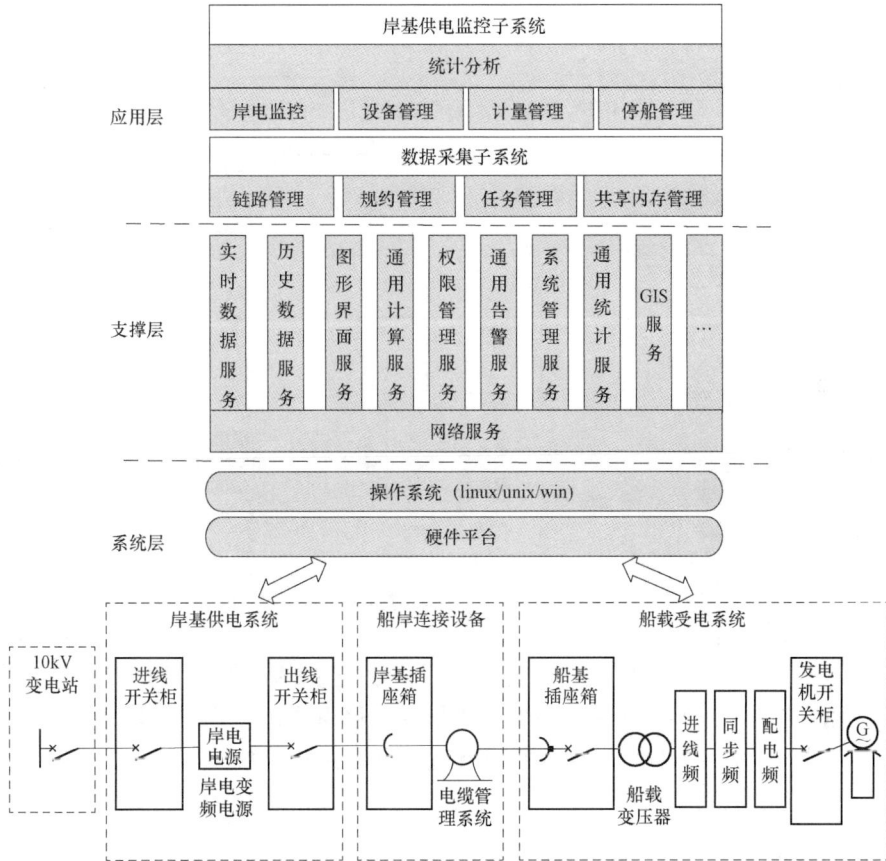

图 4 - 4　岸电监测系统总体框图

系统层主要由各类硬件和操作系统构成。支撑平台主要实现对系统层和上层应用的支撑，包括网络服务、数据管理服务、图形报表服务、权限服务、计算服务等。通过支撑平台，可以实现不同设备的统一管理，并提供通用数据服务方法，便于系统扩充。应用层主要包括数据采集子系统和岸基供电监控子系统。数据采集子系统实现对不同数据的统一采集。岸基供电监控子系统包含岸电监控、设备管理、计量管理、停船管理和统计分析等功能。

2. 数据采集

不同的类型港口泊位由于特点的不同，需要采用不同通信模式。大型海港/中型沿江港口泊位距离较远，每个泊位的岸电系统容量较大，结构复杂，监测内容较多，对于运行安全的要求较高，同时所有泊位在同一港口内，范围有限，因此宜采用光纤通信。用电数据可通过就地监控系统上送岸电的运营中心进行数据的统一管理。内河小型码头泊位距离较近，设备较简单，无须变频电源，并且地域分散，建设就地监控系统成本较高，因此宜在港口内部署集中器，采用无线通信模式进行广域的统一管理。通信模式如

53

图 4 - 5 所示。

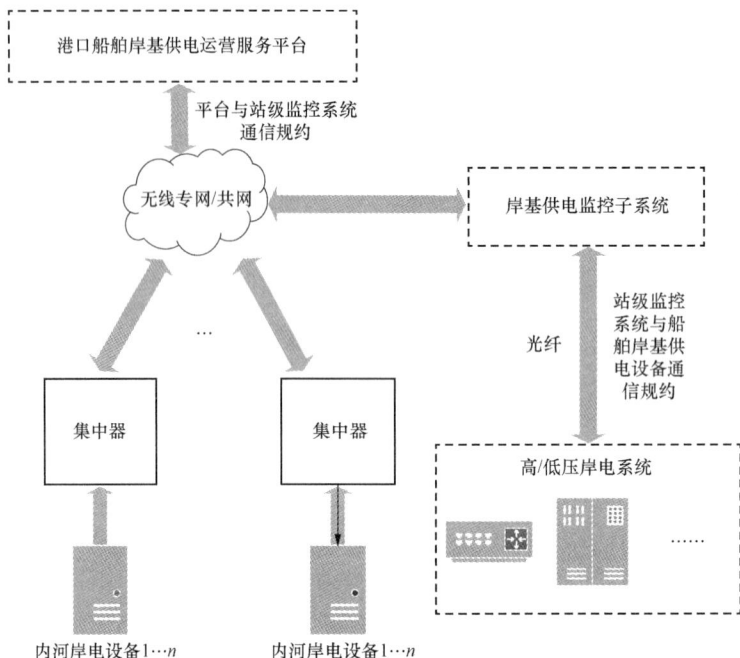

图 4 - 5　通信模式图

为了保证可靠传输，利用延时、连接数及业务运营的环境和数据量来衡量业务状态，并以此作为切换条件，通过服务器发送指令进行模式切换。在互联网的信号不稳定时启用移动通信模式，并根据条件逐级选择通信网络来传输数据，保证信息采集的持续性，使得数据传输机制能够在不同的突发状态下，完成模式间以及模式内部协议和网络类型的切换，进行持续平稳的通信，达到可靠传输的目的。

港口岸电系统的电气数据可通过不同的部分的主控系统进行，港口环境参数等数据可通过环境监测设备进行采集。港口内的监测数据类型多样，通信协议也各不相同，具体如下所示。

（1）岸电接口装置采用 DLT - 645 - 2007 通信协议。

（2）进出线开关柜内的保护测控装置采用 IEC103 规约。

（3）变频电源装置采用 Modbus RTU 规约。

因此采用统一缓存，规约分立的方法，来实现所有数据的统一处理。主要采集结构如图 4 - 6 所示。

3. 数据处理分析与挖掘

（1）数据处理与分析。实现数据统一采集后，考虑到通信干扰、设备故障等原因，造成数据偏差和错误，需要对港口岸电数据进一步处理。

遥信处理：主要包括刀闸位置、保护动作信号、故障信号、设备状态及工况等信号。

遥测处理：主要包括采集对象（变压器、岸电电源等）的电气量（电压、电流、频率、功率等）、运行参数（温度等）及用电金额等信息。

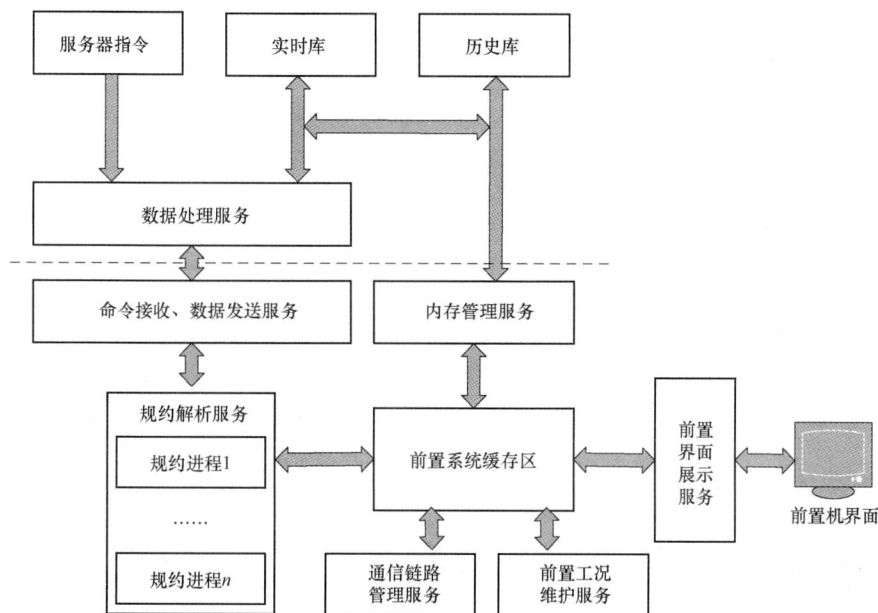

图 4-6　数据统一采集方法逻辑图

　　事件记录：系统事件主要包括变位事件、故障事件、保护事件、用户自定义事件、系统自诊断事件。不同的事件代表了不同的运行状态。因此需要详细记录每类事件发生的完整信息，供后期查询分析。事件记录的要素包括时间、对象、事件类型、处理情况等。

　　岸电监测：根据岸电系统的构成，岸电监视对象包括岸电电源系统、电缆及卷盘系统、接口装置、船舶受电系统。

　　统计分析：系统中除大量的实际测点外，还存在大量的计算测点，需要进行在线方式下的综合计算，系统按照变化及规定周期、时段不停处理计算点，并进行统计分析。

　　（2）数据挖掘。港口岸电系统的规模容量选型会根据港口情况不同而千差万别，由于我国港口分布广泛，种类繁多，根据港口吞吐量、停靠船舶类型、泊位大小、港区变电所情况的不同，需要为其定制不同容量和类型的岸电系统。许多港区由于管理不够完善，在岸电系统建设过程中缺乏许多明确的数据支撑，使得岸电系统很难在这些港口取得应用及推广。

　　有鉴于此，我们在港口岸电系统数据处理和分析的基础上，对各类港口岸电系统进行数据的深度挖掘：每在一个港口码头投运一套港口岸电系统并成功运行之后，将该港口的稳定运行参数进行保存和建档，所建数据对于类似规模和类型的港口有着重要借鉴作用和指导意义。在数据、参数微调的情况下，一份数据档案适用于同等规模的诸多港口，节约为港口设计岸电系统的时间，并保证了系统运行的可靠性及安全性。岸电数据档案建设和推广流程如图 4-7 所示。

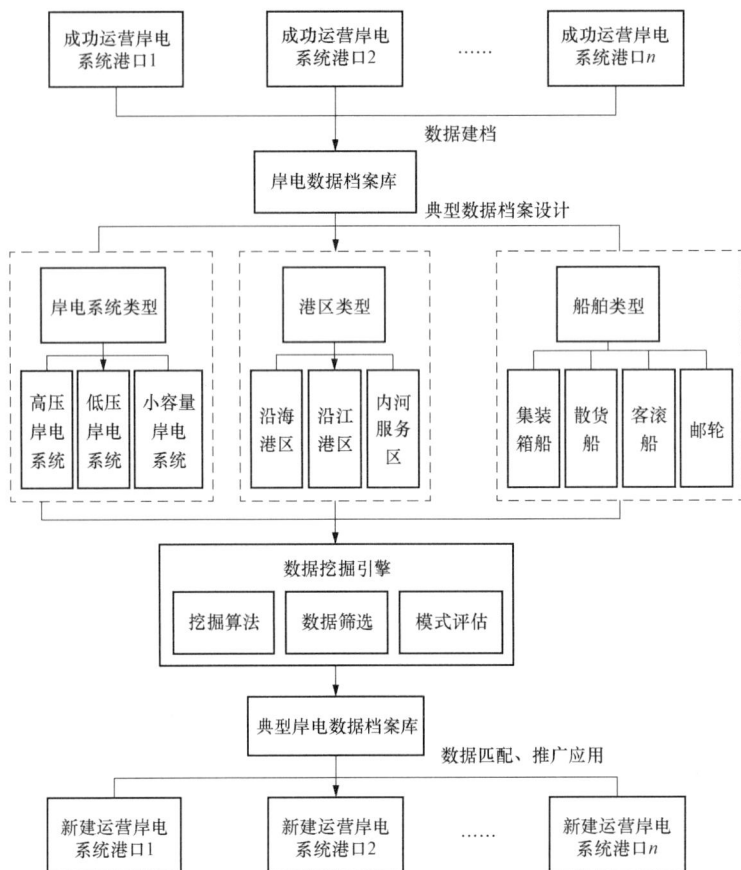

图 4-7　岸电数据档案建档及应用流程

<h1>第二节　船舶智能用电监控关键技术</h1>

一、船舶接电保护技术

1. 船岸联合保护技术

为保障船岸安全稳定的运行，需要进行船岸联合保护。系统采用多时间维保护策略进行整体安全保障，如图 4-8 所示。

系统分 4 个时间段进行保护和控制。在并网前各设备配置有机械保护，在不接电时进行机械检测，如果出现异常，停止接电；接电后通过机械闭锁，防止接电期间进行操作。在此基础上，在装置级（各岸电系统设备，如变频电源、岸电箱等）配置过电流、过电压、短路、接地漏电瞬时保护和过载、温度检测等延时保护；系统通过采集岸电信息和船侧信息进行系统保护。在接电正常情况下，进行接电控制，在检测到异常的情况下，根据装置动作的情况，进行进出线的分合控制，保障系统安全运行。

机械保护如图 4-9 所示，岸电设备在通电后，柜门行程开关、箱体防倾倒开关、水浸开关、插座行程开关、急停按钮等会将开关状态量通过继电器反馈至岸电控制器。控制器接受各机械保护信号后进行判断，只有当所有的机械保护状态条件全部满足时，

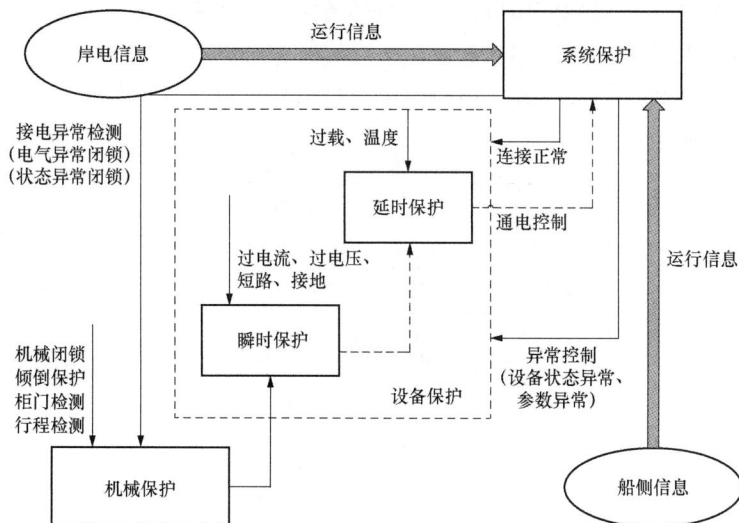

图 4-8　多时间维度安全保护

才会允许岸电设备主断路器合闸送电；否则，控制器会将闭锁状态存在的问题反馈至监控后台，在监控界面上查看箱体各开关量的情况。

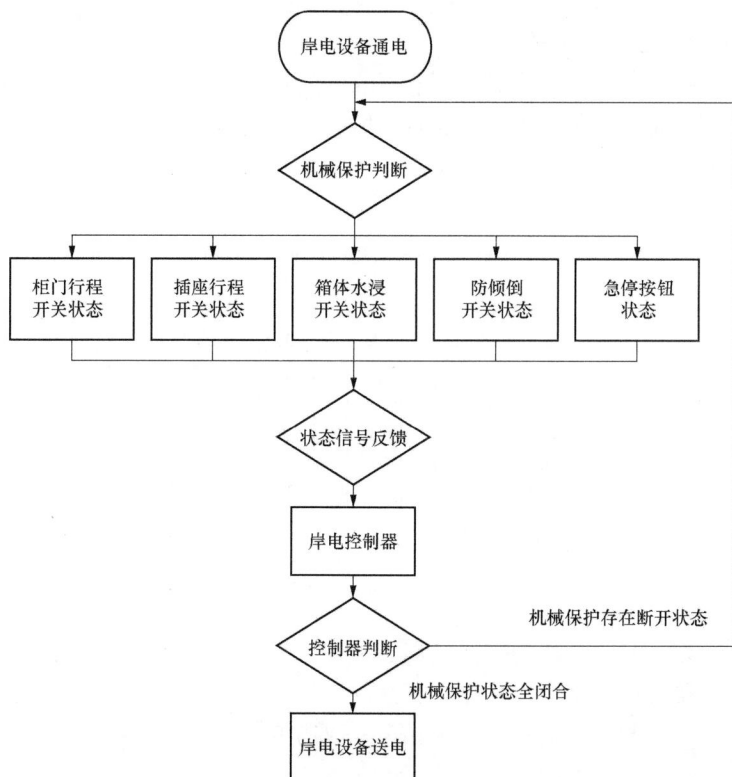

图 4-9　岸电系统机械保护流程

在装置级瞬时、延时保护以及机械保护的基础上，岸电系统控制器和监控系统会在岸基供电全过程采集岸基侧的用电信息，包括各级设备开关量和模拟量，一旦出现遥信异常变位或遥测越线问题，控制器会根据情况进行装置级的异常控制，同时反馈至监控系统画面上进行告警，现场工作人员会根据告警信息进行异常状态的处理。系统保护流程图如图 4-10 所示。

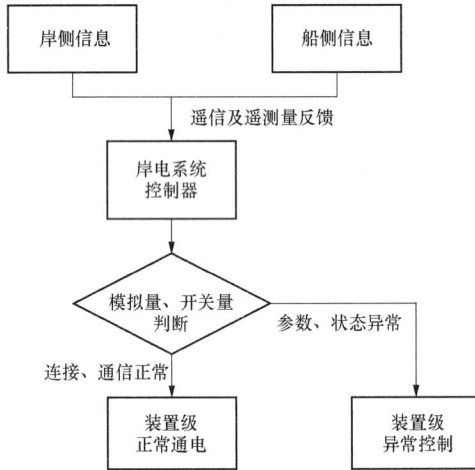

图 4-10　岸电系统保护流程图

2. 变频电源的控制与保护

（1）系统架构。监控系统是对变频电源的控制系统，硬件上由 PLC 控制器和 ASIC 箱组成。控制系统完成变频电源网侧的并网控制、船侧的电压控制和功率控制，系统控制模块设计如图 4-11 所示。

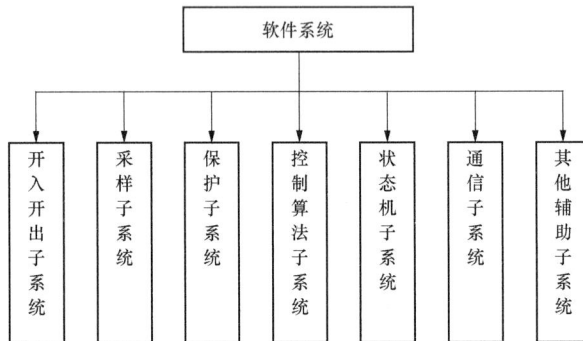

图 4-11　监控系统对变频电源的控制系统架构

（2）控制流程。采样模块的主要处理过程为：将采样的原始数据经过相应的处理运算，形成可以直接使用的富有实际物理意义的变量。

$$校正后码值 ＝（原始值＋零票值）×采样系数$$

控制算法如图 4-12 所示。

（3）采样及处理接口。

模拟量采样及处理步骤：

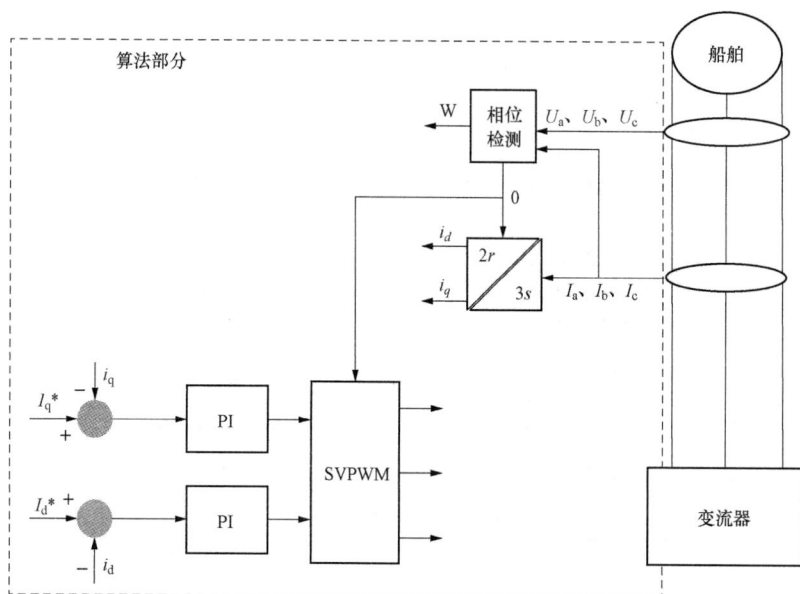

图 4 - 12　控制算法

1）将原始采样通道的值赋成有物理意义的值。

2）对所有的模拟量采样通道进行系数和零票的校正。

3）对采样的直流电压进行软件滤波求取平均值。

4）按 11 点方式进行线相电压的转换。

电网角度采样如图 4 - 13 所示，处理步骤如下：

1）FPGA 检测电网电压正弦波形的过零点作为同步中断计数周期。

2）角度校正。可以通过给角度变量加上一个固定的偏差来实现移相功能。

3）读取正弦余弦值。通过校正过的角度来计算该角度产生的正弦和余弦值，用于控制程序中的 PARK 变换和反 PARK 变换。

（4）监控系统对变频电源的保护功能。

1）模拟量通道保护。对所有模拟量采样通道按上限和下限进行保护计算，得到相应的保护标志位。

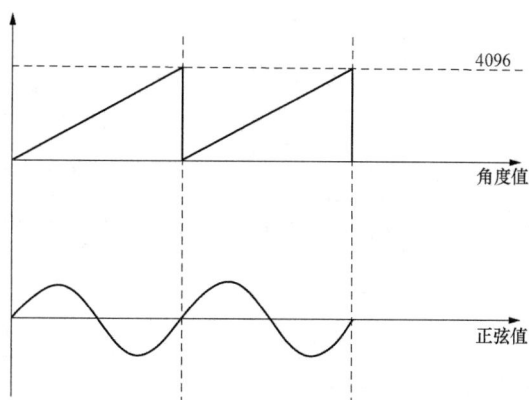

图 4 - 13　电网角度采样

2）直流欠电压保护。在并网接触器闭合时进行直流欠电压判断。

3）均流保护。如使用双模块并联，求取同相模块间的电流差，判断均流效果并作保护。

4）相序保护。判断电网电压和变流器电压的相序是否正确。

（5）初始化流程。初始化流程图如图 4 - 14 所示。

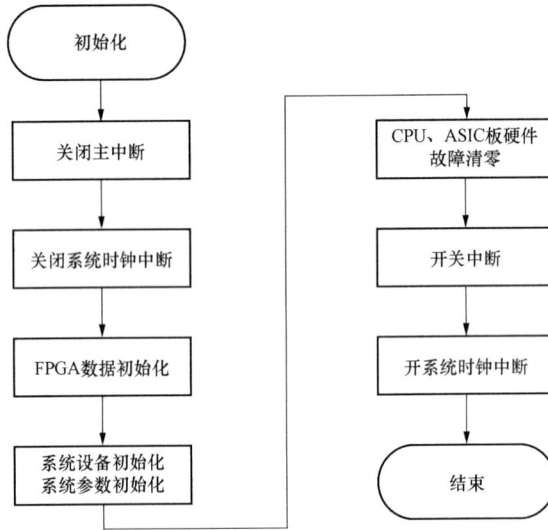

图 4 - 14　初始化流程图

（6）主循环。主循环函数流程图如图 4 - 15 所示。主中断函数流程图同图 4 - 15。

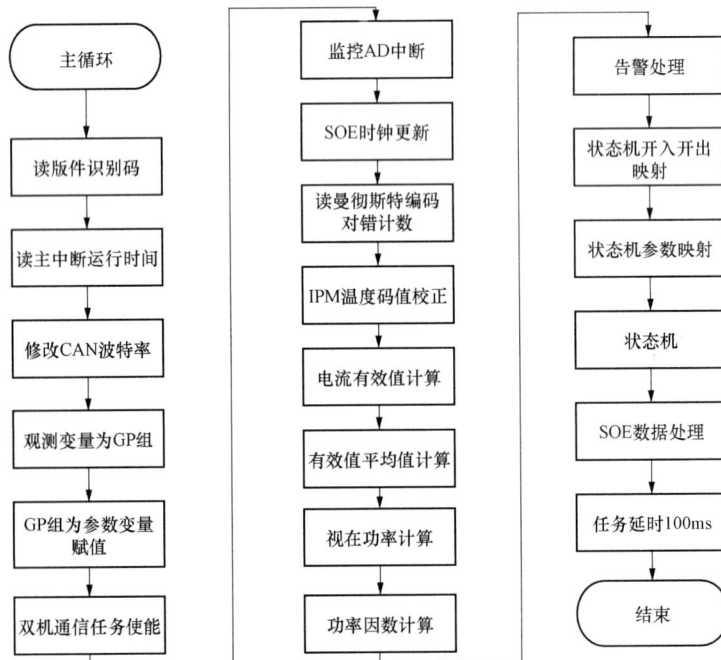

图 4 - 15　主循环流程图

3. 岸电箱控制与保护

高/低压岸电系统接口系统一般为低压岸电插座箱及其控制柜，在每个高/低压岸电控制柜内通过控制器，实现对柜体内断路器、电表等进行数据采集和控制，也可以远程上送信息给岸电监控系统。岸电控制时采用双端交互模式，即分为主控与从控两部分，流程图如图 4 - 16 所示。

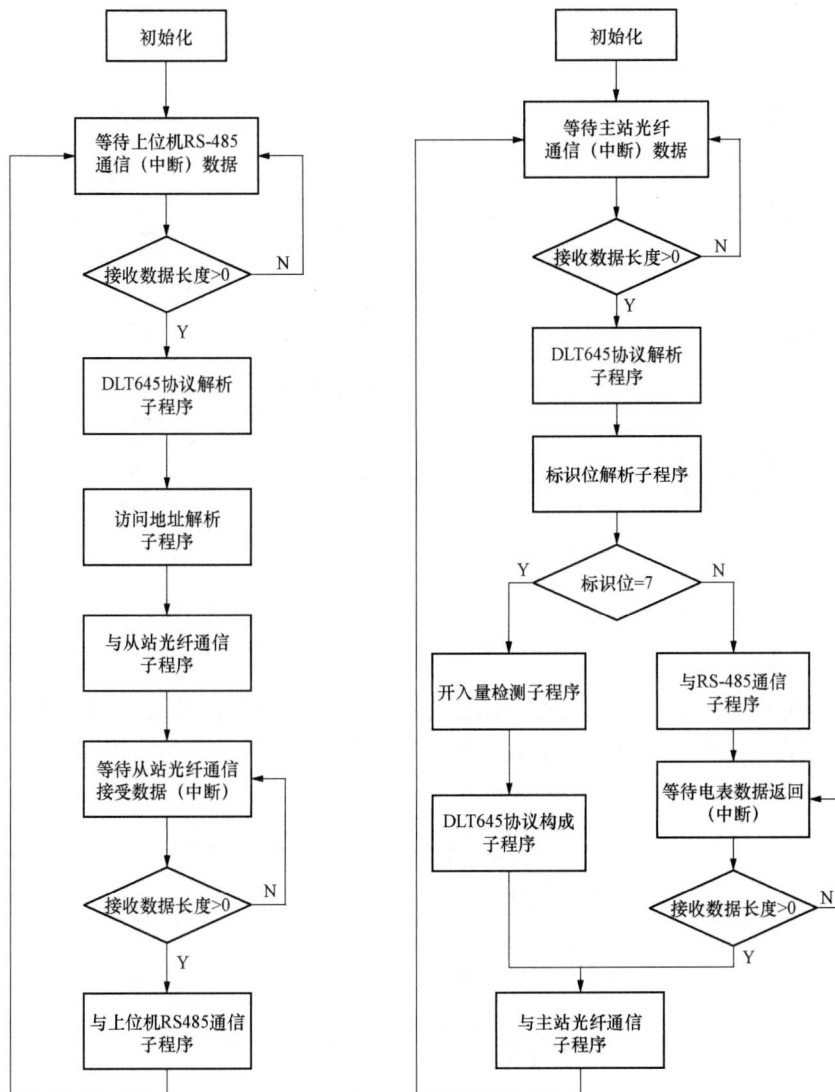

图 4 - 16 主、从控制流程图

通信协议：控制器具有 RS - 485 与光纤两种通信接口，主控制器与上位机及从控制器与电表间采用 RS - 485 通信，主控制器与从控制器间采用那光线通信，主要通信协议为基于 DL/T 645—2007 多功能电能表通信协议的扩展协议。

二、船舶智能用电状态控制模式

整个岸电系统的运行过程的状态变化模型如图 4 - 17 所示。主要包含停止状态、待机状态、并网状态和供电状态。

状态的变迁根据关键参数进行判断，包括连接状态、并网状态、故障/异常状态、负荷突变状态等。

根据岸电设备的运行，又可将岸电设备运行分为六种状态：待机模式、启动模式、运行模式、停止模式、停机模式、故障模式。

状态之间的转换关系如图 4-18 所示。

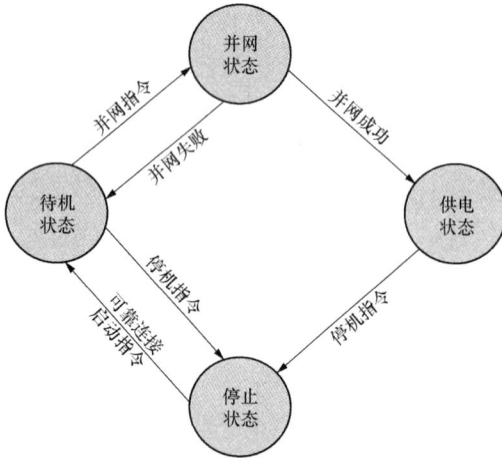

图 4-17 岸电系统状态切换模型

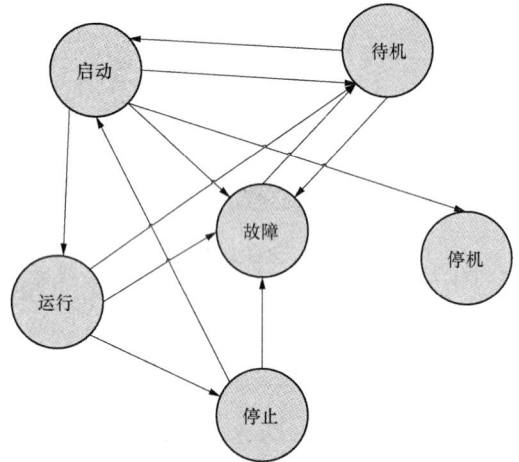

图 4-18 状态关系图

各状态关系变化情况如下。

1. 待机模式

待机模式指设备进行内部自检，确认完好具备开机条件的状态，如图 4-19 所示。待机模式首先检测冷却系统是否正常，如果不正常，提示告警。然后检测内部各个部件的故障状态，如果检测到部件故障，则转为故障模式，否则等待开机指令。

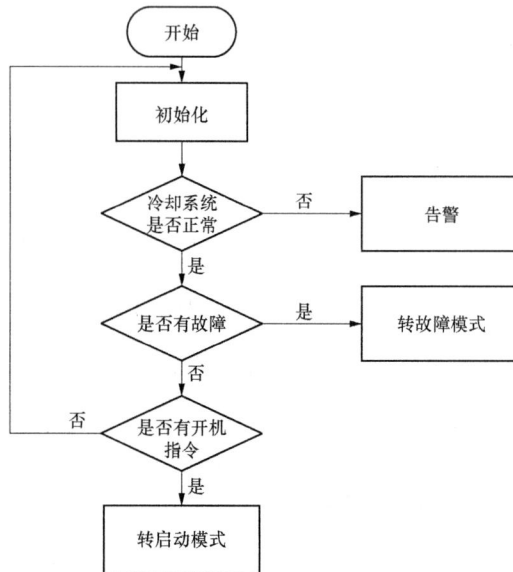

图 4-19 待机模式

2. 启动模式

启动模式表示设备的启动过程，如图 4-20 所示，首先检测是否存在故障，如果有，则转为故障模式；收到开机指令后，开始开机，然后判断是否完成。开机成功后，不断检测是否有停机指令，如果收到停机指令，开始停机过程，并转为停机模式。

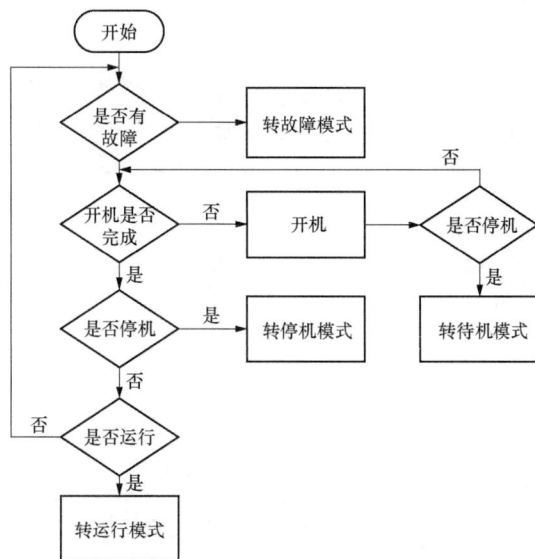

图 4-20　启动模式

3. 运行模式

在正常运行模式下，主系统不停检测各设备是否有故障状态，如果发生故障，则转为故障模式，否则直接到停机模式，如图 4-21 所示。

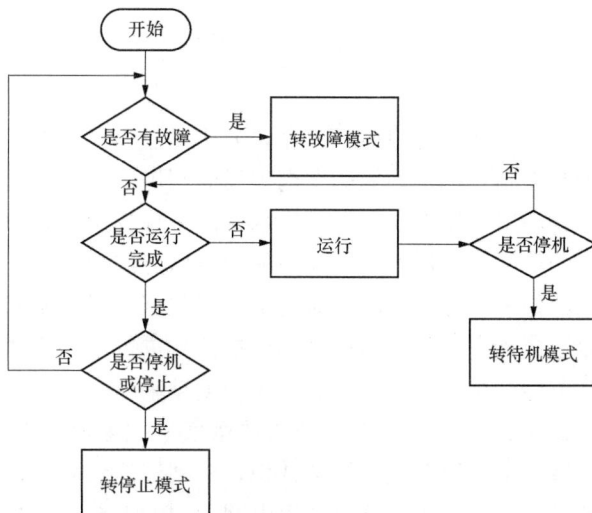

图 4-21　运行模式

4. 停止模式

停止模式主要是指岸电系统的停止过程，该过程中不断检测设备是否发生故障，如果发生故障则转为故障模式，否则停止，完成后转为启动模式，如图 4-22 所示。

5. 停机模式

停机模式主要指设备停机过程，过程与停止模式相似，在停机完成后转为待机模式，如图 4-23 所示。

6. 故障模式

故障模式指监控系统监测到故障，进行停机分闸，直到故障修复，如图 4-24 所示。

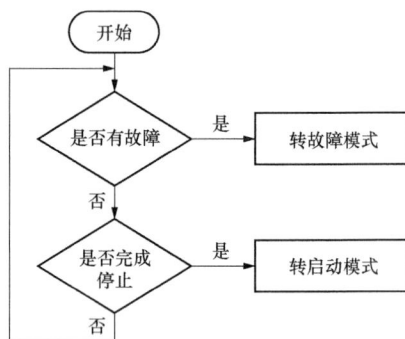

图 4-22　停止模式

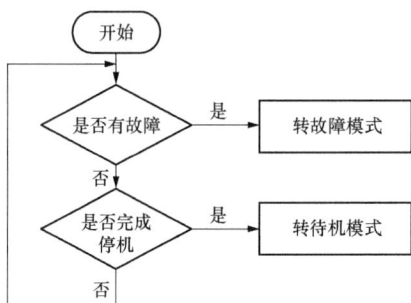

图 4-23　停机模式　　　　图 4-24　故障模式

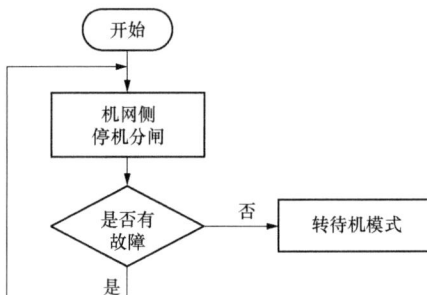

小　结

本章从船用用电负荷特性及监控需求出发，分析了船舶岸电采集方法，设计了不同类型岸电系统的保护与控制方案，为船舶岸电现场监测提供支撑。通过对船舶智能用电状态监控技术的研究，提出了岸电供电的各类数据的采集方法，以及采集数据的可靠通信模式和实现技术；分析了船舶接入岸电期间的用电信息监测技术，并提出了岸电供电数据和船舶用电数据的处理、分析方法；研究了不同类型靠岸船舶的用电负荷特性，并针对不同类型靠岸船舶接入岸电之后的控制和保护技术进行了讨论和分析。

近年来，国家队节能减排、环保工作的重视程度越来越高。我国各行各业都在努力开拓思路，促进节能减排、环境保护工作的具体落实。国家电网公司提出的"以电代煤，以电代油，电从远方来"逐渐成为社会共识，得到广泛认可。智能港口用电实用化技术作为港口节能减排的重要举措，符合国家电网公司的倡导，具有广阔的推广前景和深远意义。

参考文献

［1］季学彬．船舶岸电供电自动监控系统研究与设计［D］．镇江：江苏科技大学，2015.

［2］金晶．车用 CAN 网络实时性与可靠性研究［D］.武汉：武汉理工大学，2010.

［3］张伟．基于 CAN 总线的船舶集中监测报警系统［J］．交通科技，2013.

［4］王金波，胡学忠，颜明东．港口船舶岸电综合监控系统设计与实现［J］．港口科技，2015（9）：1-4.

［5］张伟，尹青云，樊荣，等．港口船舶岸电实验平台监控系统的设计与开发［C］.//科技兴港论坛 2012 大会论文集．2012：9-11.

［6］刘为．我国首家绿色港口低碳科技发展企业成立［J］．港口经济，2014（11）：63-63.

第五章

智能港口电力用户信息交互技术

本章首先分析港口智能配用电对物理通信方式和信息交互方式的要求，分别从现状配用电系统和未来配用电系统的不同起点出发，提出集成式信息交互方式和一体化信息交互方式两种典型的智能配用电信息交互方式。进而，研究智能配用电系统对通信需求的基础上，形成包括光纤通信和无线通信专网等在内的智能配用电物理通信方式。最后，借助港口智能用电业务支撑平台等媒介实现港口智能用电的信息化，实现智能港口的港口智能用电业务架构的构建。

第一节　智能港口电力用户信息交互技术综述

一、智能用电信息分析

以信息论为基础，结合港口电力系统业务特点，可将港口电力信息分为四类，即电网外部信息、电网信息、规范信息、决策控制信息。

电网外部信息，是电网外部对电网干扰的信息，如气候、环境、外力破坏等对电网及其运行产生影响的各类干扰信息。

电网信息，是电网的各种设备及其相互关系和运行中产生的各类信息，如一次设备和二次设备的参数信息、电气设备的接线关系信息、电流信息、电压信息等。

规范信息，是为决策执行提供指导和约束的各类标准、规范、导则，如各类国际标准、技术导则、功能规范、相关运行限值等。

决策控制信息，是通过综合分析电网信息、电网外部信息、规范信息后给出的决策信息和控制信息，如各类预测信息、计划信息和执行命令等。

而港口电网信息是一个典型的配用电系统，用电信息类型多样。根据电力系统运行及港口业务应用，又细分为以下四类。

（1）安全运行类。此类数据主要包括电力设备的运行参数，状态等数据，包括各类设备的电压、电流、功率因数、保护事件、分合闸事件等。此类数据关系运行的安全性和稳定性，因此需要实时采集。

（2）统计决策类。此类数据不影响系统的安全运行，但对港口生产经营产生巨大影响，包括负荷用电量及基于安全运行数据的各类统计数据。

（3）业务类。业务类数据主要指开展业务所需的表单等信息。此类信息关系港口正常业务的开展。

（4）非结构化。此类数据主要包括图、文件等信息。

二、信息交互技术

1. 智能用电业务分析

智能港口用电智能化配置，计划通过建设智能用电支撑系统，主要实现采集港口内各类用电设备，实现运行监控，计量计费，能源综合应用等功能。通过搭建用电智能化服务支撑平台，进而实现港口各类用电设备的智能化运行。

（1）运行监控业务。运行监控业务主要对港口供配电设备进行监视，保障安全运行。主要包括变电所运行监控，配电网运行监控，用户用电情况监控，岸电设备、港口生产设备、电动汽车充放电设施运行监控，分布式电源运行监控，区域内储能系统运行监控等。并自此基础上开展运行优化，能量综合优化的优化运行业务。

港口用电分为生产用电、生活用电和生产辅助用电三部分。生产用电主要包括装卸机械、生产场地照明、运输机械、仓储设备等的用电。生活用电主要包括办公用电和生活设施用电等。生产辅助用电主要包括维修用电、公共照明用电、辅助设施用电等。

沿海大型码头及沿海沿江中型码头的岸电系统主要面向大型远洋船舶的靠港装卸期间用电。

内河及湖泊小型码头的岸电系统主要面向内河中小型船舶的靠泊装卸用电。

面向新兴的港口用电形式及不同用电类型的运营服务需求。智能用电业务支撑平台需实现对分布式能源接入、电动汽车、能效管理设备、电能质量监测等新型港口用电服务类型的运营管理需求。

（2）设备资产管理业务。设备资产管理业务主要是对配用电设备的整个生命周期进行管理，包括对预购置设备计划管理，确定方案后的设备采购管理，购买后的配送、安装、验收，以及验收合格后设备正常运行时的轮换、检修管理和对多余设备的仓储管理等，直到设备寿命结束时的报废处理，还有对资产应用的全过程做好记录进行建档的管理，以便其他部门查验等。

（3）港口计量计费业务。港口计量计费业务主要是针对电力用户的电能使用信息开展的业务，包括对欠费用户的催交、预交电费的退补、用户对用电量和电价信息的校核，以及分时电价、动态电价、峰谷电价等电价策略实施后对于电费的计算业务等。通过业务的实施，采集不同电价下的电量使用信息，指导用户科学经济用电，需要港口电力营销部和运行控制部门合作完成。

港口智能用电计费采用的计费方式一般为：港口业主方对供电部门设置总关口电表，根据总表计量向供电部门交纳电费；港区各承租方分别设置独立的计量表，承租方分别向港口业主方交费。在用电计费业务方面一般为港口业主方向供电部门采购电能，并直接和供电部门进行交易结算。另外，港口业主方向港口的租赁单位进行用电量的计量计费。

（4）分析与决策业务。分析与决策业务是智能配用电环境下电力公司一项重要的顶层业务，如图 5-1 所示。它肩负着分析配用电环节运行情况、监测供电企业运营状态、发现电力企业在经营配用电系统过程中的薄弱环节并针对配用电系统运营状况提供决策支持的功能。

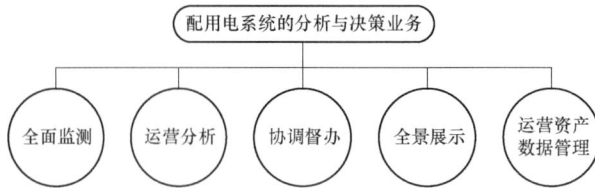

图 5 - 1   配用电系统的分析与决策业务

（5）智能用电系统接口业务。业务平台的有效运行需要和已有业务系统的数据进行交互及相互支撑。所有数据的交互及业务应用功能都需要通过平台与其他业务系统之间的接口来完成。因此平台需要明确与其他系统接口的数据模型、业务流程和接口模式。

2. 信息交互整体框架

随着技术的发展和港口低碳化发展，港区内个性化、多样化的用电需求急剧增加。作为港口生产用电的新型业务，港口岸电的大规模应用运营，改变了原有的港口用电服务形态，增加了新的服务领域，其服务需求根据不同的码头类型也有较大区别。面向新兴的港口用电形式以及不同用电类型，智能用电业务需实现对分布式能源接入、电动汽车、能效管理设备、电能质量监测等新型港口用电服务类型的管理需求。这些都给港口智能用电业务和技术带来了新的要求和挑战。

智能港口用电智能化配置，计划通过建设智能港口能源综合管控系统，如图 5 - 2 所示，主要实现采集港口内各类用电设备，实现运行设备监控，计量计费，能源综合应用等功能，通过搭建用电智能化服务平台，实现港口各类用电设备的智能化运行。

港口智能用电业务支撑平台系统的逻辑架构分为三层，分别是终端设备层、网络通信层、业务应用层，如图 5 - 3 所示。

3. 多环节信息实时处理技术

在港口用电中，电力设施涉及变电、配电、用电等多个环节，而港口用电设施包括了港口生产设备、港口生产辅助设备、岸电设备、楼宇用能设备以及电动汽车、新能源等新型元素，因此需要设计一种信息实时处理机制，来保障各类信息的统一处理。

根据对港口多环节用电的分析可以看出，就监控而言更重视各个采集点的类型信息，而未经组织的分立的采集点信息不利于分析应用。

监视和控制主要针对的是不同的数据类型，而分析则需要不同的设备模型。因此采用由采集点到设备容器再到行业应用模型的三层建模方式，即根据采集点类型建立统一的输入输出数据模型，采集点类型目前包括开关量、模拟量、状态量和脉冲量的输入与输出。在此基础上进行设备容器建模，模糊设备的行业特征，将设备作为一个"容器"看待，不针对具体的设备建模，同时建立设备与采集点的关联数据模型。最后建立行业应用通用模型，描述各类"设备容器"的行业特性。三层模型结构如图 5 - 4 所示。

按此建模方式设计，信息实时处理可分解为两个部分，一部分为服务平台包括网络服务、数据库服务等通用处理服务，在此基础上建立系统的三层模型，如图 5 - 5 所示。

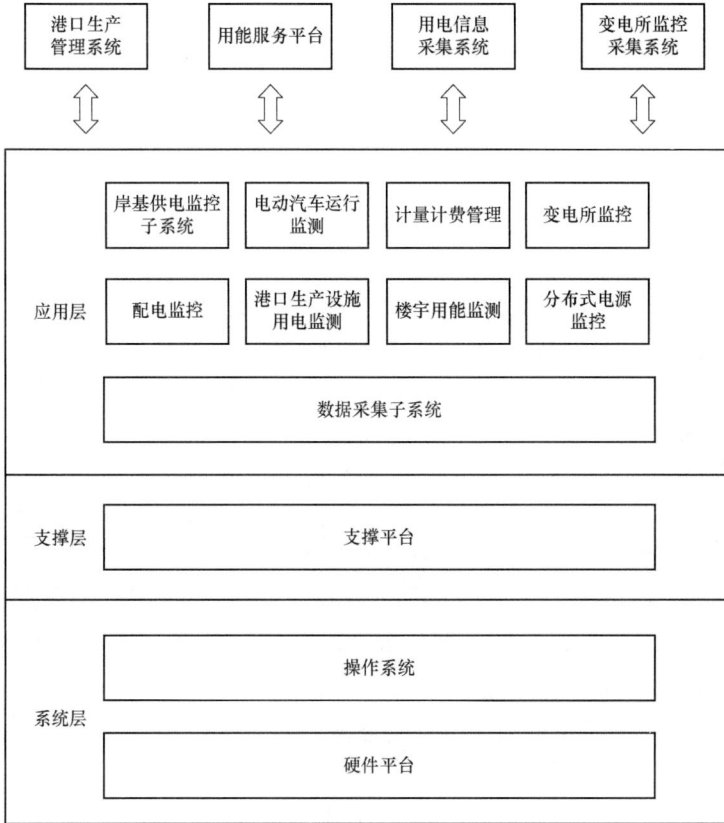

图 5-2　港口用电监控管理系统

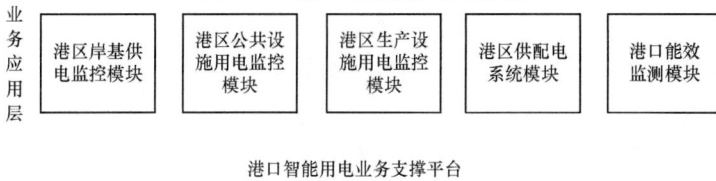

图 5-3　港口智能用电业务支撑平台系统逻辑构架

69

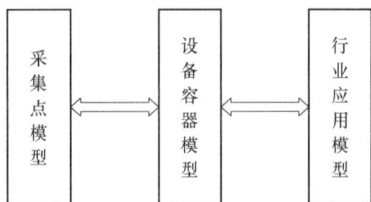

图 5-4　三层模型示意图

三层建模中采集点建模主要是针对系统内所有采集的点，设置点的属性等各类模型。单个点之间没有联系，只有属于自身的各类属性。

设备容器建模则是建立系统内的各类设备容器，并建立与点之间的联系，一个设备可能有多个采集点。

行业应用建模则包含了两方面信息，一是建立设备之间的主从以及层次关系；二是行业属性与设备容器以及采集点之间的关系。

4. 智能港口设备终端数据接入与处理关键技术

港口智能配、变、用电的业务范围涉及配电网运行监控、港区变电所运行监控、配用电环节全过程电力设备和资产管理、用户服务、用电计量计费等多个环节，业务部署具有范围广、集成要求高等特点，这就要求必须选择合适的通信模式和信息交互模式。随着现代通信技术的快速发展，光纤通信等通信技术迅速普及，使得智能配用电的通信模式宜采用光纤通信、载波通信、无线通信及混合的通信模式等。图 5-6 展示了智能配用电系统中几种典型的通信方式。

光纤通信：光纤通信速度高、抗干扰性能好、可靠性高，它可以与电力电缆一起敷设，是一种良好的配电自动化通信方式。光纤适用于数据传输量大、可靠性要求高的场合，如用于控制中心与大型变电站 RTU 之间的通信，在市区配电设备较集中

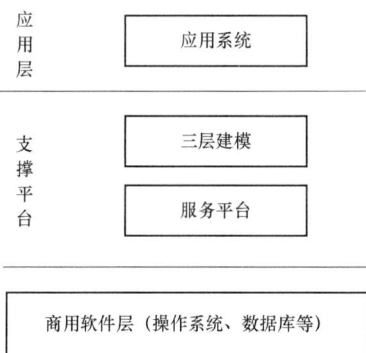

图 5-5　基于三层建模的平台结构

的区域作为主干通信网。刚随着技术的逐步发展，配电自动化和用电信息采集也会逐步向光纤方向发展。光纤通信将会逐步成为最主要的智能配用电通信方式。

载波通信：载波通信借用配电线路作为信号传输通道，具有投资小、覆盖面广的优点。由于配电载波存在需解决线路开关打开后的信号通路、系统故障时通信支持难等问题，主要用于对可靠性要求不太高的地区，以节省投资。

无线通信：无线电台具有易于安装，成本低的优点，但不适于多高层建筑物的市中心及多山地区使用。无线电台开启时间长，传输速率低，难以满足高实时性控制的需要。另外无线通信方式也有用于用户信息采集等方面。

音频电缆通信：音频电缆是早期配电自动化通信系统较经济和适用的通信介质，其布置及各通信端的连接无特殊要求，造价较低，容易实施。但传输速率较低，容易受环境的影响，尤其是与高压配电线路同杆架设施受强电磁场的干扰。适用于短距离通信。随着通信技术的发展，音频电缆逐步退出了城市主干馈线通信系统的舞台。但在实际应用中，常把它用作为一个小区内配电变压器监控终端 TTU、自动读表等智能装置与配电子站、TFU 或其他数据转发装置的通信连接。

在配网方面，首选部署光纤通信网络，在光纤通信网络无法到达的区域，以载波通信、无线通信作为补充。在用电侧需要构建无线专网，接入智能电表、用户终端等各类数据。在通信中心站，建立配用电通信综合接入平台，实现主干网、无线通信等网络的

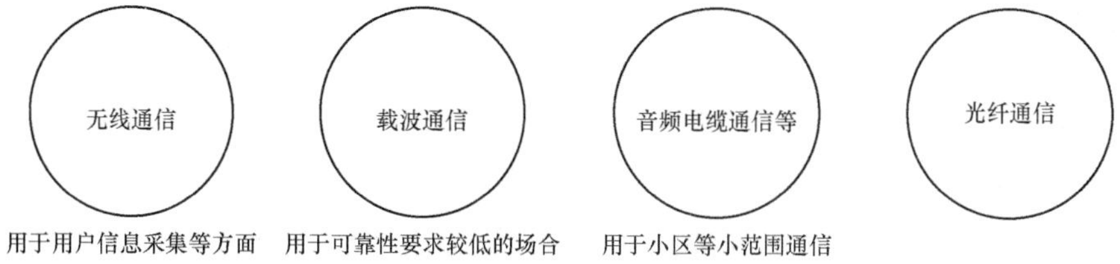

无线通信	载波通信	音频电缆通信等	光纤通信
用于用户信息采集等方面	用于可靠性要求较低的场合	用于小区等小范围通信	

图 5-6　智能配用电系统中几种典型的通信方式

融合。并与配电自动化系统、营销系统相连。通过网管系统进行综合管理。

在变电方面，港区一般配备码头前沿变电所若干个以供码头吊车、龙门吊、照明、堆场等用电。变电所内部一般设置统一的监控系统，能够采集和监控变电所内电源、开关、刀闸和各回路上的模拟量和开关量。港口用电监控管理系统可直接与港区变电所监控设备进行通信，采集港区变电信息。由于通常情况下港口岸电系统设备也会放置在变电所空余位置上，港口用电监控管理系统一般直接安装于变电所内部，宜采用 RS-485 或以太网直接连接的方式进行通信。对于港口用电监控管理系统与变电所位置相距较远的港区，宜采用光纤通信的方式。变电所监控系统与港口监控系统规约宜采用电力系统通用的 IEC104 规约等。

在物理设备上，主要由各类服务构成。后台应用服务器通过通信专网与采集服务连接，将数据存储到数据库服务器中，应用服务器双机实现负载均衡，数据库服务器通过磁盘阵列和光纤交换机实现主备热运行。

在构建通信网络的同时，需要对通信资源进行统一的管理。需要提供一套通用的表述模型，使综合网管系统得以依靠该模型，实现对配用电通信系统资源的采集、定位与管理。

港口智能配用电通信技术今后研究的主要内容包括：建设开放的通信架构，形成一个"即插即用"的环境，使得用电设备、采集设备、配电设备等电网原件之间能够进行网络化的通信；制定统一的技术标准，使得所有的传感器、智能电子设备以及应用系统之间实现无缝通信，信息在这些设备之间得到准确解读，实现设备与设备之间、设备与系统之间、系统与系统之间的互操作，这需要电力公司、设备制造企业、标准制定机构通力合作，来实现通信系统的互联互通；新型传感和通信模式技术，包括光纤传感器技术和智能传感器技术；基于物联网的通信技术，物联网的应用能在多种场合满足智能化电网信息获取的实时性、准确性、全面性等需求，其中涉及射频识别技术、无线传感器技术及定位技术等。通过对通信技术的研究，目标在于建立一个先进、开放、统一、互联的智能配用电通信网络，实现电力信息的双向流动，港口配电网各部门的信息高度集成化和高度共享化。

⚓ 第二节　智能港口电力用户信息集成与交互模式

一、信息集成模式

随着港口智能用电技术和业务的发展，用电业务结合越来越紧密。在目前电网体系下，配电的业务和用电的业务分属不同的管理部门，配电业务主要由调度和检修部门负责管理，用电业务主要由营销部门负责统筹。如上所述，调度、检修、营销部门都建立了各自的技术支撑体系，由于业务的差异，各支撑体系的技术实现方式差异也很大。调度主要采用自上而下的部署方式，调度内部主要遵循规约 IEC61850 和 IEC61970 规约。检修部主要依托配电自动化系统和生产抢修指挥平台，主要遵循 IEC61968 规范来构建支撑系统。随着智能用电的发展，用电融合的要求越来越高，部门间孤立的系统已经很难适应用电综合业务的发展。

考虑到目前港口用电支撑体系的现状，为更好地实现智能用电业务，可以考虑采用集成化实现模式。

数据中心集成方式是前些年较常用的信息集成实现方式。它将分布在配用电各类系统中的数据统一到一个数据库中，建立统一的企业数据仓库，各类系统和应用可以从数据仓库中抽取所需要的数据，其构建方式如图 5-7 所示。

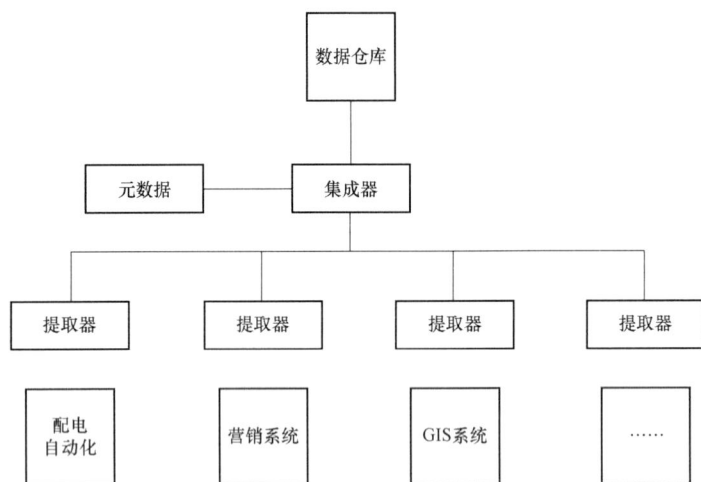

图 5-7 数据中心式集成式信息交互方式的构建方式

总体而言，构建电力企业数据中心，以数据仓库的方式来实现信息集成，整体结构比较简单，系统间的接口数量较少，但也存在数据仓库模型随应用变化而变化，重复存储，数据不一致等问题。

智能港口监控系统数据中心模式如图 5-8 所示，港口用电监控管理系统数据仓库通过数据库集成器与提取器，将港口各区用电模块，包括岸电系统、港区用电设备、港区变电站及配电线路、电动汽车等进行采集和信息集成。

二、信息模型与接口

为实现配用电信息的融合与交互，需要确定统一的数据模型和接口模型。目前，按照国内外在这一领域的研究进展，主要采用 IEC61970 和 IEC61968 标准。其中数据交互模型主要遵循 CIM 的建模方法。

1. CIM 简介

公共信息模型（CIM）是一个抽象模型，描述电力企业的所有主要对象，特别是与

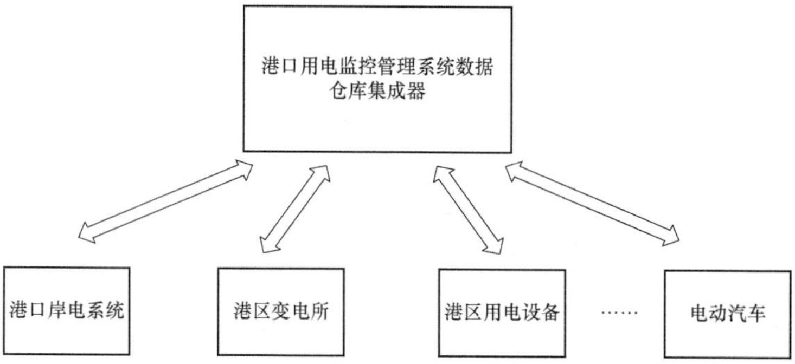

图 5-8　港口用电监控管理系统数据中心

电力运行有关的对象。通过提供一种用对象类和属性及它们之间的关系来表示电力系统资源的标准方法，CIM 方便了实现不同卖方独立开发的能量管理系统（EMS）应用的集成，多个独立开发的完整 EMS 系统之间的集成，以及 EMS 系统和其他涉及电力系统运行的不同方面的系统，如发电或配电系统之间的集成。这是通过定义一种基于 CIM 的公共语言（语法和语义），使得这些应用或系统能够不依赖于信息的内部表示而访问公共数据和交换信息来实现的。

电力系统 CIM 模型最初主要用于 EMS 系统中，随着智能配用电的发展，统一配用电信息交互模型的需求越来越迫切。IEC 61968 就是在 IEC 61970 的基础上，将 CIM 模型向配用电领域进行扩展的。

2. 港口配用电统一模型

由于 IEC 61968 和 IEC 61970 通用性强，标准统一，目前在世界上应用广泛，因此采用该标准进行建模，能够更好地实现信息的集成。

港口智能配用电统一模型主要是在 CIM 建模方法的基础上，对港口设备、配电网、分布式电源，以及电动汽车等新型元素进行扩展。统一数据模型建立的关键首先在于对各类新型设备的层次结构描述，其次是在 CIM 基础类包的基础上进行扩充。下面首先分析各类设备的层次结构。

对于配电设备其主要设备层次如图 5-9 所示。

对于港口设备，其主要层次结构如图 5-10 所示。

对于分布式电源与微网，其主要层次结构如图 5-11 所示。

对于电动汽车充放电站，其主要设备层次结构如图 5-12 所示。

3. 港口智能配用电交互模型

在建立设备统一交互模型后，可以建立智能配用电的统一接口模型。根据各类系统对数据的要求，建立信息交互消息体系。

信息交互主要采用 SOA 架构，通过 Web Service 的方式进行访问，SOA 架构主要逻辑如图 5-13 所示。

SOA 服务架构由 3 个参与者和 3 个基本操作构成。3 个参与者分别是服务提供者、服务请求者和服务代理；3 个基本操作分别为发布、查找和绑定。Web Serrice 结构的 3 个基本组件执行这 3 个基本操作，其原理为：服务提供者通过在服务代理注册来配置和

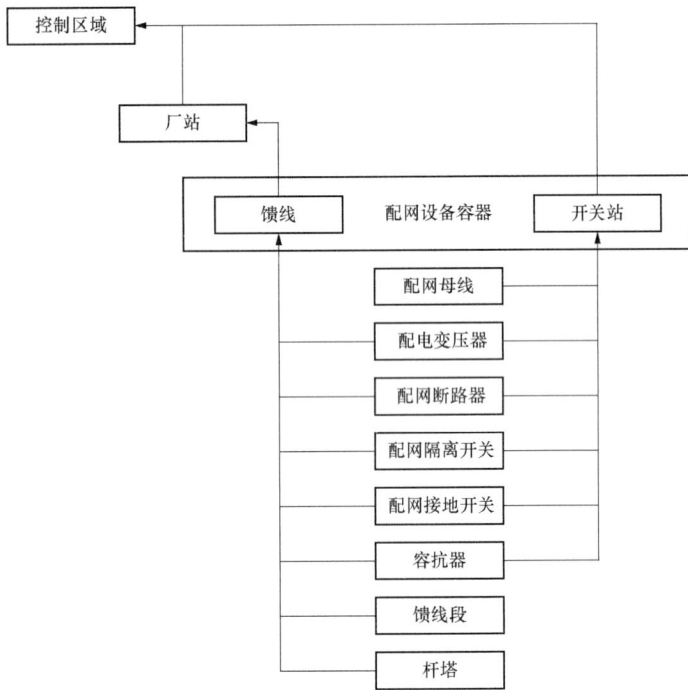

图 5-9　配电主要设备及其层次结构

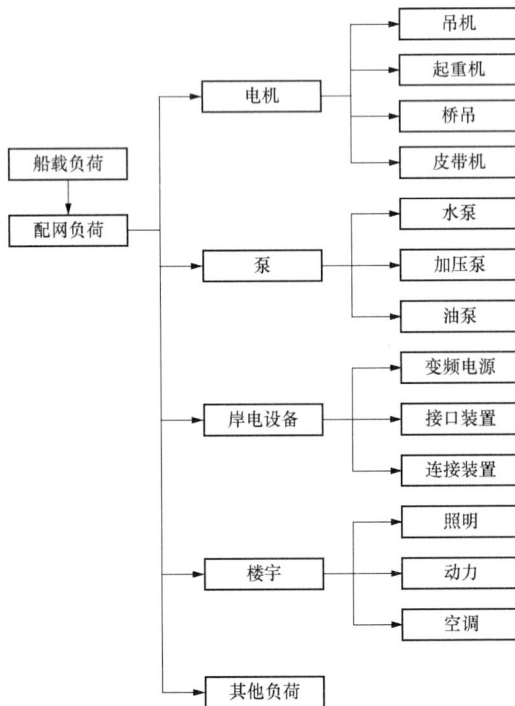

图 5-10　港口多样性负荷层次结构

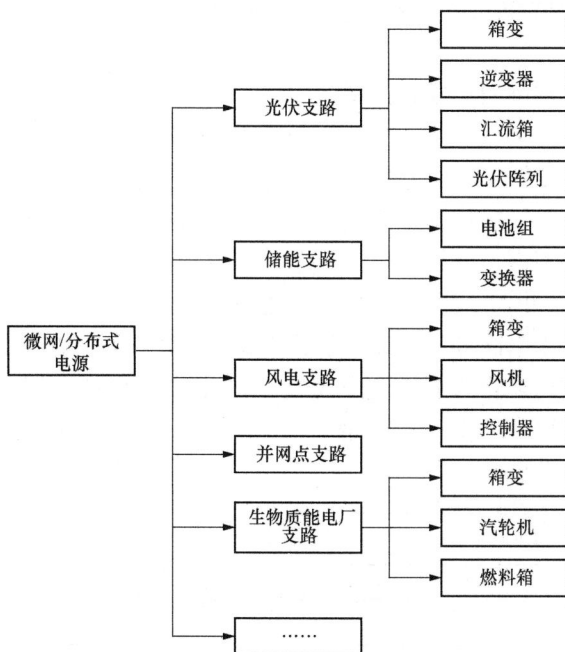

图 5-11 分布式电源与微网主要层次结构

发布服务；服务请求者通过服务代理查找注册记录来找到服务；服务请求者绑定到服务提供者，并使用可以请求的服务。

通过 SOA 服务架构，建立标准化的数据消息，以统一智能配用电数据模型为交互标准，就可实现港口智能配用电信息的融合，为港口智能配用电业务开展建立

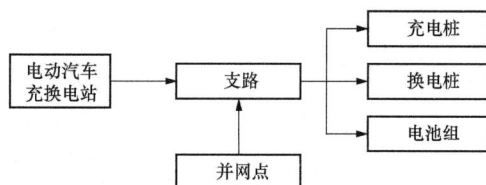

图 5-12 电动汽车充放电站主要设备及其层次结构

桥梁。

4. 港口配用电接口

在配网方面，首选部署光纤通信网络，在光纤通信网络无法到达的区域，以载波、无线通信作为补充。在用电侧需要构建无线专网，接入智能电表、用户终端等各类数据。在通信中心站，建立配用电通信综合接入平台，实现主干网、无线通信等网络的

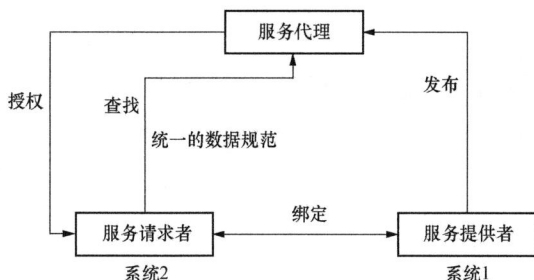

图 5-13 SOA 架构的主要逻辑

融合，并与配电自动化系统、营销系统相连。通过网管系统进行综合管理。通过协议宜采用电力系统通用的 IEC101 规约或 IEC104 规约。

在变电方面，由于通常情况下港口岸电系统设备也会放置在变电所空余位置上，港口用电监控管理系统一般直接安装于变电所内部，宜采用 RS-485 或以太网直接连接的方式进行通信。对于港口用电监控管理系统与变电所位置相距较远的港区，宜采用光纤

通信的方式。变电所监控系统与港口监控系统规约宜采用电力系统通用的 IEC104 规约等。

港口岸电系统采用的通信模式如图 5-14 所示。港口船舶岸基供电运营服务平台与终端岸电设备的通信主要以光纤网络接入的形式为主。终端岸电设备之间采用 CAN、RS-485 等方式实现设备的管理与监测，同时完成设备信息的采集和通信。除此之外，终端设备还可以采用无线通信的方式直接与业务支撑平台进行数据交互。对于大中型港口高、低压岸电系统而言，监控系统与岸电设备距离较远，一般采用 RS-485 转光纤的通信方式，通信电缆采用铠装屏蔽电缆保证通信质量，不受其他设备谐波干扰；对于内河小容量岸电设备，岸电服务区一般位于城市偏远边郊，网络通信业务不发达，可采用无线 GPRS 内置模块，岸电设备通过 RS-485 通信方式将用电信息上传至独立的集中器，再由集中器将设备信息上送至运营服务平台。通信协议宜采用电表 DLT645、IEC103、Modbus、RTU 等通用协议。

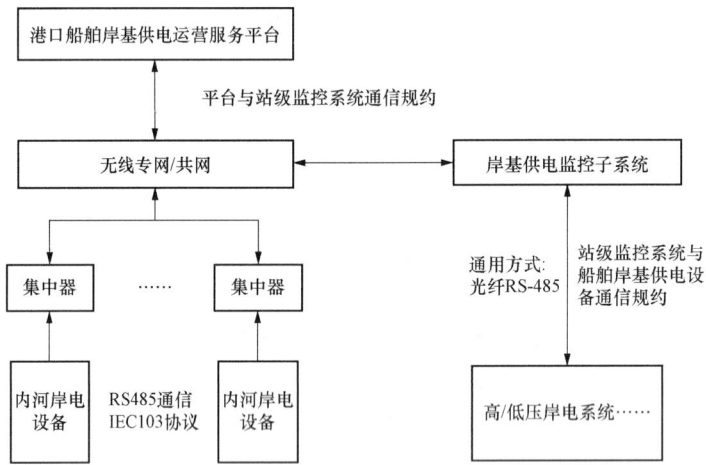

图 5-14　港口岸电系统通信方式

三、手持终端信息交互模式

Html5 是目前手持终端与服务端广泛采用的信息交互模式，因此在与手持终端通信中主要考虑将 CIM 模型以 Html5 的交互文本进行交互。模型转换过程如图 5-15 所示，移动终端部署模式如图 5-16 所示。

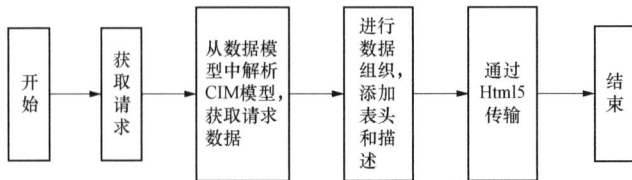

图 5-15　手机信息交互模式

港口岸电设备采用刷卡计费、实时结算的方案，为每一位使用岸电的船民发行岸电专用卡片。卡片支持手机 APP 在线充值功能，船民可下载岸电桩专用 APP，注册新账号，账号需绑定手机号和身份证号。船民使用岸电设备前需要在港区工作人员处办理岸电桩专用卡片，拿到卡片后将卡号与自己的 APP 账号关联起来。船民可以随时利用手机 APP 对自己账户下的任意卡片进行充值，充值方式支持支付宝、银行卡、微信支付等多种模式，不再需要专门前往服务区售卡处进行充值。岸电桩专用 APP 还支持查询功能，船民可随时查询自己的用电记录、充值信息和消费情况。

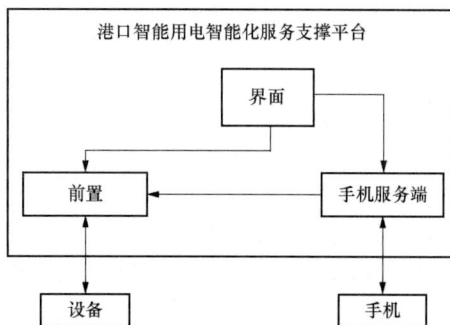

图 5-16　移动终端部署模式

此外，还有另一种无卡片操作模式，完全通过手持终端扫码方式进行岸电费用结算。目前在各服务区，为使用低压一体化岸电桩的船民都发行了相应的岸电卡片，船民通过刷卡启停岸电设备，并完成相关费用的结算。对于船民来说，卡片较小不易保管，并且每次启停岸电桩时都需要拿出卡片操作，容易发生卡片掉入水中的情况。

针对这一情况，可设计一种用手机 APP 扫描二维码来代替刷卡的无卡片操作模式岸电桩：船民在使用前需要下载岸电桩专用手机 APP，并注册账号，账号需要绑定手机号码和身份证。船民可通过支付宝、微信支付等支付方式，自助为自己的账号充值。

小　　结

本章通过对智能港口电力用户信息交互技术的研究，提出了智能港口电力用户信息交互技术的整体框架；讨论了智能港口多环节信息的实时数据处理方法，以及各类港口生产设备终端的数据接入与处理方法；分析了智能港口配用电信息的信息交互与集成模式；讨论并分析了含分布式电源、电动汽车、港口生产设备等智能港口配用电元素的标准化信息模型与接口规范；分析了智能港口智能用电的定义和内涵，就用户信息交互技术展开研究，提出信息集成模式、信息交互模型和方法，为实现港口信息智能融合提供了基础。

本章所述的港口用电监控管理系统已研制出相关产品。尤其是针对大、中型港口智能用电设备信息交互与采集，研发的智能港口用电设备采集控制器已申请发明专利；控制器采用特有的 RS-485—光纤—RS-485 的通信方式，适用于港区通信距离长、网络信号弱的特点，该通信方式已写入相关企业标准中，为智能港口信息交互、采集和集成提供了支撑和借鉴。

参考文献

[1] 罗旭芳，邱瑛，郭峰．智能配电调度系统的应用探讨 [J]．质量探索，2016 (5)：69-70.
[2] 李海涛．智能配电系统信息与调度技术研究 [D]．广州：华南理工大学，2016.
[3] 刘禹，陈星莺，杨永标，等．智能配用电信息交互的典型模式 [J]．电力建设，2015 (8)：1-6.
[4] 胡江溢，祝恩国，杜新纲，等．用电信息采集系统应用现状及发展趋势 [J]．电力系统自动化，

2014 (2)：131 - 135.

[5] 林育生，吴永明，张宁. 船用导航设备信息交互技术分析 [J]. 船电技术，2013 (6)：5 - 8.

[6] 冯际辉. 智能用电技术的应用研究 [D]. 北京：华北电力大学，2012.

[7] 谢狄辉，杨跃平. 智能用电信息交互平台研究与应用 [J]. 机电信息，2012 (6)：31 - 32.

[8] 赵丙镇，刘建明，栗宁，等. 智能用电交互服务中的融合通信技术 [J]. 电力系统通信，2011 (10)：1 - 5.

[9] 陈盛，吕敏. 电力用户用电信息采集系统及其应用 [J]. 供用电，2011 (4)：45 - 49.

[10] 胡昌平，蔡青，万琳. 基于信息交互的集成服务平台构建分析 [J]. 图书情报工作，2008 (9)：82 - 85.

第六章

港口智能用电计量、计费方法

随着我国港口智能用电技术的普及和推广，港口智能用电的计量、计费方法逐渐成为港口智能用电技术亟须解决和规划的问题。本章讲述了港口智能用电技术中的计量、计费方法，给出了港口智能用电技术的计量、计费标准，同时综合了港口用电基本情况，提出了智能港口用电计量、计费协调设计方案——港口智能用电智能化服务支撑平台的整体架构。

📐 第一节　港口智能用电计量技术

一、智能港口用电计量原理

1. 港口智能用电整体计量模式

我国目前高压输电等级分为 500（330）V、220V 和 110kV。配置给大用户的电压等级为 110kV、35kV、10kV，配置给广大中小用户（居民照明）的电压为三相四线 380V、220V，独户居民照明用电为单相 220V。

港口用电与一般的工业园区类似，主要从电网中吸收电能并将电能应用于港口的生产设备及公共设施等负载设备。可根据不同的港区规模采用不同的计量模式，主要有高供高计、高供低计、低供低计三种方式（见图 6 - 1）。

高供高计：高压供电，同时在高压侧进行计量，一般供给 10kV 专变，适用于大型港口。

高供低计：高压供电，在低压侧进行计量，供给 380V、220V 用户，适用于中小型港口。

低供低计：电能计量装置设置点的电压与用户供电电压一致，供给 380V、220V 用户，适用于小型港口。

2. 计量点的选取原则

电能计量点是输、配电线路中装接电能计量装置的相应位置。在电网中若电能计量点不完善，便不能准确计算发、供用电成本，将会遇到不少麻烦，给供电企业的经营工作带来较严重的负面影响。一个计量点一般装设一套电能计量装置，但根据计量的重要性也可装设主副二套计量装置。确定电能计量点的基本原则：贸易结算用电能计量装

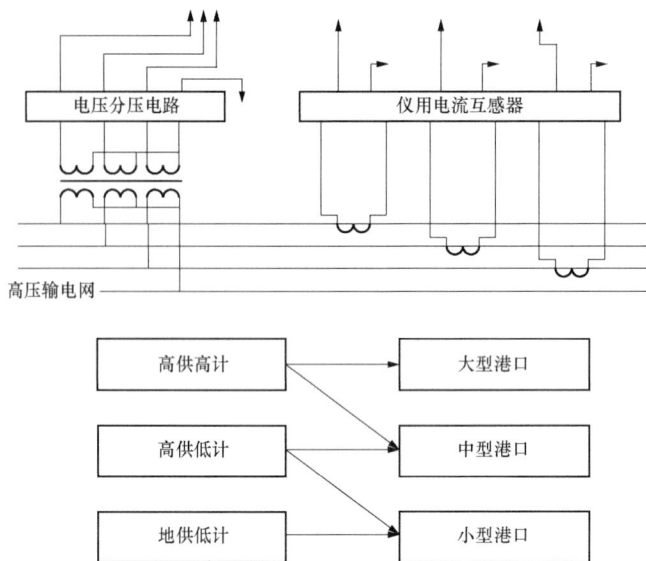

图 6-1　智能计量装置架构原理图及港口计量模式

置，原则上应设置在供用电设施产权分界处。如果产权分界处不具备装设电能计量装置的条件，或为了方便管理将电能计量装置设置在其他合适位置的，其线路损耗由产权所有者承担。高压供电，在受电变压器低压侧计量的，应加计变压器损耗。专线用户计量在原则上应设在客户变电站，确需设在系统变电站的，其计量互感器应专用，同时，客户变电站应设置相应类别的计量装置，并按规程要求进行运行维护。具体港口电能计量的选择遵循《电能计量装置技术管理规程》（DL/T 448—2000）。

（1）高压客户的电能计量，其计量点的电压等级应尽可能与供电电压相符。容量为315kVA 及以上客户的计量应采用高供高计。其计量点的选择可以有两种方式。

1）计量点设在客户变电站的电源进线处，有几路电源安装几套计量装置，这种方案较适合按最大需量计收基本电费的客户。

2）对于一个变电站内有多台主变的港口，也可在每台主变的高压侧安装一套计量装置，这种方案较适合用于按变压器容量计收基本电费的客户。

对 35kVA 公用配电网供电，容量在 500kVA 以下的，或 10kV 供电、容量在135kVA 以下的，可在低压侧计量，即采用高供低计方式。

（2）110kVA 及以上电压等级供电的港口，宜装设分体式电能计量柜；6～10kV 电压等级供电的港口，应安装整体式电能计量柜（或高压计量箱）；35kV 电压等级的港口，视整个变电站配电装置的安装情况，相应地选用整体式或分体式电能计量柜。

（3）当采用整体式计量柜时，若室内配电装置为成套开关柜，则计量柜宜布置在进线柜之后（第二柜）；若配电间不设进线断路器，而采用屋外跌落式熔断器方式，则计量柜宜布置在第一柜。为了合理计量电压互感器损耗，高压计量装置的电压互感器应装设在电流互感器的负荷。

（4）低压港口的计量点应设在进户线附近的适当位置。根据以上计量点选取原则和方式，结合智能港口电力系统用电类型分类，港口智能用电计量点选取如图 6-2 所示。

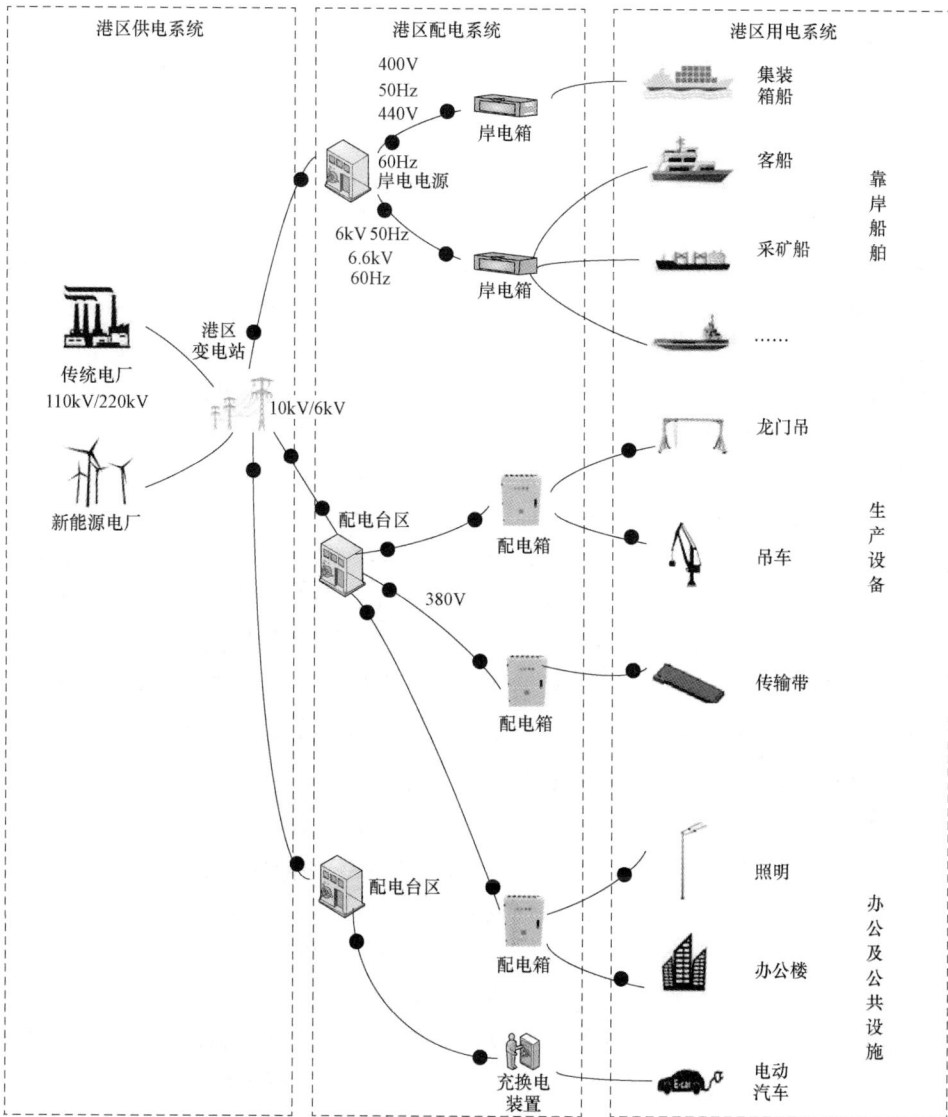

图 6-2 智能港口用电计量点选取示意图

3. 计量采集与通信模式

港口电量计量采集主要是针对港口电能进行科学的、精确的测量，显示港口用电量。目前，我国采集计量信息的方法主要有：

（1）电工手抄表。

（2）IC 卡计量。

（3）自动计量装置抄表。

电能计量信息依靠先进的通信技术来构建这个采集系统，便可以远程在线完成信息的采集，而且信息的精确度非常高，目前拥有的电能计量信息采集技术主要有远程通信和本地通信。

本地通信主要采用两种方式来采集信息：一是采集系统的终端；二是用户电能计量

装置。它有多种通信形式，包括 RS485 总线、低压电力线载波以及微功率无线通信等方式。对于 RS485 这种通信形式来说，最重要的地方就在于它的芯片。它的通信质量同芯片质量是呈正比关系的。所以在选择这种通信方式时，一定要慎重选择合适的芯片。

电能计量信息的采集系统终端和主站之间相互通信，这个过程就叫作远程通信。它有公网通信和专网通信两种方式。公网是利用光缆，将 GPRS 和 CDMA 等有线网络和无线网络结合起来，形成同一个通信网。它要求必须有足够的安全性、满足所有需求，并且质量要好。为专网就是采用国家相关部门规定的 230MHz 无线专网，终端直接与主站通信。它的通信环节较少，并且抗干扰能力较好、效率比较高等特点。但需要注意的是，它的无限专网通信频点在 220～240MHz 之间，容易受到建筑物和地形等环境的影响，所以要对其加强科技维护，保证通信无误。

电能计量运用光纤技术的好处有很多，比如，容量大，体积小，重量轻。光纤的轻体质和小体积方便运输和铺设，同时容量大也有助于信息的传送和保存；光纤的抗干扰功能很强。光纤一般都是掩护在地底下，所以就造就了它较强的抗干扰能力。同时也避免了雷击等环境方面的威胁，还有很强的保密性；由于光纤通信体积小、质量轻、容量大等特点，所以在建造通信网络时可以少用有色金属，从而使成本降低。

港口可根据自己的实际情况来选择合适的信息采集系统，这样才能发挥它的最大作用。目前，港口主要采用光纤通信、载波通信、无线通信等方式的通信模式。

二、智能港口用电计量技术特点

1. 智能港口用电类型

港口电力系统可分为港区供电系统、港区用电系统和港区用电系统。依据实际调研，目前港口用电类型主要有港区生产设备及公共设施。不同规模的港区，港区生产设备和公共设施用电比例不尽相同（见图 6 - 3）。港区用电量一般都比较大，可在港区供电系统、港区配电系统、港区用电系统等方面对港区的用电进行节能及智能化改造。智慧港口供电系统主要包括清洁能源发电与接入控制、供电优化控制；智能港口配电系统主要包括配岸基供电、港区配电网络优化和港区节能；智慧港口用电系统主要包括港区生产设备节能改造、港区生产设备智能化、公共设施节能改造、公共设施智能化，包含电机变频调速、用户侧随机补偿、电能质量治理、节能灯与控制、办公楼节能改造、起重机改造、电动牵引汽车应用、电动汽车应用、污水处理及监控等。

采用岸基供电系统的港区用电系统主要分为三大类，一是经岸基供电系统提供电能的船载电力系统；二是生产设备用电，包括龙门吊、吊车、传输机等生产设备及辅助设备用电；三是办公及公共设施用电，包括建筑用电、照明用电、电动汽车等。

2. 港口岸电计量模式

（1）港口岸电计量点选取原则和规则。港口岸电应用场景主要分为以下三类：沿海大型码头、沿海及沿江中型码头、内河及湖泊小型码头，考虑到码头停靠的船舶电制和国内电制的异同，岸电系统可分为变频岸电系统与非变频岸电系统两类。

根据以上原则和标准，考虑到变频电源本体用电及损耗，变频岸电系统宜同时在系统输入侧和输出侧配置准确度等级相同的岸电计量装置。非变频岸电系统可根据需要在

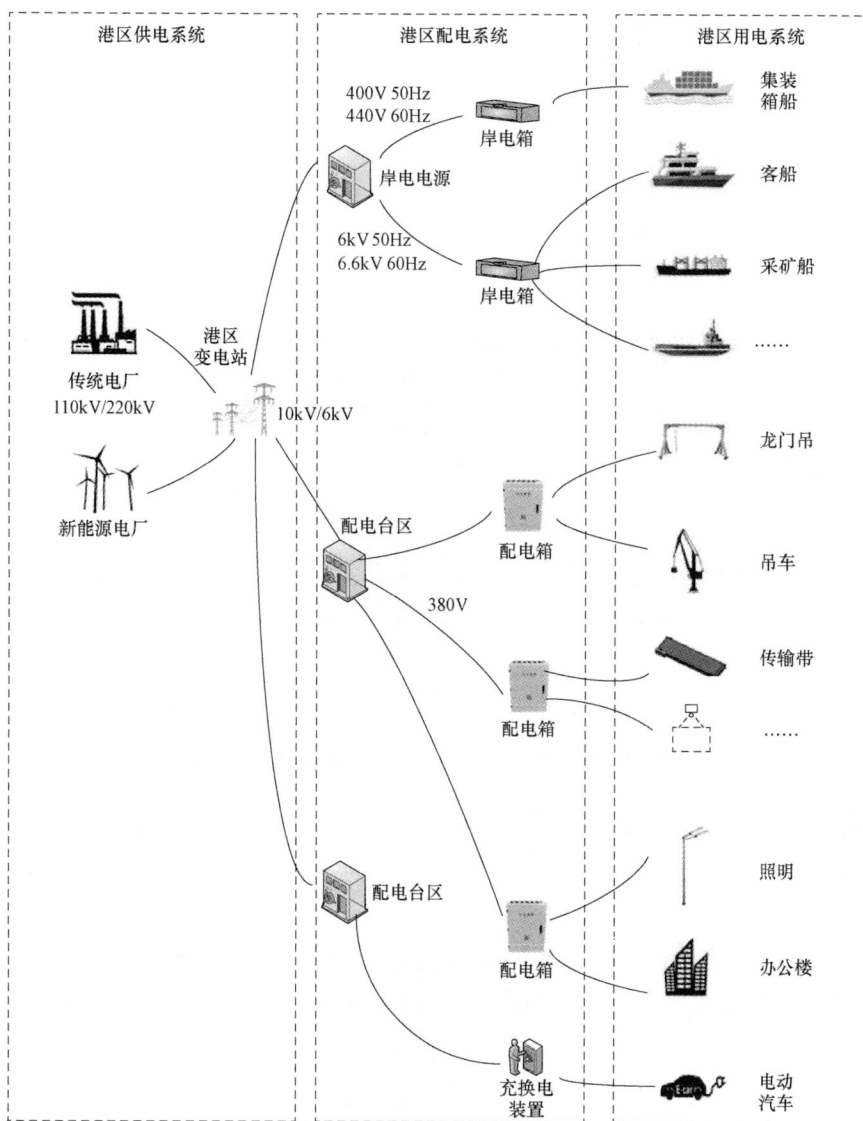

图 6-3　港口电能供配用系统示意图

输入侧或输出侧配置岸电计量装置。

变频岸电系统输入侧可配置额定频率 50Hz 岸电计量装置或额定频率 50～60Hz 岸电计量装置，输出侧应配置额定功率 60Hz 岸电计量装置或额定频率 50～60Hz 岸电计量装置。岸基供电监控子系统可通过 RS485 通信方式以及 Modbus 等通信规约采集计量装置信息，并显示在人机交互界面上以便港区工作人员监测、收费和查询。变频岸电系统电能计量装置典型配置如图 6-4 所示。

非变频岸电系统可配置额定频率 50Hz 岸电计量装置或额定频率 50～60Hz 岸电计量装置，计量装置配置在岸基供电系统输出侧，岸基供电监控子系统可采集计量装置信息。非变频岸电系统电能计量装置典型配置如图 6-5 所示。

港口岸电电能计量装置接线方式遵循以下要求：

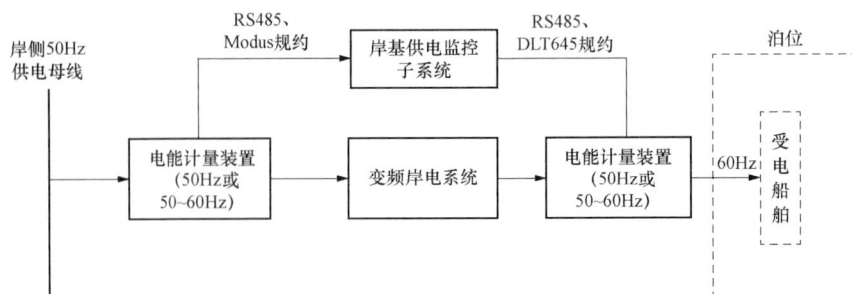

图 6-4　变频岸电系统电能计量装置典型配置图

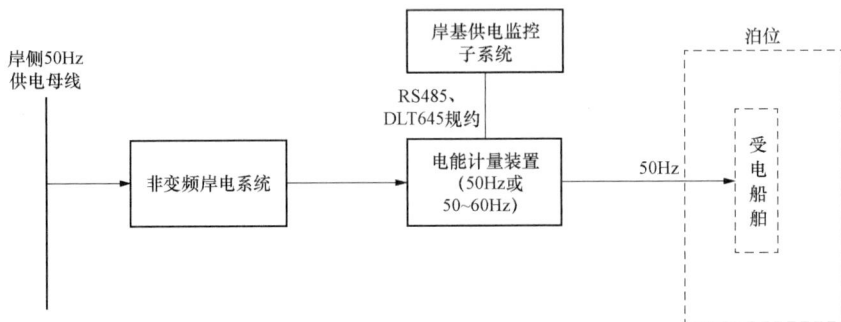

图 6-5　非变频岸电系统电能计量装置典型配置图

1）接入中性点绝缘系统的岸电计量装置，可采用三相三线制电量采集装置。接入非中性点绝缘系统的岸电计量装置，可采用三相四线制电量采集装置或 3 只感应式无止逆单相电表。

2）接入中性点绝缘系统的 3 台电量采集装置，宜采用 V/V 方式接线；接入非中性点绝缘系统的 3 台电量采集装置，宜采用 Y0/y0 方式接线。其一次侧接地方式和系统接地方式一致。

3）低压岸电系统中，负荷电流为 50A 及以下时，宜采用直接接入式电能表；负载电流为 50A 及以上时，宜采用经电流互感器接入式的接线方式。

4）对于一次侧采用互感器的三线三相制岸电计量装置，其 2 台电流互感器二次绕组与电能表之间宜采用四线连接；对于一次侧电量采集采用互感器的三相四线制岸电计量装置，其 3 台电流互感器二次绕组与电能表之间宜采用六线连接。

5）本节未涵盖的内容应符合 DL/T 825—2002《电能计量安装接线规则》中 4.1 的规定。

（2）港口岸电电能计量装置配置及通信模式。港口岸电电能计量系包含岸电计量装置、电能量远方终端、信息通信等单元。

根据一次侧输入额定频率不同，港口岸电电能计量系统分为 50Hz 计量和 60Hz 计量两种结构。港口岸电电能计量系统典型结构如图 6-6 所示。

3. 港口智能用电计量优化模型和方法

根据本章所述的港口智能用电计量点选取原则，智能港口在产权分界点配置计量装

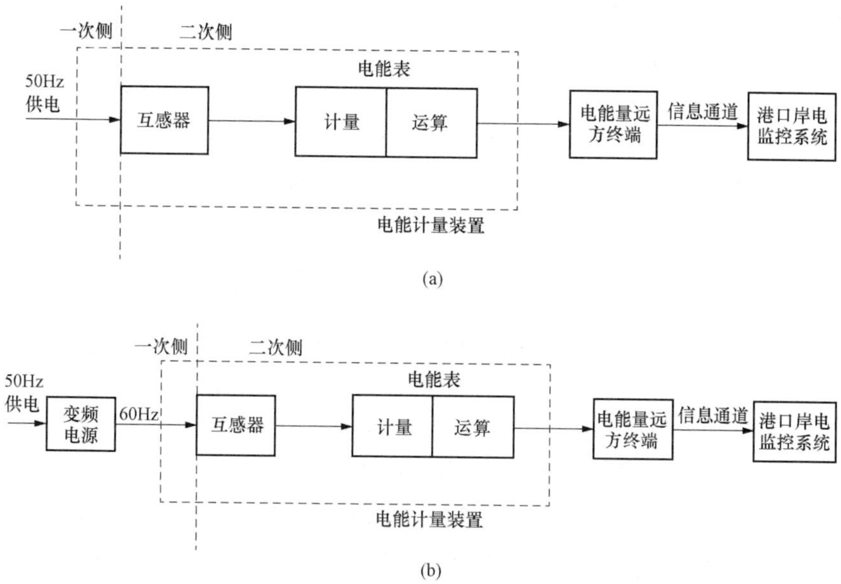

(a)

(b)

图 6-6　港口岸电电能计量系统

（a）额定频率 50Hz 电能计量系统；（b）额定频率 60Hz 电能计量系统

置后，对于精准化计量点的配置，考虑到港口实际情况，可做如下优化。

（1）线路单侧安装计量装置。对于港区计量精度要求较高的配电线路，采用线路单侧安装计量装置的优化模式，在关键设备的运行回路上设置专用电表，并在港口船舶岸基供电运营服务平台显示关键设备用电信息。

采用对端潮流计算方法，在线路单侧安装计量装置，可计算出对侧用电信息，通过电压降落、电压损耗、功率损耗的潮流计算方式，达到单侧计量安装、对侧计算的港口智能用电计量方法。

（2）按楼宇用电类型配置计量装置。不同楼宇的用电要求，取决于它的建筑结构、使用性质、重要程度、事故后果等诸多方面。建筑内消防电源提出了要求，也分为三大类：一级电力负荷、二级电力负荷、三级电力负荷，并指出应按现行的国家标准《供配电系统设计规范》（GB 50052）的规定进行设计。由于各部门各行业在供电方面有各自的具体要求。

一级负荷供电要求一级负荷应由两个电源供电，当一个电源发生故障时。另一个电源不应同时受到损坏，并能够自动和手动装置切换到另一个电源继续供电。一级负荷供电的建筑，当采用自备发电设备作备用电源时，自备发电设备应设置自动和手动启动装置，且自动启动方式应能在 30s 内供电。一级负荷中特别重要的负荷，除由两个电源供电外，尚应增设应急电源，并严禁将其他负荷接入应急供电系统。独立于正常电源的发电机组、供电网络中独立于正常电源的专用的馈电线路、蓄电池、干电池可作为应急电源。

二级负荷供电要求二级负荷的供电系统，宜由两回线路供电。在负荷较小或地区供电条件困难时，二级负荷可由一回 6kV 及以上专用的架空线路或电缆供电。当采用架空线时，可为一回架空线供电；当采用电缆线路时，应采用两根电缆组成的线路供电，其每根电缆应能承受100%的二级负荷。

三级负荷供电压要求三级现房符合虽然对供电的可靠性要求不高，只需一路电源供电。但从保障与消防有关的设备用电的可靠性出发，有条件的应尽可能设置两台终端变压器。当一台发生故障时，另一台能够照常供电。

按照港区不同的楼宇用电类型，配置不同的计量装置系统和专用装置，建设楼宇智能用电综合管理系统。

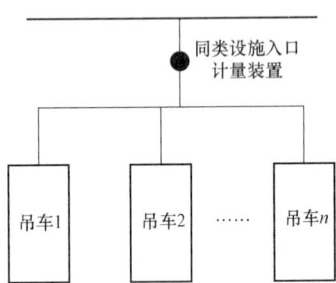

图6-7 同类设施在入口处计量

（3）同类设施在入口处配置计量装置。对于港区同类用电设施。如多台相同规模的吊机、龙门吊、传送带等设备，如果港区现场情况不支持为每台设备分别配置计量装置，可采用在入口处配置总计量装置，根据计量数据测算加权和分摊的计算方法，根据入口计量装置推算每个同类用电设施的用电情况。同类设施在入口处配置计量装置如图6-7所示，图中以港区同类型吊车为例。

可根据入口计量装置电表读数，根据此线路下出口侧各装置的运行时间比例，可推算出单个装置在一定时间内的用电量。此模型节约了电表的装配个数，优化了计量结构，为同类型设备不方便逐个安装计量点的港区提供了计量及用电计算的可能。

第二节 港口智能用电计费技术

一、智能港口用电计费原理

1. 港口管理模式

目前，国际国内常用的港口管理模式可以划分为四大类。

（1）公共服务港。政府公共部门不仅投资、维护和管理港口基础设施和所有经营性设施，而且还是港口具体业务的直接经营者。国内在计划经济年代，国际上1997年港口改革前的新加坡港都是采用这种模式。

（2）设备港。政府公共部门负责投资、维护和管理港口基础设施和所有经营性设施，而私人部门通过租赁大型的经营设施和设备来从事港口生产性业务。国际上采用这种管理模式的典型港口就是法国的自治港。

（3）地主港。政府公共部门负责港口规划和投资港口基础设施，把港口经营权出让给私人部门，并收取特许经营费和租赁费。私人部门通常获得特许权后，长期租用港口土地，基础设施并自行解决经营所需的所有岸上设施，提供港口经营服务。国际上采用这种管理模式的典型港口包括鹿特丹港、安特卫普港、纽约港等。国内近几年在唐山港京唐港区、上海港洋山港区、嘉兴港乍浦港区、广西钦州港、南通洋口港等都已开始探索采用地主港管理模式。

（4）私人服务港。政府部门除了保留规划职能外，完全退出港口领域。私人部门投资和拥有包括港口土地、基础设施和经营性设施在内的全部港口资产，并完全按照私人

86

部门的商业目标进行港口经营。国际上采用这种管理模式的典型港口包括英国和新西兰的部分港口。目前，黄州港基本上也是采用这种管理模式。

2. 港口智能用电计费方式

综上所述，基于各种港口管理模式，港口智能用电计费采用如图 6-8 所示的计费方式：港口业主方对供电部门设置总关口电表，根据总表计量向供电部门交纳电费；港区各承租方分别设置独立的计量表，承租方分别向港口业主方交费。

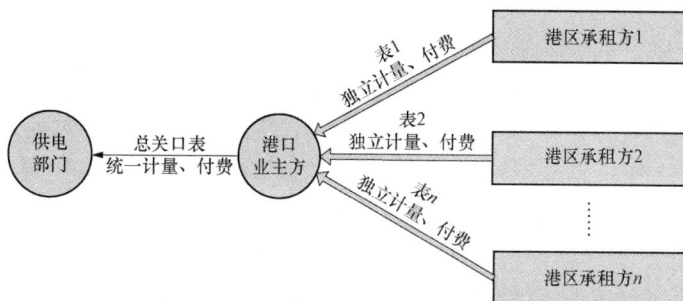

图 6-8　港口智能用电计费方式

不管采用哪种管理模式的港口，在用电计费业务方面一般为港口业主方向供电部门采购电能，并直接和供电部门进行交易结算。另外，港口业主方向港口的租赁单位（如仓储方、运输方等）进行用电量的计量计费。岸电设备、电动汽车等可能存在优惠电价的用电目前采用独立计费结算。对于建设了岸电系统、电动汽车等业务的智能港口，由于岸基供电费用、电动汽车充电费等与港区普通用电单价可能不同，享受当地政府、物价局优惠政策和补贴。因此，港口业主方需要设立岸电专表、电动汽车专表，根据专表计量结果向供电单位交纳岸基供电、电动汽车充电等相关费用。供电公司在月度电费结算统计时，会分类计算普通用电量和优惠用电量（见图 6-9）。

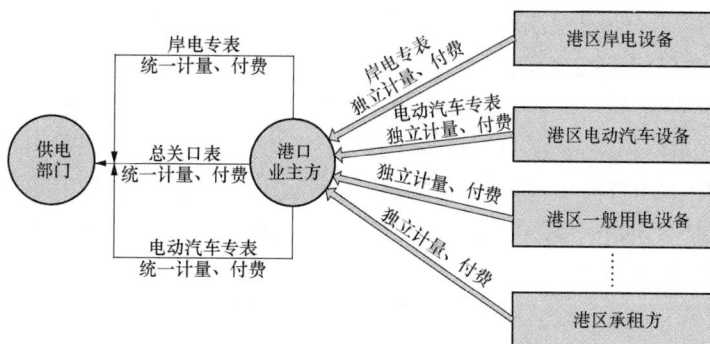

图 6-9　港口智能用电计费方式

二、智能港口用电计费技术特点

1. 岸电系统基本计费技术模式

对于智能港口岸基供电系统而言，一般采用如下的电价模式：港口向船民提供的岸基供电服务费由当地物价局定价，港区用于岸基供电部分的费用的优惠政策由当地供电公司定价。港区为岸电系统设立独立的计量装置，根据岸电专表的计量结果向供电公司交纳岸电电费；港区每个岸电泊位设立独立的计量点，船舶停靠期间使用岸电产生的费用根据对应泊位的计量装置结果进行结算。根据港口规模和岸电系统容量划分，岸电系统计费模式又分为高/低压岸电系统和小容量岸电系统两种情况，具体的计费模式如下。

（1）高/低压岸电系统计费模式。本书第二章中已说明，对于沿海大型码头及沿海、沿江中型码头，即对于高/低压岸电系统的情况，在各自码头公司配备一台套岸电综合管理系统，实现各个码头对自身岸电设备运行状态的监控及对应用电信息的管理，同时在集团公司也配备一套岸电运营管理平台，主要将各个码头的岸电用电状态及用电量等信息进行统计与汇总，为各个码头的岸电供电模式的优化设计提供数据基础。

针对大中型码头特点和监控方式，我们拟在高/低压岸电插座箱及其控制柜内安装智能电表，并配备岸电箱专用控制器，岸电向工作时，控制器可以实时读取电表信息和岸电箱信息，并将这些信息上送至岸电箱表面的触摸屏上及后台岸电监控系统中。

（2）小容量岸电系统计费模式。内河、湖泊小型码头及服务区采用低压一体化岸电桩设备，可供内河码头千吨级船舶自动使用岸电。低压一体化岸电桩适用于为具备岸电标准接口设备的内运河运行船舶自助式使用岸电。低压一体化岸电桩可方便安装于各类内运河码头、航道服务区及运河渠化段岸边等场所。设备采用自助方式操作，适用于内河各类应用场所的船舶岸电服务和管理，用户可自主完成供电、付费等操作。采用自助式岸电接入方式，船民只需购买岸电专用卡片和岸电桩专用插头，使用时将插头插入桩体插座中，并刷卡启停岸电桩即可完成供电和付费。低压一体化岸电桩使用和计费流程如图6-10所示。

低压一体化岸电桩计费流程为：由港口方或岸电系统运营公司发行岸电桩专用卡片该卡片信息在发行前录入岸基供电服务平台；船民到指定地点领取岸电卡片并充值，充值记录会保存在岸电平台系统中，并将卡片卡号与船民信息进行绑定；船民自助使用岸电桩进行供电，并每次刷卡结算费用，每张卡片的消费记录都会上传并保存在岸电运营服务中心平台中，以便随时查询。

2. 港口转供电计费技术模式

对于某些港口方面，港区位置处于供电部门所辖公用供电设施尚未到达的地区，港区没有设置独立的变电站。港口方在征得该地区有供电能力的直供用户同意后，可采用委托方式向其附近用户转供电力。此类情况一般出现在内河小型港口或服务区，该类服务区用电设备主要分为一般用电设备和小容量岸电设备（如有建设岸电系统）。对于采用转供电方式的港区采用如图6-11所示的计费模式。

港口业主方在转供电模式下直接向转供电单位交纳电费，对于建设了岸电系统、电动汽车等业务的港口，由于岸基供电费用、电动汽车充电费用等与港区普通用电单价不同，享受当地政府、物价局优惠政策补贴，因此，港口业主需要设立岸电专表、电动汽车专表，根据专表计量结果向转供电单位交纳岸基供电、电动汽车充电等相关费用。港区所有用电费用由转供电单位转交给供电部门，考虑到线路损耗因素，港口业主方与转供电单位之间、转供电单位与供电部门之间也应设立相关专表。

由于目前智能港口岸电系统、电动汽车充电系统处于刚刚起步和兴起阶段，相关计费政策和标准还不完善，对于转供电模式下的港区，有些还没有设立岸电系统和电动汽

开始本次用电

确认岸电箱可以
正常使用

IC卡感应，确认卡
片信息正确

卡片信息有误/卡片无法识别

卡片可以正常读取，
卡内信息正确

提示操作有误，
断开电缆

电源接入供电
插座

电缆连接不
到位

目测岸电箱是否恢复初始状态

联系管理人员 → 联系技术售后

电缆连接正常

用户再次刷卡，岸
电箱开启供电，并
开始计费

系统非正常
运转

岸电箱提示故障

系统正常运转

提示系统故障，暂
停供电并显示消费
金额，提示用户刷
卡确认已消费岸电
金额

拔出电源插头

正常供电

刷卡停止服务

用户刷卡终止本次
服务

继续用电

结束本次用电

结束本次用电

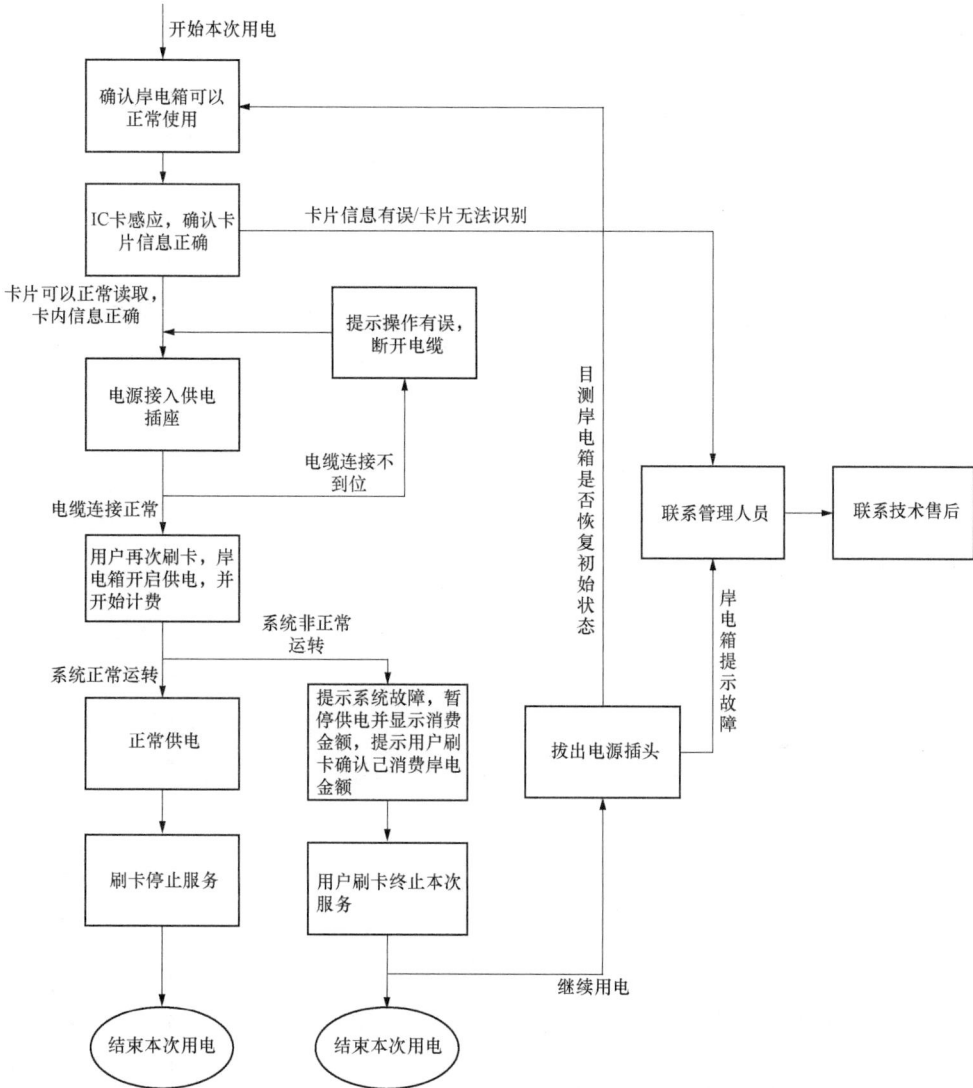

图 6-10　低压一体化岸电桩使用、计费流程

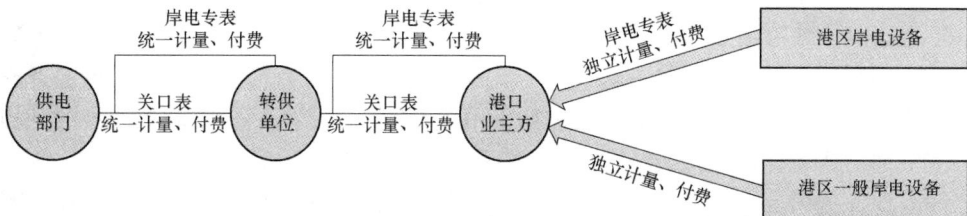

岸电专表
统一计量、付费

岸电专表
统一计量、付费

岸电专表
独立计量、付费

港区岸电设备

供电部门

关口表
统一计量、付费

转供单位

关口表
统一计量、付费

港口业主方

独立计量、付费

港区一般岸电设备

图 6-11　转供电模式下直接向转供电单位交纳电费

车系统专表，转供电单位在收取港口用电费用时，用结算清单的方式列出该港口用电明
细，其中包括岸电、电动汽车等享有优惠电价的用电费用结算，然后将结算清单上交给

89

供电公司。随着智能港口计量计费方式的逐步完善，专表的设立标准和方式应当得到推广和完善。

第三节　计量、计费技术综合效益评价

一、智能港口用电计量、计费协调设计方案

1. 港口智能用电智能化服务支撑平台整体架构

港口智能用电业务系统的逻辑架构分为三层，分别是终端设备层、网络通信层、业务应用层，港口智能用电业务支撑平台属于业务应用层。如图 6-12 所示。

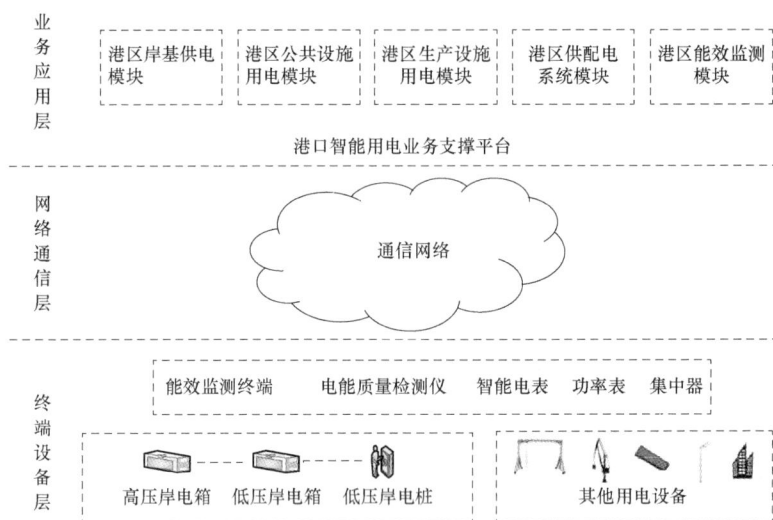

图 6-12　港口智能用电业务支撑平台系统逻辑架构

（1）终端设备层包括港口码头前沿的岸电接电设备、码头主要生产用电设备及对应采集设备，主要实现对港口岸电接电设备的信息采集、状态监测和运营信息汇总，设备包括控制器、采集设备、计量装置和网络传输装置等。采集设备主要实现岸电接电装置的数据采集、监控和传输，如智能电表、能效检测终端、电能质量监测仪等。终端设备层主要实现本地设备间的信息传输，支持光纤、CAN、电力线载波通信以及 RS232、RS485 等多种本地通信方式。

（2）网络通信层是联系码头前场岸电设备及其他用电设备与港口智能用电业务支撑平台的重要方式。港口的网络通信层主要采用互联网技术形式，根据设备使用的环境可采用无线通信或光纤通信方式。

（3）业务应用层主要以港口的智能用电业务支撑平台为基础，通过融合港口已有的生产调度系统，港区配电自动化系统，港区照明控制系统等业务功能，实现港口岸电、公共设施用电、生产设施用电等港口用电业务的运营和管理。

智能港口用电智能化配置，计划通过建设智能用电支撑系统，主要实现采集港口内各类用电设备，实现运行设备监控，计量计费，能源综合应用等功能，通过搭建用电智

能化服务平台,进而实现港口各类用电的智能化运行。

智能港口用电智能化服务支撑控制平台基于智能化监控平台。平台整体功能架构如图 6-13 所示。

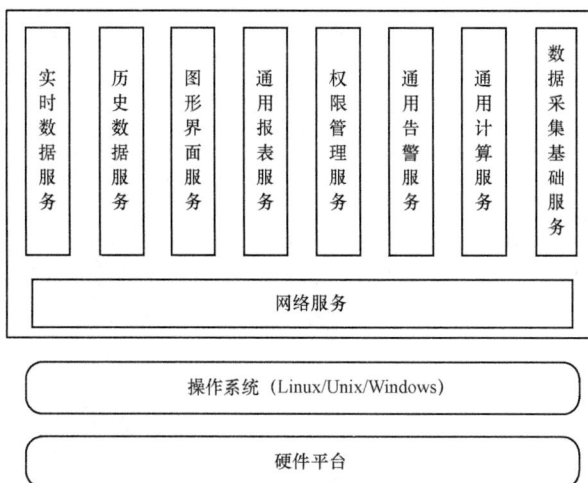

图 6-13　系统架构图

该平台支持各种硬件平台和目前各类主流操作系统。支撑平台主要提供网络、数据、历史数据、图形界面、通用报表、权限管理、通用告警、计算和数据采集等基础服务。

数据采集基础服务提供了支持网络、串口、无线等多种通信方式,建立了统一的通信信道管理支撑服务;集成了目前主流的 RS103,RS104,modbus,DL/T 645 等规约。

2. 港口智能用电智能化服务支撑平台功能架构与业务逻辑

(1) 层次架构。船舶岸电监控运营系统整体结构如图 6-14 所示。

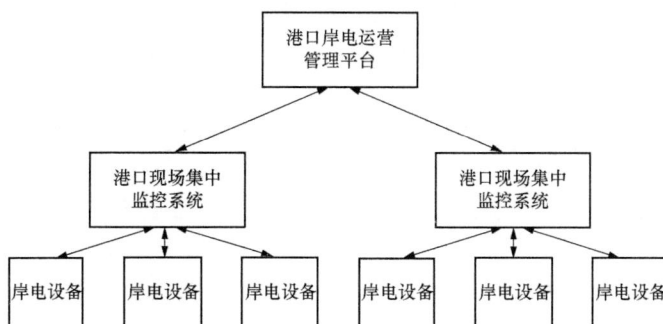

图 6-14　船舶岸电监控运营系统整体结构图

港口船舶岸电监控运营系统主要分为三个层次,在泊位前部署船岸供电设备,在港口、码头方部署集中监控系统,实现对岸供电设备运行的监视、控制、信息采集以及维护等功能。港口岸电运营管理系统主要实现广域范围下的岸电运营管理包括计量计费、交易结算、客户服务管理等功能。两级系统功能体系如图 6-15 所示。

(2) 功能架构。港口船舶岸电运营服务平台主要提供给岸电运营方使用,接受现场

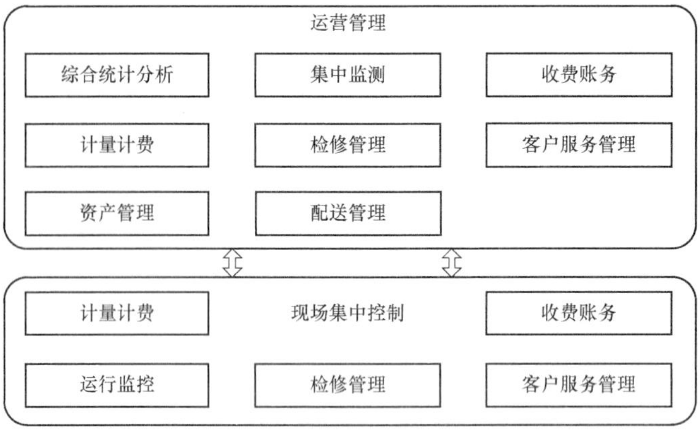

图 6-15　船舶岸电监控运营两级系统功能体系图

集中监控系统上送的各个港口泊位用电信息，进行集中的指标监控。同时提供综合统计分析、计量计费、交易结算、检修管理、资产管理、客户服务管理等功能。

负责对港口、码头岸电设备进行监控和管理，在深度分析的基础上，负责区域内全局性业务的决策和调度。并向省级提交运营状况、资产状况等统计信息。

系统采用两级部署模式。在港口部署现场监控系统，在运营方部署船舶岸电运营管理系统（见图 6-16）。

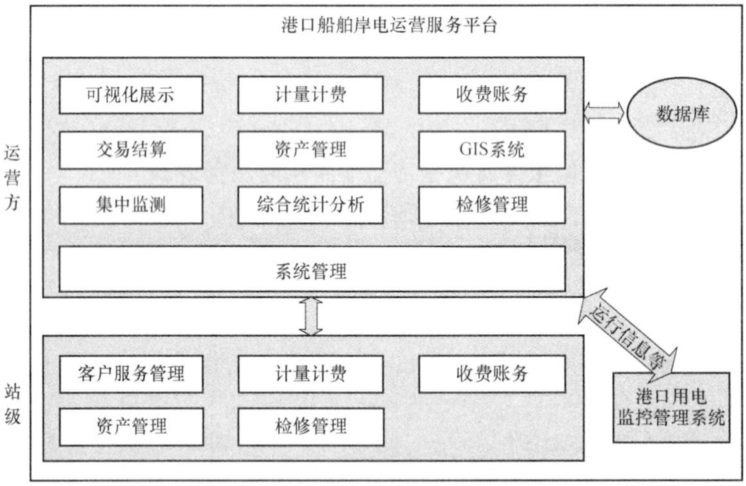

图 6-16　船舶岸电监控运营两级部署图

（3）业务逻辑。港口用电监控管理系统各子功能之间采用并列关系的业务逻辑，各子功能模块相对独立，每个子功能分别对应监控系统内一个独立模块和界面。系统通过可视化技术，将各个子功能通过人机交互界面展示出来，并可以在界面上实现快速切换。

二、智能港口用电计量、计费综合效益分析

1. 港口岸电运营需求

港口用电分为生产用电、生活用电和生产辅助用电三部分。生产用电主要包括装卸

机械、生产场地照明、运输机械、仓储设备等的用电；生活用电主要包括办公用电和生活设施用电等；生产辅助用电主要包括维修用电、公共照明用电、辅助设施用电等。随着港口的低碳化发展，港区内个性化、多样化的用电需求急剧增加。作为港口生产用电的新兴业务，港口岸电的大规模应用运营，丰富了原有的港口用电服务形态，增加了新的服务领域，其服务需求根据不同的码头类型也有较大区别。港口岸电系统运营按照应用场景可分为沿海大型码头、沿海及沿江中型码头、内河及湖泊小型码头等3类码头形式，根据不同码头的运行管理方式，港口岸电的运营服务需求各有不同。

（1）沿海大型码头及沿海沿江中型码头的岸电系统主要面向大型远洋船舶及大中型运输船舶在靠港装卸期间的船舶用电。支撑岸电运营的智能用电业务平台需实现船舶代理公司和港口方之间有关船舶靠港期间的用电信息查询、费用结算等基本功能；同时，通过与港口生产调度系统的信息交互，实现船舶靠港期间有关岸电使用的流程管理、设备监测、用电统计、计费管理、统计分析等功能。

（2）内河及湖泊小型码头的岸电系统主要面向内河中小型船舶在靠泊装卸期间的船舶用电。由于此类船舶一般由个人运营，所以支撑岸电运营的智能用电业务平台需实现对整体业务运营流程的无人化管理；同时，支持通过特定方式（刷卡、手机 APP、网络）来实现业务办理和结算。

（3）面向新兴的港口用电形式以及不同用电类型的运营服务需求。智能用电业务支撑平台除有效支撑港口岸电的运营业务外，还需考虑对分布式能源接入、电动汽车、能效管理设备、电能质量监测等新型港口用电服务类型的运营管理需求。同时，面向港口从传统的能源消费者向能源服务者的转变，业务支撑平台需具备拓展新的用电运营业务的能力和发展空间。

2. 智能港口用电计量、计费综合效益分析

港口作为水陆联运枢纽，是我国交通运输体系的重要环节，是一个国家和所在地区的重要经济资源。中国现代化港口发展将呈现出产业园区化、设备智能化和发展低碳化的总体趋向，分别对应着港口产业发展方向、港口企业内部关系以及港口与自然之间关系的变化和调整。港口随着经济全球化趋势、全球产业结构调整、信息技术的广泛应用，呈现出智能化、柔性化、敏捷化、精细化等特征，促使与港口相关的各环节之间无缝衔接和高效应用。通过将港口业务、能源及信息技术的融合，将改变港口原有的运营管理模式，实现生产和管理的智能化、能源使用的精细化，提供差异化的绿色服务，提升自身在供应链的作用，实现港口功能的有效整合。随着世界各国对节能减排、环境保护工作重视程度的提高，靠港船舶使用岸上电源系统供电，已经作为减少港口环境污染问题的一项重要技术在国外一些港口实际应用，并在国内港口重点推广，自 2009 年起国内多个港口也建立了多个船舶岸电试点工程。

现阶段港口岸电及其他港口智能用电业务还处于刚刚起步的阶段，港口现有运营支撑系统主要港口现有运营支撑系统主要也围绕生产设备的使用和监测，港口缺少面向港口岸电运营及港口智能用电业务的支撑平台产品；针对不同港口岸电系统的应用场景，缺乏统一的运营业务支撑平台来实现港口岸电服务的良性循环和长远发展；面向港口智能化、低碳化、园区化的发展趋势，港口智能用电业务支撑平台可有效承载港口发展的用电业务需求，拓展用电服务功能，开拓增值服务模式。现面向港口岸电运营的智能用电业务支撑平台正在江苏南京、泰州、盐城、无锡等不同港口码头试点建设和推广应用。

港口智能用电业务支撑平台是实现港口岸电运营和应用推广的信息化基础，是港口构建智能港口的关键环节。通过港口智能用电业务支撑平台可有效提升和扩展港口现有的用电服务，开展以岸电为代表的新型智能用电服务；同时，为后续第三方开展港口智能用电增值服务提供有效支撑。通过港口智能用电业务支撑平台，可实现港口单个系统的智能集成，支持终端设备和运营系统的接入，推动港口内部及港口和港口之间的信息共享和运营业务应用，促进智能用电业务在港口的发展和大规模应用。

小　　结

本章主要阐述了智能港口智能用电电量计量点选取和计量、计费方法研究，分析了智能港口的用电类型，论述了港口智能用电计量技术和港口智能用电计量模式。通过智能港口智能用电计量、计费方法研究，提出了针对智能港口不同用电场景的电量计量点选取原则和规则，以及智能港口智能用电计量点的选取模型；讨论并分析了对不同类型智能港口用电特点的电价模式及计费方式；研究了智能港口计量数据的采集和通信方式，智能港口用电计量计费协调设计方案——港口智能用电智能化服务支撑平台整体架构。

本章所述适用于智能港口及其岸电系统的计量点选取远测和方法，已被纳入相关企业标准中，为港口智能用电和岸电系统电能计量提供了标准化依据和指导；本章创新性地提出岸电系统实时计费方式，尤其是通过发行岸电卡片进行刷卡计费、手机 APP 充值等方式，目前已经广泛的运用于京杭运河及江浙内河港口服务区、锚泊区的小容量岸电系统中，为岸电"一卡通"业务在地区及全国的推广做出了示范和支撑。

第七章

港口智能用电技术的商业模式

商业模式[1]是为了实现客户价值最大化，把能使企业运行的内外各要素整合起来，形成高效率的具有独特核心竞争力的运行系统，并通过提供产品和服务，达成持续盈利目标的组织设计的整体解决方案。商业模式是由企业资源和能力、客户价值、盈利方式构成的三维立体模式，即指企业向客户提供什么样的价值和利益，包括品牌、产品等；通过何种模式传递推广其产品价值，获取利益；如何处理整个过程中的客户关系。前文介绍了港口船舶岸电技术的特点和功能，有助于我们对港口智能用电模式的认识与了解。下文我们简要分析其商业运行模式。

第一节　港口智能用电的商业模式关键要素分析

一、关键要素

港口智能用电商业模式的关键要素如图 7-1 所示。

1. 成本

分析港口经济性需考虑成本的变量主要有建设成本、管理维护成本、电价成本、船舶接入费用、政府补贴、港口船舶停靠期间总用电量等。其中管理维护成本主要指管理维护过程中的人力成本、设备更换维修成本。

通过对相关实际数据进行解算可得：对 10 万吨泊位而言，平均每个泊位的高压开关柜的成本约为 30 万元；平均每个泊位的变频设备改

图 7-1　商业模式要素

造成本约为 262.5 万元；平均每个泊位的变压器改造成本约为 60 万元。此外，码头接口岸电箱的成本约为 5 万元，由于 10 万吨试点泊位在泊位起始点和终点各装一个岸电箱，故其岸电箱总价约为 10 万元。11kV 高压电缆的价格约为 400 元/m。以选择一个 10 万吨泊位作为岸电技术试点泊位为例。对于 10 万吨岸电技术试点泊位岸电设施的建设与维护成本计算见表 7-1。

表 7 - 1		岸电设施建设成本估算	
项目	成本（万元）	项目	成本（万元）
电缆	92.4	岸电箱	10
变压器	60	材料费总计	$S_t = 454.9$
开关柜	30	建设成本总价概算	$S_z = K_s \times S_t = 1.5 \times 454.9 = 682.35$
变频设备	262.5		

注　K_s 的工程估算方法[1]算入土建费、成套费、人工费、辅料费、措施费等费用合计价格乘系数 1.5。

因此，对于一个 10 万吨高压岸电上船技术试点泊位而言，建设成本的估算值为 682.35 万元。而其年岸电用电量之和（Q_c）约为 13 964MWh。根据天津港集装箱公司的统计数据，平均每个泊位船舶靠港期间岸电实际使用容量约为 5548kVA。我们这里选取国内天津港的 5 548kVA 作为单个泊位船舶靠港期间实际使用容量。

即对于一个 10 万吨试点泊位而言，变压器增加的容量（Q_t）为 5548kVA。在电价方面，按大工业标准，其成本电价（P_c）0.7193 元/（kWh），变压器容量电价（P_t）每月为 0.23 元/kVA。综上所述，该 10 万吨泊位的年度电价成本 $S_c = P_c \times Q_c = 1004.5$ 万元。其基本电价年成本为 $S_t = P_t \times Q_t = 153.1$ 万元。故该码头 10 万吨泊位的年度用电支出为 $S_{ct} = S_t + S_c = 1157.6$ 万元。因此构建 10 万吨岸电技术试点泊位，港口公司需要投入的建设成本约为 682.35 万元，每年需投入的电价成本约为 1157.6 万元。因维护成本与操作人员的使用习惯、设备的差异有关，难以统一估价，且与投入的电价成本相比，港口岸电设备的维护成本以及人力成本均可以忽略，故在此分析中，管理维护成本主要考虑电价成本。

2. 投资

目前，国内大部分以港口自行投资建设为主，先期投资金额过大和收益的不确定性，一定程度上阻碍了港口企业实施岸电系统改造的积极性，引入合同能源管理模式，由节能公司或社会资本先期投资实施岸电系统建设，通过分享岸电运营效益，逐步收回投资并获得良好的经济回报，是有效缓解港口企业资金压力、降低风险投资的有效途径。

3. 效益

推广岸电技术，对节能减排、绿色经济和环境治理，有着重大经济效益和社会效益。经济效益主要体现在船方用岸电后节约的发电费用。船舶的自备发电机发电效率较低，并且随着近年来国际原油价格不断攀升，船舶自带发电机发电成本日益高昂。以港口电网供电代替传统的自备燃油机发电机供电，一是节约船舶靠港供电的成本，二是可以直接节省船舶自身发电设施的维护费用。随着国家多项鼓励节能政策的实施，岸电应用的经济效益将会越来越明显。

以天津港为例，就既有泊位全部使用船舶岸电系统后的经济效益进行分析。截至 2008 年年底，天津港各类泊位共计 181 个。由于泊位种类和吨级的差异，靠港泊船型也不尽相同。为了便于计算，假设每个泊位停靠船舶的辅助发电机平均功率 $P = 1000kW$，各泊位的平均靠船时间 $T = 4h/d$；船舶辅机发动机均以柴油为燃料。根据样本资料，功率为 1000kW，耗油量 $Q = 2541J/h$；船用柴油价格为 5 元/L，天津港的电费标准 0.89 元/kWh。天津港的泊位全部实施船舶岸电改造后，靠港船舶每年可以节省各项费用约 1 亿元人民币。

港口岸电的效益更重要体现在环境与社会效益上。

（1）建设绿色循环低碳港口的重要举措，港口岸电的建设将进一步提高港口航线的开发、合作及交流优势，极大地支持港口城市、低碳城市经济的发展，更好地为城市发展需要服务。

（2）提高城市环境质量，节能减排环保效益突出。如，4250TEU 集装箱船停港期间平均功率消耗为 1000kW。泊位利用率按照交通部的《港口工程技术规范》确定取值范围，取折中值 0.58，全年停靠船舶 212 天，换算成小时为 5088h，船舶用电量 508.8 万 kWh。而且，船舶靠港期间使用岸电的节能减排效果与陆上发电、输变电系统的技术和效率密切相关。当岸电采用水能、风能、核能等非传统清洁能源时，节能减排效果会更明显。

（3）抵御国际油价的波动相比船舶的自备发电机，专业电厂机组的发电效率较高，排放处理更加专业高效。从船舶业主的角度来看，国际原油价格的不断攀升也造成了靠港船舶使用燃油发电成本不断升高，使用岸电技术，也会降低船舶靠港的运营成本。

（4）改善港口工人的工作环境靠港期间船舶柴油发电机产生的巨大噪声港口岸电技术消失不见，相关系统可大大减轻船员工作量，船舶无震动无噪声，船员生活质量得到提高的同时，设备使用寿命也得到有效延长。此外，港口工人的工作环境也得到很大的改善，在一定程度上体现了"以人为本"的理念，船舶岸电系统的研制与应用是一项复杂的系统工程，集变频、配电、保护、监控、船舶改造于一体，其节能减排效益已备倍受国际国内环境组织和政府部门的关注，船舶靠泊码头时使用岸电必将是未来发展的趋势[3]。如图 7-2 所示为岸电效益图。

图 7-2　港口岸电节能减排

二、岸电上船的经济性分析

上面已对全面实施岸电上船项目码头侧所需的成本进行了估算。本节重点分析岸电上船的经济性，由此可以大体确定港口实施岸电上船的方式和步骤，从而更好地发挥其优势作用。

1. 岸电上船经济效益估算方法

参考我国其他港口使用岸电收费的经验，岸电收费采用收取服务费的方式。港方的服务费根据船舶靠港船舶使用岸电的电量计算，其计算方法如下所示。

假设岸电电源的成本电价为 V_1，船方接入岸电的电价为 V_2，船舶的用电量为 P，则港方的服务费为 W

$$W = P \times V_2 - V_1$$

采用上述方式，港方可以通过与船方的协商灵活地调整服务费。在这种岸电计费方式中，可以计算船方通过使用岸电降低的费用，即船方的收益。其计算方法如下所示。

根据岸电经济效益的计算方法，设船舶停港期间的消耗燃油的费用为 W_1，船舶使用岸电的服务费为 W_2，则船方的收益为 S

$$S = W_1 - W_2$$

2. 岸电上船的经济效益计算

前面已给出成本估算方法。在指出的各项成本中，接入电价直接影响经济效益，是最为重要的因素。根据港方服务费计算公式，可以通过船方接入电价 V_2 的定价来计算经济效益。以船方岸电接入价为 2 元/kWh 时，船方岸电接入价为 2.5 元/kWh 时为例，获得表 7-2、表 7-3 所示的经济效益数据。

表 7-2　　　　　　　　　　电价为 2 元/kWh 时的投资收益表

公司	岸电投资（万元）	燃油（万元/年）	供电成本（万元/年）	总效益（万元/年）	用电量（万度/年）	电价（元/kWh）	收费电价（元/kWh）	港口效益（万元/年）	船方效益（万元/年）	成本回收时间（年）
汇盛码头	1412.18	278.78	120.247	158.533	109.32	1.1	2	98.4	60.1	14.4
焦炭码头	1194.75	1694.14	703.83	676.2	639.85	1.1	2	575.9	100.3	2.1
煤码头公司	1924.725	1921.6	825.62	990.31	750.56	1.1	2	675.5	314.8	2.8
东方海陆	2457	1907.34	1264.68	642.66	1149.71	1.1	2	1034.7	-392.1	2.4
五洲国际	2848.5	2673.24	2040.12	633.12	1854.65	1.1	2	1669.2	-1036.1	1.7
联盟国际	2897.4	2174.25	1631.42	542.82	1483.11	1.1	2	1334.8	-792	2.2
欧亚国际	2141.4	1289.71	980.75	308.96	891.56	1.1	2	694.86	-385.9	3.08
太平洋国际	3904.4	1553.81	849.279	704.5	772.07	1.1	2	694.86	9.6	5.6
集装箱公司	2904.56	2601.97	1896.49	705.48	1724.08	1.1	2	1551.7	-846.2	1.9
神华码头	1413.00	2132.35	1051.90	1080.45	956.27	1.1	2	860.64	219.81	1.65
邮轮母港	15698.85	1809.9	1306.54	503.36	1187.76	1.1	2	1068.98	-565.62	14.7

表 7 - 3　　　　　　　　　　　　　电价为 2.5 元/kWh 时的投资收益表

公司	岸电投资（万元）	燃油（万元/年）	供电成本（万元/年）	总效益（万元/年）	用电量（万度/年）	电价（元/kWh）	收费电价（元/kWh）	港口效益（万元/年）	船方效益（万元/年）	成本回收时间（年）
汇盛码头	1412.18	278.78	120.247	158.533	109.32	1.1	2.5	153.0	5.5	9.2
焦炭码头	1194.75	1694.14	703.83	676.2	639.85	1.1	2.5	895.8	-219.6	1.3
煤码头公司	1924.725	1921.6	825.62	990.31	750.56	1.1	2.5	1050.8	-60.5	1.8
东方海陆	2457	1907.34	1264.68	642.66	1149.71	1.1	2.5	1609.6	-966.9	1.5
五洲国际	2848.5	2673.24	2040.12	633.12	1854.66	1.1	2.5	2596.5	-1963.4	1.1
联盟国际	2897.4	2174.25	1631.42	542.82	1483.11	1.1	2.5	2076.4	-1533.5	1.4
欧亚国际	2141.4	1289.71	980.75	308.96	891.56	1.1	2.5	1248.18	-939.22	1.72
太平洋国际	3904.4	1553.81	849.279	704.5	772.07	1.1	2.5	1080.9	-376.4	3.6
集装箱公司	2904.56	2601.97	1896.49	705.48	1724.08	1.1	2.5	2413.7	-1708.2	1.2
神华码头	1413.00	2132.35	1051.90	1080.45	956.27	1.1	2.5	1338.78	-258.33	1.06
邮轮母港	15698.85	1809.9	1306.54	503.36	1187.76	1.1	2.5	1662.86	-1159.5	9.44

通过对比表 7 - 2 和表 7 - 3，可以得到如下结论。

（1）港口实施岸电，大多码头都能够在很短时间收回成本。

（2）对同一个码头，船方接入电价越高，港方的经济效益越好，港方收回岸电投资成本的时间越短。

（3）当岸电接入价为 2.0 元/kWh 时，东方海陆、五洲国际、联盟国际、欧亚国际、太平洋国际、集装箱公司、邮轮母港的船方对使用岸电电源没有收益。由于岸电接入价越高，船方收益更差，所以当岸电接入价为 2.5 元/kWh 时，不仅所有的集装箱船使用岸电比使用燃油的投入大，还出现了部分散杂货船的收益变差的情况。

（4）汇盛码头公司收回成本的时间很长。这是因为汇盛杂货码头刚刚投入运营时间不长，船舶到港数量不饱满，而岸电是按照全部码头投入使用计算投资成本的，所以出现投资成本过长不符合实际的情况，随着码头靠港船舶数量的增加，会逐步缩短投资回收期。

🦈 第二节　合同能源管理模式

"合同能源管理[5]"（Energy Management Contract，EMC）于 20 世纪 70 年代在发达市场经济国家逐步成形和发展。合同能源管理（EMC）是指专业节能服务公司与具有节能意愿的客户签订服务合同，向客户提供节能改造方案设计、原材料和设备采购、施工、培训、运行维护、节能量监测和能源效率审计等综合服务，而且专业节能公司常常垫付服务所需资金，并通过合同约定在未来一定时间段，从能源费用的节约中逐渐收回投资并获得一定利润。传统节能投资方式下，节能项目的所有风险和所有盈利都由节能投资的实施企业来承担；合同能源管理方式下，允许用户使用未来的节能收益来支付节能项目全部成本，一般不要求企业自身对节能项目进行大笔投资。目前，我国港口岸电建设应用处于起步阶段，大部分港口、船舶尚未具备主动建设、应用港口岸电系统的意识和动力。因此，应用合同能源管理模式探索经济的投资模式、合理的盈利模式和方便快捷的结算模式，将有助于港口岸电技术的普及推广。

一、投资模式

目前，国内大部分以港口自行投资建设为主，先期投资金额过大和收益的不确定性，一定程度上阻碍了港口企业实施岸电系统改造的积极性。引入合同能源管理模式，由节能公司或社会资本先期投资实施岸电系统建设，通过分享岸电运营效益，逐步收回投资并获得良好的经济回报，是有效缓解港口企业资金压力、降低投资风险的有效途径[6]。

1. EMC 港口岸电投资模式

合同能源管理作为一种基于市场化项目运作的新型节能减排机制，同时也是一种先进的能源经济合同管理与新型的项目资本运作模式，当具体应用在船舶岸电领域时，其运行过程是以合同能源管理机制作为运作基础逐渐展开的。合同能源管理项目实施的主要要素有：项目合同的签订（设计、购销、施工），融资、风险及投资回合同的签订（融资、保险、担保、能源管理等）。其岸电模式如图 7-3 所示。

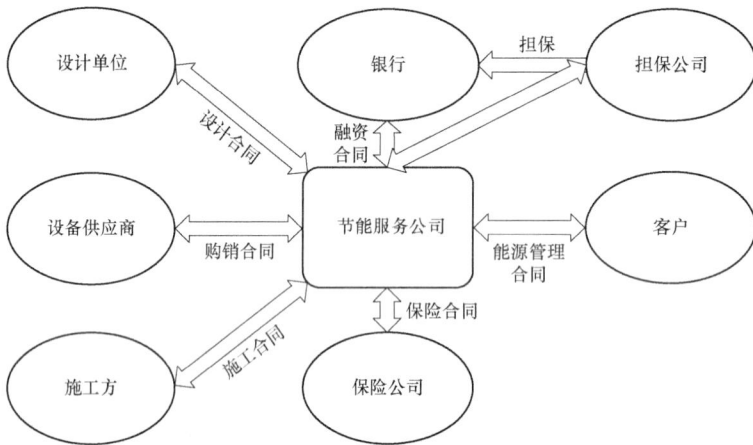

图 7-3　EMC 模式投资港口岸电模式图

作为一种全新的港口岸电建设投资模式，区别于传统模式，使用 EMC 机制的港口岸电建设投资模式具有如下两个最显著的特点，如图 7-4 所示。

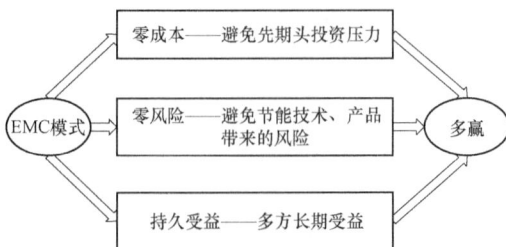

图 7-4　采用 EMC 机制投资模式特点

（1）技术零风险。在待建设港口岸电项目应用 EMC 机制时，建设过程中所采用的技术都是现阶段市场上最为成熟的、先进的，所采用的设备也都是经过国家相关权威部门认定的，并且存在足够多的成功案例供节能服务公司参考。以 EMC 机制开展的项目主要是以实现节能效益为出发点，同时节能服务公司向客户保证实现一定的节能量，如果待节能建设岸电项目经实施后不能实现当初对客户承诺的预期节能量，节能服务公司将对客户进行一定的经济赔偿，因此对客户来说，实施项目的技术风险几乎为零。

（2）财务零投入。建设岸电项目时，客户无须投入资金，或者只需要投入较少的资金，因此采用 EMC 机制投资模式建设港口岸电项目使客户达到"零投资、零风险、持久受益"的节能目的，从而大大提高他们的节能积极性，进而也相应地促进节能产业的蓬勃发展，尤其是现阶段我国各行各业普遍存在着能源利用效率低、浪费较大的现状，这种模式符合我国建设节约型社会的初衷，将成为我国新时期的必然选择。

2. 实施 EMC 投资港口岸电项目流程

作为一种先进的能源经济合同管理与新型的项目资本运作模式，其流程区别于传统模式，需要对客户前期的运行状况、能源消耗情况等方面有更为详尽的认识。具体执行流程如图 7-5 所示。

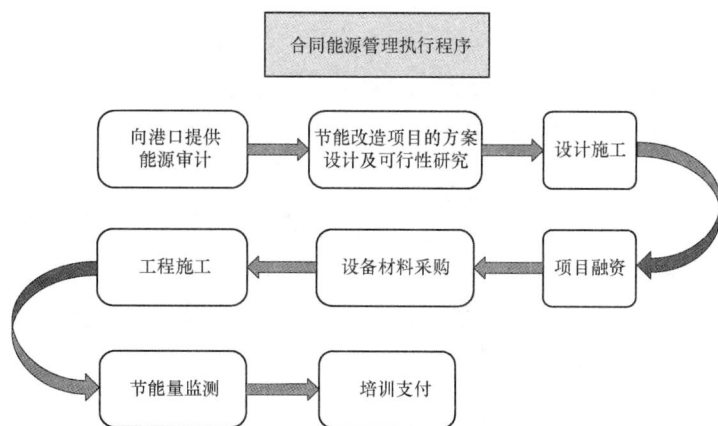

图 7-5 EMC 投资模式流程图

每个步骤包括的具体工作内容见表 7-4。

表 7-4 项目各阶段的主要工作内容

序号	名称	主 要 内 容
1	能源审计	此阶段是为用户提供服务的起点。针对港口的具体情况，对各种耗能设备和环节进行能耗评价，测定港口当前能耗水平。通过对能耗水平的测定，由节能服务公司的专业人员对用户的能源状况进行审计，对所提出的节能改造的措施进行评估，并将结果与客户进行沟通
2	节能改造方案设计	在能源审计的基础上，由节能公司向港口提供节能改造方案的设计，这种方案不同于单个设备的置换、节能产品和技术的推销，其中包括项目实施方案设计案和改造后节能效益的分析及预测，使用户做到"心中有数"，以充分了解节能改造的效果
3	节能服务合同的谈判与签署	在能源审计和改造方案设计的基础上，节能服务公司与客户进行节能服务合同的谈判。在通常情况下，由于节能服务公司为项目承担了大部分风险，因此在合同期（一般为 8~10 年）节能服务公司分享项目的大部分的经济效益，小部分的经济效益留给用户。待合同期满，节能服务公司不再和用户分享经济效益，所有经济效益全部归用户

序号	名称	主　要　内　容
4	节能改造项目的融资	因节能改造项目需要大量资金，港口或节能服务公司在自有资金不足的情况下，需要融资
5	材料设备采购、施工、安装和试运行	根据合同，项目的施工由节能服务公司负责。在合同中规定，港口要为节能服务公司的施工提供必要的便利条件。节能服务公司提供的服务是"综合型"的服务，既有设计、施工、安装调试等软服务。而作为服务的一部分，这些节能设备及所形成的系统也将由节能服务公司投资采购
6	运行、保养与维护	项目施工完成，设备投入使用后，节能服务公司需要为港口培训设备运行人员，并委派专人负责设备和系统的保养、维护
7	节能量监测	改造工程完后，我公司与用户共同按照能源管理合同中规定的方式对节能量及节能效益进行实际监测，确认在合同中由我公司方面提供项目的节能水平。作为双方效益分享的依据
8	终止协议，设备交接	协议期满，节能服务公司将所安装岸电设备移交给港口，完成设备所有权的转让
9	后期维护	对某些特殊设备，港口无技术力量进行维护的，节能服务公司还需继续提供技术服务，客户支付服务费用

　　港口岸电项目一旦采用 EMC 机制来建设，其待建设的项目通常都具有较为明显的节能效益，并且具有较高的投资回报率，客户前期向银行贷的款以及需要支付给节能服务公司的节能服务费用可以使用运营期间所节约的能源费用来偿还；客户在免费建设了岸电项目的同时，还能取得持久的节能经济效益，因此对于客户来说，实施项目的财务风险几乎为零。同时，也能够为客户解决融资难的问题。

二、盈利模式

　　新技术的普及推广离不开良好的盈"利"能力，这个"利"包括经济效益和社会效益两个方面。从上述经济效益分析可以看出，港口岸电能够使社会、港口方、船方、电网企业、第三方投资主体实现"五方"共赢，社会可以获得良好的减排环保效益，改善大气质量和水源质量；港口方通过岸电服务费与网供电费之间的差价获得经济效益；船方可以节省燃料费用、降低辅助设备损耗、优化生活作业环境；电网企业可以通过增售电量获得售电收益；第三方投资主体通过分享岸电运营效益获得经济回报。

1. 合同能源管理建设船舶岸电的盈利机制

　　运用合同能源管理建设船舶岸电的盈利机制是在可持续发展的前提下，以调动用能船舶、岸电服务公司等相关客体积极参与合同能源管理为目标，解决合同能源管理过程中岸电服务公司成本与社会成本的重合与对应的问题，通过实行一定的规则和制度，最终达成各方利益的相互促进和共同实现。简而言之，合同能源管理的盈利机制就是指政府部门在既定目标和环境下，设计一个有效的盈利政策，使得船舶、岸电服务公司等客体在执行政策、实施合同能源管理的同时实现自身利益的全过程，其关系如图 7-6 所示。合同能源管理盈利机制设计要遵循政府引导、市场驱动、社会参与相结合的原则。

2. 合同能源管理建设船舶岸电的盈利风险分析

项目整个过程中，其风险要包括两个方面：一方面，合同能源管理作为一种全新的节能机制，"客户零风险"是其最为显著的特点之一，若客户不承担风险，则需要节能服务公司相应地承担起项目的大部分风险；另一方面，由于实施合同能源管理时，项目具有投资大、周期长的特点，随之也就带来了极大的不确定性，从而导致项目存在达不到预期技术及经济指标甚至中止和失败的可能性。因此对项目进行风险管理是合同能源管理机制得以成功运行的一个重要环节，这有助于节能服务公司对项目风险因素进行识别，规避风险并减少相应损失。节能服务公司在实施项目的过程中既受到来自项目有关风险的影响，同时又受到合同能源管理机制本身所带来的风险影响，从而有利于船舶岸电项目达到最佳的盈利效果。

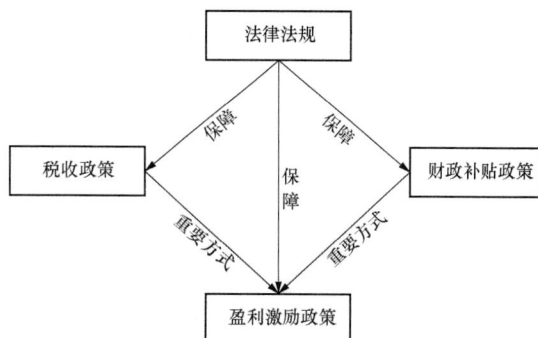

图 7 - 6　EMC 盈利机制

在船舶岸电项目投资风险中，政策性风险：国家大力发展节能减排计划，并且面临的环保压力越来越大，所以政策性风险较小，并且还是有利于项目实施的重要保证；技术性风险：目前变压、电缆拖动等技术非常成熟，出现无法解决的技术问题概率较小，所以技术风险很低；工程施工风险：港口码头施工目前流程明确，经验丰富，所以工程施工风险较低；投资回报风险：项目完成后，出现船舶使用频次、使用时间等造成项目回收期依靠于岸电设备利用率超出预计的情况。EMC 建设岸电项目风险见表 7 - 5。

表 7 - 5　　　　　　　　　合同能源管理建设岸电项目的盈利风险

序号	风险因素	具 体 内 容
1	信用风险	双方履行职责的意愿，双方履行职责的能力
2	港口经营风险	经营状况
3	金融风险	利率上涨，通货膨胀
4	市场风险	客户对于节能服务接受的持续性
5	节能技术风险	技术可行性，技术先进性，技术成熟度
6	工程施工风险	设计施工，各种变更
7	节能量风险	试运营阶段的能量
8	电价变化风险	电价变化
9	合同风险	合同对合同能源管理项目机构框架稳定性的约束强度，合同文本的标准化程度，合同中权利、义务、风险分担的合理程度
10	外部环境风险	政策的导向
11	收益取得风险	节能测算的准确程度，节能绩效评价方法的选址，评价标准的确定，合同约定的收益取得方式

EMC 岸电项目的运行过程可以分为选项、实施和运营三个阶段。在不同的阶段其风险值也相应地表现出显著的阶段性；有一些风险在项目的每个阶段都始终存在，而有一些风险却只存在于项目的某一个特定阶段；随着项目开展的日益深入，有一些风险会自动消失，而有一些新的风险又会逐渐显现，有一些风险却又始终变化着，处于一个动态的过程中。总体风险变化如图 7-7 所示。

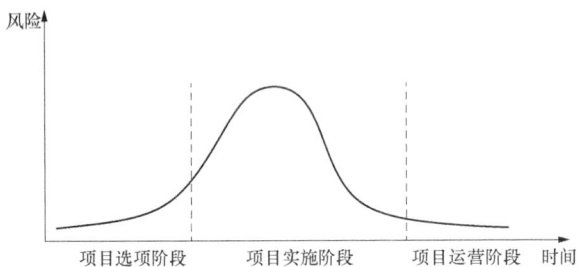

图 7-7　EMC 岸电项目生命周期的盈利风险变化

（1）项目选项阶段的风险。项目选项阶段的风险从项目的可行性研究阶段开始算起，虽然此时岸电项目不一定会正式开始，但节能服务公司却已经开始投入了大量时间、人力以及物力进行可行性研究、能耗审计等一系列前期工作。此时节能服务公司将要面临着如果最终未能够与客户达成一致从而导致前期工作的全部无用的风险。对客户的节能愿望以及节能项目的技术性、先进性、经济性等进行最为准确地把握，据此做出最为正确的投资决策，这是选项阶段最主要风险。

（2）项目实施阶段的风险。项目的实施阶段通常可以划分为设计、施工和验收三个子阶段，项目风险在实施阶段不同的子阶段过程中也相应地表现出了各自不同的风险。

1）设计阶段风险。此阶段的风险主要包括技术风险、资金风险及市场风险，技术、资金风险是风险主体，同时市场风险随着项目的进行也逐渐显现出来。在这个阶段中，因为节能服务公司的节能技术产品与市场潜在需求能否吻合存在着较大的不确定性，所以市场风险也相应地存在较大的不确定性。技术风险主要来自节能技术本身的缺陷，并且随着项目进展的不断深入，其技术风险逐渐变小。而由于资金的不断投入，财务风险在这一阶段也出现明显的升高趋势。同时，这个阶段相较于其他阶段最容易出现资金周转困难的局面，从而使得节能服务公司最终面临的整体风险急剧升高的局面。

2）施工阶段风险。此阶段的技术风险、财务风险随着项目的完成得以持续变小，但是市场风险逐渐变大，随着项目的完成管理风险也相应地逐渐上升。市场风险主要源于项目的市场潜力和持续力——潜在用户响应节能措施的范围及用户接受节能措施的持续性，与可替代产品、方案的竞争，其具体主要表现在以下两个方面：一方面存在着节能设备能否适应客户变化需求的不确定性；另一方面是节能设备自身的竞争力，以及由于其他节能服务公司新产品的出现从而产生的替代风险。

3）竣工验收阶段。当项目竣工完成后进入试运营阶段，此时仍存在着较高的风险。项目投入运行后如果达不到合同中所约定的设备质量、节能量，或项目的一些技术经济指标没有达到相应标准，就不能完成竣工验收工作，节能服务公司将面临承担全部损失的风险。因此，能否成功地完成竣工验收工作是项目实施成功与否的关键因素。

（3）项目运营阶段的风险。当项目开始正常的运行后，其总体风险将逐年降低，市场、管理等因素变化有可能影响到项目的正常运营，以及其他一些难以预见的因素有可能也会对项目的运行产生影响。

三、运作模式

通过以上阐述我们不难知晓：本质上，EMC 是一种减少能源成本的财务管理与风险投资方法，而节能服务公司的经营机制则是一种节能投资型服务管理模式。

节能服务公司这种以节能效益共同分享的方式按照一定比例收回自身节能改造经济投资并从中获取利益的运营模式，在免去客户节能改造所需的专项资金与融资风险的同时，也相应降低了客户节能改造的技术风险以及其他方面的顾虑，为客户提供了一种"零投入、低风险、专业化"的节能改造服务，这样既可以充分调动客户进行节能改造专项治理的主动性与积极性，同时也使得 EMC 能够备受有节能改造需求客户的欢迎，并成为时下普遍认可的一种新型的市场化节能机制。

目前，EMC 主要包括三种基本的运作模式，分别是：节能量保证型模式、节能效益分享型模式及能源费用托管型模式。

1. 节能量保证型模式

在此种模式下，以节能服务公司承诺保障节能量为前提，用能单位（客户）事先支付一定年限的节能效益，作为节能项目的全部投资及节能服务公司的服务费，委托节能服务公司实施该节能项目，如达不到承诺的节能量，则由节能服务公司进行补偿或恢复原状，项目的所有权和产生的效益归用能单位（客户）。

此种模式如图 7-8 所示，是最基本的运行模式，在运行形式上较为简单，适合于规模不大的节能项目。

2. 节能效益分享型模式

在此种模式下，节能项目的部分或全部投资由节能服务公司承担。合同期内，节能项

图 7-8 节能量保证模式

目所有权属于节能服务公司，双方按比例分享节能效益；合同结束后，节能项目所有权无偿转移给用能单位（客户），此后产生的节能效益全部归用能单位（客户）。

此种模式成功运作的前提是项目对节能量需求较大，能够明显地弥补投资成本，因此此种模式比较适合规模比较大的节能项目。目前，北美和欧洲国家的节能服务公司在大部分的项目中均采用此种模式，是节能服务公司现阶段最主要的运行模式。此种模式中，各方的关系如图 7-9 所示。

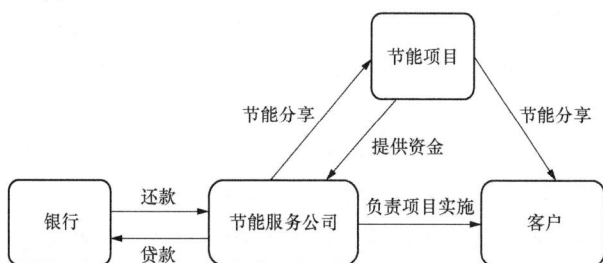

图 7-9 节能效益分享模式

3. 能源费用托管型模式

在此种模式下，用能单位（客户）将约定的能源费用、设备或系统，委托给节能服务公司管理，节能服务公司负责设备或系统改造及管理，并支付实际消耗的能源费用，节约的能源费用归节能服务公司所有，节能服务公司出资对能源设备或系统进行改造所形成的所有权，在合同期内归节能服务公司所有，合同结束后无偿转移给用能单位（客户）。此种模式中，各方的关系如图 7-10

所示。

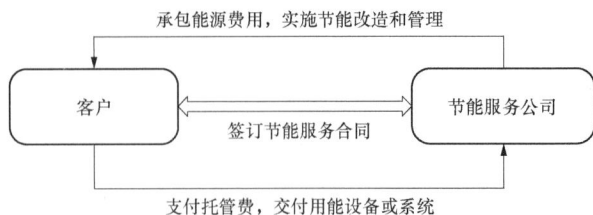

图 7-10　能源费用托管模式

四、结算模式

国内现行的港口、货主、船舶相关费用结算模式主要有两种:一是由货主直接委托船主运送货物,船舶抵达货主指定的港口后,由货主与船主、港口分别结算运费、装卸费等相关费用,主要适用于内河船运;二是由货主将货物运输委托给货代,向货代一次性支付运输费用,货代与船代签订货物运输协议,由船代选择船运公司运输货物,货物到港口,船代负责向船运公司、港口分别支付运费、装卸费等相关费用,主要应用于海上运输。结合以上两类费用结算模式,港口企业可采取不同岸电服务费收取方式。针对内河船运,港口企业可按照表计抄见电量直接向船主收取岸电服务费,可采取现金、刷卡、网络支付等方式进行结算;针对海上运输,港口企业在与船代结算装卸费等费用时一并结算岸电服务费,双方根据事先约定的结算期限定期结算,船代在与船运公司结算运费时,扣减岸电服务费用。

1. 资金管理模式的选择

现代化的资金管理系统是一个开放式的系统,须考虑到外部银行的资金结算情况。近些年来,各大商业银行普遍开展了网上银行业务,将资金结算平台延伸到了客户层面。在为港口资金管理提供服务方面,主要有如下两种技术。

(1)虚拟银行。虚拟银行是指银行直接代替港口行使结算中心的职能,由银行代办相关的结算、内部转账、资金集中等业务,港口无须再成立结算中心,节省成本。银行系统的资金管理软件很成熟,港口本身无须进行相关应用软件的开发,故而上线速度快。但因为资金集中的目的和驱动因素的差异可能产生新的问题。

1)资金集中对港口而言是实现战略和集权目标的手段,而对银行实现拓展业务、争夺客户群的市场资源的需要,两个不同的目标企业会产生新的矛盾。

2)资金集中的目的是达到总部对各分支机构的资金集中调度和监控,需要在总分账户之间建立债权债务关系,港口结算中心系统将总账户作为银行存款账户在资产方记录,将与分账户之间所产生的债权债务关系在负债方反映,从而清楚地对各分支机构资金的占用额度、时间、利息等实行动态监控。然而,虚拟银行无法进行详细记录、核算,并主动监控。

3)在提供港口信息的及时性的相关性方面,银行系统无法区分总、分账户之间一般性的资金上交、资金下拨与集中使用和收回,只能对结算单位提供分账户的对账单、存款利息单。同时,银行系统也无法提供分账户之间债权债务关系的对账单和存款利息单,以及详细的每日港口所需随时掌握的其他与决策相关的信息。

此外,虚拟银行业务只能与一家商业银行进行联网,这不符合港口风险管理的要求,也无法在实际操作中执行。

(2)银企直联——家庭银行(House bank)。银企直联是指港口的资金结算系统通过因特网或在银行与港口之间连接一条专线与多家商业银行的网上银行系统直接连接，实现自动化的数据交换，港口中参与资金集中管理的下属成员单位通过因特网或专线访问港口财务公司，完成审批、支付、查询等需求，港口通过多家商业银行网上银行完成港口资金的收支与集中。这样真正实现了港口与各银行之间数据的自动化交换和数据共享。同时也解决了港口对一家银行的依赖问题，使得各家银行之间通过竞争产生效率。通过集成多家银行系统，在同一界面下处理不同的银行业务，不同币种、不同文字、多层组织结构下查看不同银行的数据，并进行汇总、统计分析。系统可主动归集子公司账号上的资金，变下属单位上存资金为自动上划资金，港口根据预算下拨款项，掌握预算资金详细去向、使用量和余额。

商业银行从传统银行业务走向网上银行业务的发展为银企互联提供了业务的基础，网络编程技术的成熟提供了软件基础，宽带网络技术的发展提供了硬件基础。家庭银行对于地域分布广、集团规模大的企业，可以实现集团对整体资源的控制和最佳配置，因此财务公司将现有人工结算模式改为电子化结算，并与有关商业银行进行直联，是财务公司资金结算模式的必选方案。

2. 电子结算系统的设计原则及功能要求

由于大部分港口已经有较为成熟的综合业务系统，用以处理结算业务和票据业务，因此新的电子结算系统应立足于现有的系统进行二次开发。在港口内部，去掉财务公司收到结算票据后进行二次录入的中间环节，将资金管理平台移植到客户的层面，实现资金的实时收付及查询。在港口外部，争取实现银企直联，即将财务公司电子化结算平台与银行系统的网上银行业务相联结，实现外部资金的实时收付，加快财务公司及银行处理业务的速度。实行电子结算系统是港口资金管理水平及管理要求进一步提高的表现。实施电子结算系统，要遵循以下四个原则。

（1）安全性原则。安全既是金融监管当局的要求，也是财务公司开展各项业务的基础。开展电子结算不仅保留了原来柜台结算业务的大部分风险，还增加了相关的风险点，尤其是技术风险。电子交易指令的合法性、交易的不可撤销性、数据的加密、用户身份的识别、如何防范网络犯罪等都是新的问题。

（2）效益性原则。财务公司开展任何一项业务必须符合公司法及金融监管当局的要求，电子结算系统的效益性必须体现于公司的收益。因此"保留主干，优化对接，统筹安排，分步实施"是一个必然的选择。

（3）可行性原则。在实施电子结算系统时，需结合港口内和各商业银行的现实情况。目前，在港口内部还有相当一部分单位财务管理水平比较落后，基层财务人员的财务素质及计算机水平还有待进一步提高。由于港口实行的是高度集中的财务管理制度。因此在设计系统时，必须考虑单位的实际情况，兼顾高、中、低不同水平的人员。在强调软件设计易用性的同时，也考虑部分单位的实际需求从而保留部分柜台业务。

（4）系统性原则。电子结算系统的实施涉及港口资金管理部门、港口内部单位、相关商业银行，甚至金融监管当局。因此，财务公司在项目实施时，不仅要考虑系统的功能，还应考虑系统实施后给相关责任部门带来的变化。

作为一个电子结算系统，结算功能是其基本要求。由于财务公司在港口资金管理的特殊性，以及将来其与港口系统对接。电子结算系统还应该增加相应的账户管理的功能及资金流向的统计与分析功能，具体如下。

1）资金收付清算。资金收付清算可以分为三种情况：内转、外部清算以及电子账单。内转就是港口内部各单位之间的资金清算；外部清算是指港口内部单位将资金付给外部单位或从外部单位收回资金；电子账单是由收款人制作付款通知单，并将该信息发送至付款人，由付款人在确认后予以支付的电子付款指令，相当于手工处理时期的委托收款业务。

2）资金收付明细查询。

3）账户余额查询。

4）港口账户管理。港口管理部门对于下属单位账户资金的划拨、余额查询等。

5）大额或超预算资金审批。

6）票据管理。港口内部票据资金的管理，包括收到的商业承兑汇票以及自己开出的商业承兑汇票。票据资金在企业销售收入中占有较大比重。如何加强票据管理，降低票据风险，及时收回票据资金已是港口资金管理的一个重要任务。

第三节　全闭环的港口岸电发展循环模式

一、全闭环模式及应用

全闭环模式是围绕着顾客一系列关联性消费需求，逐一提供相应的产品予以满足的商业模式。全闭环模式简单点说，就是"一站式"服务。全闭环模式和全产业链模式有着很大的区别：全产业链模式是以产品为核心，上中下游通吃的一条龙形式，是纵向的。它的优势是提升经营效率、全程掌控产品品质。而全闭环模式是以用户为核心，将密切关联的一系列消费需求一站式解决，是横向的。它的优势是提升用户体验，深度绑定用户。

而对于港口岸电工程，首先需要针对港口的具体情况，对各种耗能设备和环节进行能耗评价，测定港口当前能耗水平。通过对能耗水平的测定，由公司的专业人员对用户的能源状况进行审计，从而对所提出的节能改造的措施进行评估，并将结果与客户进行沟通，为客户量身定制能耗节约方案。其次，具体改造方案的设定也须考察港口的具体情况，须参考建设成本、管理维护成本、电价成本、船舶接入费用、政府补贴、港口船舶停靠期间总用电量等各种因素。最终选择合理的运营模式、盈利模式，实现港口岸电工程的改造，建立一种新型、高效、低排放的经济模式。此模式下，承接项目公司从传统的单一施工企业向施工、管理、运营符合型企业转变，为客户提供一站式服务。

二、全闭环港口岸电可实施性分析

（1）风险分析。全闭环港口岸电的投资项目一般涉及环保设施、高新技术、回收设备等需求，投资大、见效慢，仅靠企业自由资金或者财政支持远远不够，必须建立起多渠道、多形式的社会化投融资渠道，以解决保护环境和发展循环经济中的资金短缺问题。而采用多种融资方式，势必会面临很大风险，这种风险[10]具体表现在：

1）市场的接受能力难以确定。由于实际的市场需求难以确定，当风险企业推出港口岸电项目后，可能由于种种原因而遭到市场的拒绝。

2）市场接受的时间难以确定。从港口岸电项目推出到客户完全接受之间有一个时滞，如果这一时滞过长将导致企业的开发资金难以收回。同时还有出现潜在进入者的威胁。风险企业可能由于生产成本高、缺乏强大的销售系统或客户的转换成本过高而常常处于不利地位，严重的还可能危及这些企业的生存。在第二节中，我们已经详细分析了投资、盈利、运营等各模式下所面临的风险。在采用合同能源管理模式下，可以有效降低风险，有利于实现全闭环港口岸电的发展。

（2）政府政策支持。企业进行港口岸电工程的改造，可以有效提高能源利用率，减少污染物排放，具有极大的环境效益。符合政府对环境保护的税收优惠政策，对技术进步、成果转让的税收优惠政策等。政府设立专项基金对港口岸电工程投资。政府投入的方式根据项目性质可以分别采取直接投入、注本金投入、投资补助、贴息等方式。在政府的支持下，全闭环港口岸电发展将得到极大推动。

（3）监管考核体系[11]。港口岸电工程可分为项目计划、项目执行和项目完工三个阶段。其中，项目执行和项目完工阶段是项目闭环管控重点。

1）建立量化指标体系和项目监管信息系统。应抓紧建立一套完整、科学的建设项目的投资、工程进度、工程质量、投资控制、财务评价等方面的量化指标体系，从而对建设项目的资金到位情况、工程进展情况、概算及其调整、投资及其效应等信息及时掌握。要形成规范的建设项目信息报告制度，并建立起上下左右沟通的信息传递网络系统，及时收集、整理、分析各类数据。

2）实时监测保障机制有效运行。树立防范意识，建立保障机制只不过是保证资金安全的一个基础，企业安全机制是否能有效运行才是关键。企业应运用各种手段，如定期不定期抽查安全制度的实施情况；运用网络技术实时监督每一笔资金流向；对比分析企业价格成本资料；盘点实物等，对企业所建立机制的运行情况进行实时监控，以保证机制有效运行。

3）提高资金利用效率。港口岸电建设的目的是促进循环经济建设与环境保护的协调发展。发达国家的经验表明，只有以先进的技术为基础，通过严格的法律监督，才能实现控制污染、改善环境、发展循环经济的目标。所以要重视环保科学技术的开发，增加环保科技投入，保证资金专款专用，充分发挥效益。

4）项目完工分析。以全面性、探索性为原则，做实后期评价在项目建成投产并达到设计生产能力后，对项目前期工作、项目实施、项目运营情况的综合研究，衡量和分析项目的实际情况及其与预测情况的差距，确定有关项目预测是否正确，并分析原因，从项目完成过程中吸取经验教训，为今后提高投资项目的决策水平创造条件，并为提高项目投资效益提出切实可行的对策措施。在进行后评价时，既分析其投资过程，又分析其经营过程；不仅分析项目投资经济效益，而且分析经营管理的状况，发现问题并探索未来的发展方向，发掘项目的潜力。

小　　结

港口和航运业的发展推动了社会经济发展，但是靠港的船舶也是港口地区大气污染物的重要来源，对空气环境质量造成严重影响。在港口全面推广岸电技术之后，将基本消除船舶靠港期间有害气体排放的问题，港口岸电技术是适应港口繁忙的营运要求、实现港口节能减排的重要技术，也是建设"绿色循环低碳港口"和提高码头竞争力的重要措施。

同时，船舶接用码头供电系统后，可消除自备发电机组运行产生的噪声污染，减小噪声扰民问题，这不仅是各港口可持续发展的重要举措，也是构建和谐城区、改善港区环境质量，协调港口与城市发展的重要举措，具有重大社会效益。

此外，大力发展港口船舶岸电项目，在实现节能减排，改善港口环境的同时，还可以建立电能替代新模式，开发电网企业新的终端用户群体，增加电网企业的经营性收入。具有良好的经济性，适宜大力推广应用。

本章分析了港口岸电工程的商业模式，详细分析了各关键要素，重点讨论了合同能源管理模式在港口岸电工程中的适用条件，得出了通过分享岸电运营效益，逐步收回投资并获得良好的经济回报，有效缓解港口企业资金压力、降低投资风险的有效途径。为港口岸电技术的推广找到了行之有效的办法。

参考文献

[1] 刘艳茹. 智能用电小区推广应用的商业模式研究 [D]. 北京：华北电力大学，2011.

[2] 赖单宏，陈文炜，黄文焘. 岸电技术经济性分析 [J]. 港工技术，2016，53 (3)：57 - 62.

[3] 周红勇，周耀. 盐城大丰港船舶岸电系统实施方案及相关问题分析 [J]. 电力需求侧管理，2016，18 (4)：35 - 40.

[4] 佟志国. 天津港船舶岸电系统技术经济研究 [D]. 天津：天津大学，2013.

[5] 陈元志. 合同能源管理的商业模式与运行机制 [J]. 改革与战略，2012，28 (3)：51 - 53.

[6] 刘海燕. 合同能源管理模式在港口节能技术改造中的应用 [J]. 港口科技，2011 (2)：21 - 23.

[7] 王金旺. 船舶岸电技术应用研究 [D]. 北京：华北电力大学，2015.

[8] 李斌. 发展港口岸电系统 助推全社会节能减排 [J]. 电力需求侧管理，2015，17 (4)：1 - 6.

[9] 刘春发. 践行绩效全闭环管理模式 [J]. 施工企业管理，2012 (2)：45.

[10] 张建. 循环经济模式下企业投资问题的探讨 [J]. 商业会计，2010 (7)：39 - 40.

[11] 刘祥龙. 例解基于平衡计分卡的国网集体企业全面预算管理 [J]. 财会月刊，2017 (7)：93 - 99.

第八章

港口智能用电的政策及推广

当前，我国的港口发展面临着一些发展瓶颈，尤其是节能减排问题。我国港口以前停靠码头的船舶，必须采用船舶辅助发电满足用电需求，然而这种船舶燃油供电燃料利用率不高、损耗比较严重，而且也对城市环境造成了不良影响。对此，我国应积极出台相关政策，推动靠港船舶使用岸电，努力实现我国港航产业绿色、可持续发展。靠港船舶的岸电供电是指船舶在停靠港口码头期间，让靠泊船只关闭船舶自备辅助发电机，转而使用港口方提供的清洁能源向主要船载系统供电的技术，对保护大气质量具有重要作用。

第一节　国家对港口智能用电的相关支持政策

一、相关支持政策

1. 国家政策

我国航运资源丰富，全球十大港口中我国占据八席，吞吐量约占全球的四分之一。随着"一带一路"战略的发展，我国与国际交往日益紧密，船舶运输所带来的环境污染问题也日益突出。

以往船舶在港口靠泊装卸货物时，均由其自身配备的发电机发电。据测算，2013 年我国船舶二氧化硫排放量约占排放总量的 8.4%，氮氧化物排放量占 11.3%。船舶污染成为我国沿海、沿江城市空气污染的重要源头，如图 8-1 所示。

大力推广岸电，改善港口环境势在必行。目前，船舶岸电已经纳入《国家重点节能技术推广目录（第五批）》，中央财政对靠

图 8-1　船舶污染

港船舶使用岸电推广也已出台了相关政策，在财政部、交通运输部联合印发的《交通运输节能减排专项资金管理暂行办法》及每年的专项资金申报指南中，已明确将靠港使用岸电技术列入优先支持领域。

2011年，《交通运输"十二五"发展规划》出台，提出2011—2015年实施绿色港航建设工程，加快推进船舶靠港使用岸电。

2011年5月，中国船级社发布了《船舶高压岸电系统检验原则》，该原则为现阶段国内船舶安装岸电系统入级检测提供依据，并为国内船舶岸电的设计、产品制造、建造改造提供船基设施标准，且为安装上船的高压岸电设备检验和发证。

2012年7月4日，交通部颁布并实施的《码头船舶岸电设施建设技术规范》(JTS155—2012)和《港口船舶岸基供电系统技术条件》(JT/T 814—2012)，其主要是针对船舶岸电系统的岸基部分进行的一般性的规定，并提出"新建集装箱码头、干散货码头、邮轮码头和客滚轮码头，应在工程项目规划、设计和建设中包含码头船舶岸电设施内容"的强制要求。

2012年7月，交通运输部发布了《港口船舶岸基供电系统操作技术规程》(JT/T 815—2012)，尝试对船舶岸电系统日常运营管理从工作流程和应履行的手续等方面进行了规定。

2015年8月，交通运输部印发《船舶与港口污染防治专项行动实施方案（2015—2020年）》，明确了船舶与港口污染防治专项行动工作目标，其中包括到2020年，主要港口90%的港作船舶、公务船舶靠泊使用岸电，50%的集装箱、客滚和邮轮专业化码头具备向船舶供应岸电的能力。同时，推动建立船舶使用岸电的供售电机制和激励机制，降低岸电使用成本，引导靠港船舶使用岸电。开展码头岸电示范项目建设，加快港口岸电设备设施建设和船舶受电设施设备改造。2015年年底前，加大码头岸电推进力度，发布一批新的示范项目名单。2016年年底前，积极协调配合有关部门建立靠港船舶使用岸电供售电机制；完善港口岸电设施建设相关标准和船舶使用岸电的鼓励政策。2018年年底前，重点在珠三角、长三角、环渤海（京津冀）排放控制区主要港口推进建设岸电设施，鼓励其他港口积极推进船舶靠港使用岸电。

为进一步促进岸电的推广应用，2015年我国修订的《中华人民共和国大气污染防治法》、国家能源局印发的《配电网建设改造行动计划（2015—2020年）》和2016年国家八部委印发的《关于推进电能替代的指导意见》文件中，也都明确规定"船舶靠港应优先使用岸电"。

其中《配电网建设改造行动计划（2015—2020年）》提出推进实施岸电工程，加快制定船舶岸电相关技术标准，推进船舶岸电工程建设，推动关键技术、设备研发，规范岸基配套供电设施建设，如图8-2所示。建立港口船舶智能用电服务平台，实现船舶与电网双向互动。2015~2017年，在上海港、浙江宁波港、江苏连云港港、辽宁大连港、福建厦门港、河北沧州渤海新区港、重庆朝天门码头等港口开展船舶岸电试点工程建设，2020年，累计完成不少于50%港口的岸电工程建设。

2. 企业的参与和响应

为贯彻落实国家节能减排战略和大气污染治理要求，国家电网公司在2013年提出"以电代煤、以电代油，电从远方来，来的是清洁电"的电能替代理念，港口岸电作为

"以电代油"的重要组成和推进领域，被沿海和沿河的各地供电企业大力推广，取得了显著的环保成效。

国内航运企业和港口也顺应这一趋势，积极参与到岸电项目中。早在2004年，中海集运"新扬州"号就实现了在靠泊洛杉矶码头时使用AMP岸电系统。据不完全统计，其境内订造的40艘42.50TEU以上集装箱船中，有33艘装备了AMP设备。在此基础上，中海集运又与上港集团及蛇口集装箱码头携手合作，共同开展船舶岸电技术研发工作。

图8-2　港口岸电工程

除中海集运外，招商局集团在积极推广支线船舶岸电技术。2009年，青岛港招商局码头进行了靠泊船舶的改造，并在其支线船舶上试行了船舶岸电系统。除青岛港外，招商局集团还在其蛇口集装箱码头采用了岸电技术。

此外，河北远洋集团还和连云港集团积极合作，于2010年成功研发全球首套高压变频数字化船用岸电系统，并安装在1艘在航船舶"中韩之星"和1艘新建船舶"富强中国"上，如图8-3所示。

图8-3　中韩之星

另外，神华集团的新建散货船"神华501"轮也配备了高压岸电系统。船舶采用岸电技术能够实现节能减排，推进绿色航运，是大势所趋。

3. 产品标准

相关政策陆续出台后，相应的产品标准也相继推出：

中国船级社2011年9月20日以CCS通函的形式出台了《船舶高压岸电系统检验原则》。

连云港港口集团主编、交通部水科院为牵头单位编写的《港口船舶岸基供电系统技术条件》（JT/T 814—2012）及《港口船舶岸基供电系统操作技术规程》（JT/T 815—2012）（高压上船部分），已于2012年7月5日正式发布，2012年10月1日开始实施。

由交通运输部水运局主持，交通运输部部水运科学研究院为牵头单位，连云港港为参编单位编写的《码头船舶岸电设施建设技术规范》（JT S1.5.5—2012），已于2012年7月4日正式发布，2012年8月1日开始实施。

由交通运输部水运科学研究院主编、连云港港参编的《岸电技术标准及岸电建设规范》已作为行业标准于 2012 年实施，将于 2015 年 4 月份上升为国家标准，与美国联合制定岸电国际标准相关工作已经启动。

我国自主标准、政策的出台，为我国岸电建设提供了指导，为岸电的推广铺平了道路。

二、奖励措施

交通部将"靠港船舶使用岸电技术"列为交通运输节能减排专项资金优先支持项目，2011～2013 年分别给予已实施的岸电项目相当于建设成本 20％的资金奖励。

此外，为落实《大气污染防治法》、国务院《大气污染防治行动计划》《水污染防治行动计划》的船舶港口污染防治工作任务，国家将继续安排车辆购置税金以奖励的方式支持加快港口岸电设备设施建设和船舶受电设施设备改造项目。交通运输部制定发布了《靠港船舶使用岸电 2016—2018 年度项目奖励资金申请指南》，以帮助企业申请相关奖励资金。该资金奖励范围为 2016 年 1 月 1 日至 2018 年 3 月 31 日期间完成交工验收的靠港船舶使用岸电项目，包括沿海和内河港口岸电设备设施建设、船舶受电设施设备改造的项目（已纳入"十二五"期间区域性主题性交通运输节能减排项目补助的靠港船舶使用岸电项目除外）。奖励资金的使用原则上采取以奖代补方式，2016 年、2017 年、2018 年标准分别不超过项目设施设备购置费的 60％、50％、40％。

2014 年 9 月 22 日，深圳市出台《港口、船舶岸电设施和船用低硫油补贴资金管理暂行办法》，对港口已经建成竣工并通过验收核查的岸电设施按不超过项目建设费用 30％的标准资助；港口企业按 0.7 元/kWh 的价格与靠港期间使用岸电的船舶结算电费；对港口企业岸电电费成本与上述结算价格的差价给予全额补贴，并可根据岸电设施维护成本额外给予不超过电价成本 10％的价格补贴。

国家的各项补贴政策、奖励措施为港口岸电的发展提供了强大的动力，我国港口岸电的前景一片光明。

综上所述，港口岸电具有较好的经济效益和环境效益，与国家节能减排政策相吻合，可有力地减轻港口环境污染问题。但中国港口岸电技术还处于发展初期，技术有待改进，国家相关扶持政策有待完善，港口岸电的发展还存在较大阻力。随着国家环保力度进一步加大，港口岸电技术研究不断深入，发展港口岸电已成为解决港口环境问题的必然趋势。

第二节　地方对港口智能用电技术的相关支持政策

一、相关支持政策

随着国家对于港口岸电支持政策的相继出台，各地方政府也随之出台了相关政策支持港口岸电技术的发展，为岸电技术的推广奠定了坚实的基础。

1. 江苏省相关支持政策

在靠港船舶"以电代油"的环境保护优势逐渐显现的情况下，江苏省政府办公厅出台了《加快推广港口岸电系统的意见》，由江苏省经济和信息化委员会、江苏省交通运输厅等 6 个部门共同推进，要求年内建成 5 套高压、200 套低压和 3000 套小容量岸电系统，实现全省沿海港口岸电系统全覆盖。

与此同时，为加快推广港口岸电系统的建设，江苏省政府采取了如下工作措施：

（1）建立联动机制。由省经济和信息化委、省交通运输厅、省环保厅、江苏海事局、省物价局、省电力公司等部门和单位形成联动机制，加强港口岸电系统推广应用的组织协调，制订具体实施方案，协同推进相关工作。

（2）完善政策标准。省交通运输厅、省环保厅、江苏海事局对靠港船只污染物排放提出具体要求。省环保厅将港口船舶靠港污染物排放治理纳入大气污染防治年度计划。省物价局参照电动汽车充换电设施的价格政策，明确船舶岸基供电的用电价格和服务价格。省交通运输厅积极推动我省港口相关单位参与国家有关部门沿海港口岸电技术标准、船舶受电设施和相关接口技术标准的研究制定。省电力公司协助做好岸电设施、船舶受电系统、相关接口标准的对接，实现岸电系统建设的标准化、规范化和国际化。

（3）落实配套资金。省经济和信息化委员会在节能奖励资金中对项目给予一定扶持，省交通运输厅按政策规定对符合条件的项目在节能减排专项中予以资金支持，省环保厅在大气污染防治资金中给予项目建设资金补贴，省电力公司对岸电改造引起的接入系统增容改造费用、设计施工费用予以适当减免。鼓励各地加大岸电系统推广的支持力度，出台岸电系统建设扶持政策，加快岸电系统推广进程。

（4）加强督查协调。定期召开工作协调会，及时解决岸电系统推广工作中遇到的矛盾和问题，努力完成年度目标任务。加强港口船舶靠港排放情况的监测和督查，对已经具备岸电设施的港口，鼓励靠港船舶创造条件使用岸电设施，充分发挥岸电设施功效，助力全省节能减排。

据统计，江苏省港口拥有生产用泊位 7474 个，其中万吨级以上的 455 个。初步测算，如果全省境内全部靠港船舶均使用岸电，每年将节省燃油 70 余万吨，减排氮氧化物 8000 余吨、二氧化硫 4000 余吨。目前，盐城大丰港等港口已建成一批示范项目，江苏省正在推动自主创新的港口岸电系统技术标准上升为国家标准。

目前，江苏省已建成 12 套高压、559 套低压和 3476 套小容量低压岸电系统，国网江苏省电力公司出资在南京龙潭港、盐城大丰港等地建成了一批岸电示范项目，江苏省在全国率先实现"江、河、湖、海"岸电系统全覆盖。

2. 上海市相关支持政策

上海市人民政府批准同意市交通委、市发改委和市财政局等部门共同研究制订的《上海港靠泊国际航行船舶岸基供电试点工作方案》（以下简称《工作方案》）。该《工作方案》已由上述三个部门联合印发实施。

根据《工作方案》，上海市将通过节能减排专项资金与港口建设费，共同支持国际集装箱码头和邮轮码头投资建设和使用岸基供电设施，支持范围包括岸电设施建设费、电力增容费、船舶使用岸电所致的电费差价和运行维护费。

根据上海市环境监测中心数据显示，在上海市大气污染物排放清单中，国际航行船舶是船舶排放的首要来源，其排放占船舶排放比例达 90% 以上。尤其是停泊靠岸期间，因使用发电机所产生的污染排放给本市空气环境质量带来很大压力。而使用岸电后，其 NO_x 排放将减少 99%，颗粒物排放也只相当于辅机发电时的 3～17%。这一做法在北美、欧洲等国已被较多使用，国内尚处于起步阶段。

目前上海市洋山冠东码头和吴淞邮轮码头已启动岸电建设工作，如图8-4、图8-5所示，大型远洋集装箱船舶有望实现在中国境内靠港使用岸电。今后，上海市使用岸电基供电的码头和船舶范围都将进一步扩大。

图8-4　吴淞邮轮码头港口岸电工程

图8-5　洋山冠东码头岸电工程

3. 泰州市相关支持政策

按照建设"生态名城"的要求，泰州市紧紧抓住能源生产消费革命和大气污染防治的重要战略机遇，坚持统筹推进与属地管理相结合，按照"谁投资，谁受益""因地制宜，循序渐进"的原则，加快推进港口岸电系统建设，加大港口船舶靠港辅机发电污染治理，减少船舶硫氧化物等废气排放，提高港口绿色生产水平。

为全力推广港口岸电系统建设，泰州市政府制定了如下任务目标：在沿江万吨级码头推进低压岸电系统，在内河码头推广一批船用供电设施，实现沿江港口普遍性推广，沿河码头规范性建设，在全省率先实现沿江、沿河岸电系统全覆盖。2015年，确保按期完成《泰州市2015年大气污染防治工作计划》中明确的港口岸电项目建设任务，并以市（区）为单位打造 1～2 个沿江港口岸电系统建设示范区，实现示范区内沿江港口岸电系统全覆盖。逐步实现泰州境内沿江、内河所有泊位岸电系统全覆盖，图 8-6 所示为泰州市港口岸电系统。

与此同时，为保障港口岸电工程的顺利实施，泰州市政府采取了如下重点举措和保障措施。

重点举措：

（1）认真落实岸电系统建设使用补贴政策。认真落实省政府出台的相关补贴政策，在此基础上，充分研究论证，尽快制定符合泰州地区实际的岸电建设和使用补贴政策，利用经济杠杆，引

图 8-6　泰州市港口岸电系统

导港口企业投资建设岸电系统、船运公司积极使用岸电系统。

（2）加强港口企业节能减排目标任务考核。根据国家环保相关要求，明确港口企业污染物排放目标任务，将港口岸电建设工作纳入对港口企业的相关管理及节能减排目标任务考核。

（3）出台岸电系统运营收费标准。组织对岸电设备的用电成本、运维成本、用工成本等进行调研，参照电动汽车充换电设施用电和服务价格政策，制定出台岸电服务收费价格，规范港口企业岸电系统运营行为。

（4）国有港口、码头先行建设。在国有的公用码头、水上服务区、待闸船舶等候区等处先行实施港口岸电系统建设，带动私营码头逐步实施。

（5）加强新建、扩建港口岸电建设的源头管控。将岸电系统建设纳入到今后新建、扩建港口的整体规划，确保岸电系统与码头主体工程同步建设、同步投运。

（6）落实配套电网建设。加大电网建设力度，确保满足港口岸电系统建设的用电需求。落实因港口岸电系统建设引起的配套电网改造支持和接入电网工程优惠等措施，降低企业初期投入，提高实施港口岸电系统建设的积极性。

（7）引导船舶积极使用岸电。发动船运企业签署岸电使用承诺书，引导泰州地区进出港船舶积极接用岸电，加强对靠港船舶接用岸电情况的监督抽查。

（8）加强对船舶用电规范性的检查。将船舶内部用电状况纳入船舶营运检验范畴，提升船舶安全用电水平。定期组织开展船舶接用岸电专项检查，杜绝私拉乱接，有效规范船舶接用岸电行为，确保用电安全。

保障措施：

（1）强化组织领导。推广岸电工作涉及港口、供电、船运等多个方面，涉及面广，工作难度大。成立由市交通运输局牵头，市经济和信息化委、环保局、物价局、泰州海事局、泰州供电公司等部门（单位）组成的港口岸电推广工作领导小组，加大对港口岸电推广的指导和协调力度。各市（区）应参照成立相应的工作领导小组，认真开展调查研究，制订具体工作方案，协同推进相关工作。

（2）加快实施进度。各市（区）岸电推广工作领导小组要督促港口企业从大局出

发，认真履行环保社会责任，加快开展岸电系统建设，确保完成本意见提出的工作目标。各相关部门（单位）要规范做好已投运岸电系统的运行维护工作，确保设备及船舶用电安全。

（3）加强工作督查。各市（区）岸电推广工作领导小组要定期召开协调推进会，协调解决工作中遇到的具体困难，加快岸电系统工程进度，确保各项目标任务按期完成。要加强对港口、船舶靠港排放的监测和监督力度，对于已经具备岸电设施的港口，要求靠港船舶创造条件使用岸电设施，充分发挥岸电设施功效，助力节能减排。市港口岸电推广工作领导小组将定期对港口岸电推广情况进行督查，并公布督查结果。

以上各地区的相关支持政策，为港口岸电技术在我国的推广应用提供了强有力的保障。在不久的将来，港口岸电技术必将惠及我们的生活。

二、奖励措施

1. 上海市奖励措施

（1）对岸电设施建设费用将按照投资额给予30%的节能减排专项补贴，并由港口建设费给予1∶1的配套补贴。

（2）对电力增容费将由电力公司减半收取，并由港口建设费补贴10%。

（3）为了避免相关设施"建而不用"，对建设补贴的申请条件做了前置要求，在以往项目竣工验收即可申请补贴的基础上，增加了"使用岸电的船舶艘次需达到具有接电设施船舶靠泊艘次的60%"的使用比率要求。

（4）考虑国际油价波动将影响船舶使用岸电的积极性，为更加充分合理地引导船舶企业使用岸电，设定了"油电联动"补贴标准调整机制，在全额补贴基本电价的基础上，对电度电价实行与新加坡普氏船用油价格挂钩，动态调整、定额补贴。此外，为进一步提高港口企业投资建设岸电设备的积极性，还将根据岸电设备的用电量对相关维护费用给予0.07元/kWh的补贴，同时鼓励码头所在区县给予配套政策支持。

2. 江苏省奖励措施

2015年6月26日，江苏省政府正式出台了《关于加快推广港口岸电系统工作意见》。江苏省环保厅为港口岸电建设提供20%的补贴资金，部分市政府，如连云港市政府为此提供15%的补贴资金。与此同时，为了推动港口岸电建设，国网江苏省电力公司承诺因建设过程中增容引起的公共电网改造费用由供电公司承担。南京供电公司推行如若建设方委托供电公司实施岸电系统工程，免除设计费，减免一半的安装费用的政策，以此降低岸电建设的一次性投资。

3. 深圳市奖励措施

2014年9月深圳市出台的《深圳市港口、船舶岸电设施和船用低硫油补贴资金管理暂行办法》，对港口岸电设施建设、船舶使用岸电和转用低硫油以无偿资助的方式给予财政补贴。

以上奖励措施，极大地促进了港口岸电工程在我国各地区的发展，为港口岸电的发展起到了积极的作用。

近年来，随着国家对节能减排、环境保护工作的不断重视，我国各行各业都在努力开拓思路，促进节能减排、环境保护工作的具体落实。国家电网公司提出的"以电代煤、以电代油、电从远方来"的构想逐渐成为社会共识，并得到了广泛的认可。船舶岸电技术作为港口节能减排的重要举措之一，其符合国家电网公司的倡导，且具有广阔的推广前景和深远的意义。

第三节　港口智能用电的推广策略

一、完善船舶岸基供电设施

岸电系统由安装在码头的供电系统和安装在船舶上的变电系统两大部分组成。码头供电系统由码头前沿港区变电所供电，经过变压、变频，将输入供电转化为满足船只需求的电源，利用电缆沟和输送栈桥等设施，将高压电缆敷设至码头前沿，码头前沿安装高压接线箱供船舶连接，通过船载变电站变压后为船舶供电。港口实施岸电供电需进行一些改造工作，一是对港区码头进行电力增容扩建，新建码头功率裕量大，可满足岸电供电需求，但对于老码头需对降压变压器进行增容改造；二是需加装大功率变频电源，这是由于我国港区供电采用 50Hz 的交流电制，而靠港船舶来自世界各地，许多国家船舶采用 60Hz 的交流电制；三是需加强港口码头的合理规划布局，合理选择岸电供电连接点，合理设置高低压变频系统和变压系统位置，使得低压电缆接线最短，节约投资，提高经济效益。图 8-7 所示为移动式岸基船用供电系统。

根据港口大小和停靠船舶类型，港口岸电的供电模式可以分为以下三类：高压模式、低压模式和低压小容量模式。

（1）高压模式。高压模式的供电方式是将码头电网 10kV，50Hz 高压变频变压转换为 6.6kV/6kV，60Hz/50Hz 高压电源，接入船上配备的船载变电设

图 8-7　移动式岸基船用供电系统

备变压后供船舶受电设备使用。特点：码头岸电系统的容量在 1MVA 以上，可采用高压供电方案；高压供电可减少电缆的根数和直径，一般只需要 1 根电缆连接；系统在安装时接驳比较方便。

（2）低压模式。低压模式的供电方式是将码头电网 10kV，50Hz 高压变频变压转换为 450V/400V，60Hz/50Hz 低压电源，直接接入船上供受电设备使用。特点：码头岸电系统的容量在 1MVA 以下，可以采用低压供电方案。

（3）低压小容量模式。低压小容量模式的供电方式是将码头配变 380V 三相低压电源，经低压一体化岸电桩输出 380V 或 220V 电源，接入船上供受电设备使用。特点：其适用于内河服务区、京杭运河渠划段及湖泊停靠船舶 1000 吨级左右的船舶；每个岸电桩分 220V 单相桩和 380V 三相桩，并且每个岸电桩有 2 个接口，可满足 2 艘船舶同时供电。

根据不同的应用场景和靠泊船舶的用电需求，岸电体系主要分为四类：高压大容量

岸电系统（电源容量为 3MVA、5MVA、8MVA、12MVA、15MVA）、高压岸电系统（电源容量为 1MVA、1.5MVA、2MVA）、低压岸电系统（电源容量为 0.2MVA、0.4MVA、0.6MVA、0.8MVA）、低压小容量岸电系统（电源容量为单相 220V 输出，8kVA；380V 三相输出，20kVA）。

不同类型的港口，适用的港口岸电系统是不同的，各港口类型适用的岸电系统方式见表 8-1。

表 8-1　　　　　　　　　　各港口类型适用的岸电系统

港口类型	岸电系统
沿海大型港口码头	高压大容量岸电系统
沿海、沿江中型港口码头	高压岸电系统；低压岸电系统
内河、湖泊小型码头及服务区	低压小容量岸电系统

当前，在推动靠港船舶使用岸电的实践过程中，仍有很多技术难题需要突破，全球港口在岸电应用方面尚处于探索阶段。一旦我国在岸电应用方面取得显著成果，形成全球化的岸电使用技术标准，不但会有效推动我国交通运输系统的建设工作，同时也将使我国为保护全球气候环境做出积极贡献，有助于我国树立负责任环境大国的形象。

二、研制智能化服务平台

目前，现有的港口岸电设施建设主要实现船舶靠港接电的功能，缺乏运营配套支撑系统实现岸电设施日常运营管理及开展运营业务服务。同时，随着港口企业规模的不断扩大，港口用电系统应用日趋广泛且数目不断增加，各系统间存在着诸多问题，港口的智能用电业务难以顺利开展。港口智能用电业务支撑平台主要实现对各类港口岸电设备及配套系统进行集中管理和分级控制，支持不同应用场景下港口岸电的运营业务；同时面向港口其他智能用电需求，解决系统间的数据集成、服务共享和流程编排等核心问题，支撑港口自身智能用电业务及社会增值服务。

1. 系统架构

港口智能用电业务支撑平台系统的逻辑架构分为三层，分别是终端设备层、网络通信层和业务应用层，如图 8-8 所示。

（1）终端设备层包括港口码头前沿的岸电接电设备、码头主要生产用电设备及其采集监控装置，主要实现港口对船舶的岸基供电功能以及岸电设备的信息采集、状态监测和运营信息汇总。岸电设备主要包括岸电插座箱、岸电桩、控制器、采集设备、计量装置、网络传输装置以及港口岸电监控系统等。采集设备主要实现岸电接电装置的数据采集、监控和传输，如智能电表、能效监测终端、电能质量检测仪等，港口岸电监控系统主要实现港口各用电设备运行信息的汇总监控与信息上传。终端设备层主要实现本地设备间的信息传输监控与上传，支持光纤、CAN、电力线载波通信以及 RS232 或 RS485 等多种本地通信方式。

（2）网络通信层是联系码头前场岸电设备及其他用电设备与港口智能用电业务支撑

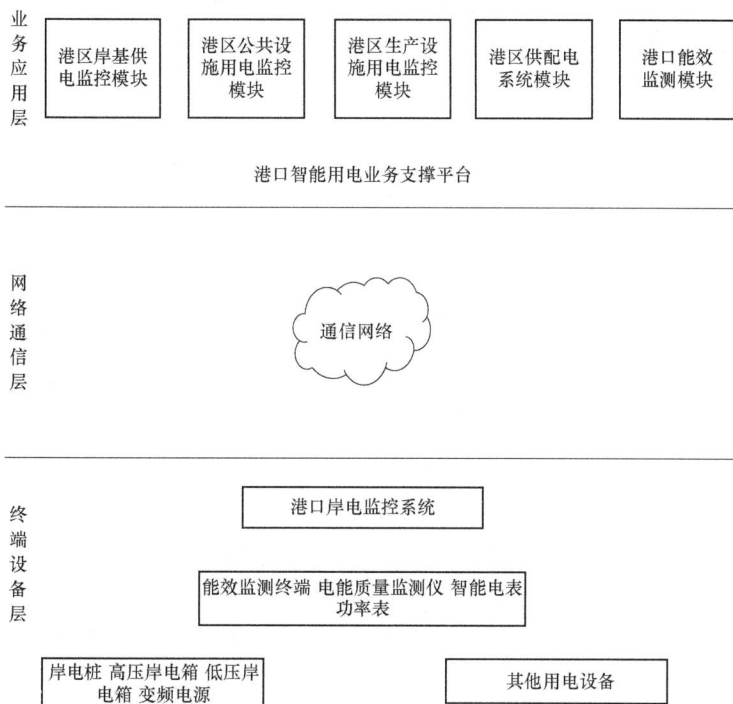

图 8-8　港口智能用电业务支撑平台系统逻辑架构

平台的重要方式。港口的网络通信层主要采用互联网技术形式，根据设备使用的环境，可采用以太网、无线或光纤的通信方式。

（3）业务应用层主要以港口智能用电业务支撑平台为基础，通过融合港口已有的生产调度系统、港区配电自动化系统、港区照明控制系统等业务功能，实现港口岸电、公共设施用电、生产设施用电等港口智能用电业务的运营和管理。

2. 系统部署方式

根据港口码头的规模和岸电系统应用场景，港口智能用电业务支撑平台系统的部署可分为集中式部署和分布式部署两种方式。

集中部署主要针对内河服务区、航道渠化段等需要无人值守的岸电运营设备。可将业务支撑平台部署在省级或地市级范围的岸电运营公司。个人用户可以通过客户端系统登录来访问平台，可以通过预付费卡或个人移动终端支付的方式来实现岸电设备的使用和消费。集中部署的方式可以便捷实现一定区域范围内系统和设备的集中管理，方便用户使用区域范围内的所有岸电设备，系统整体建设周期短，并且易于维护。

分布式部署主要针对大型港口码头分级管理的要求，在港口集团及各码头公司分别部署一套业务支撑平台系统。集团公司的系统主要负责对下属各类码头岸电运营及其他智能用电业务的汇总管理和统计分析，各码头公司系统主要实现自身岸电及其他智能用电业务的业务应用和管理。

分布式实施有利于各码头自身的精细化管理。其次各个码头系统相对独立，系统安全性大幅提高。单个子系统故障，不会影响整个港口集团的岸电运营及智能用电业务。但是针对大型港口集团用户，分布式系统前期投资相对较大，系统集成要求高。

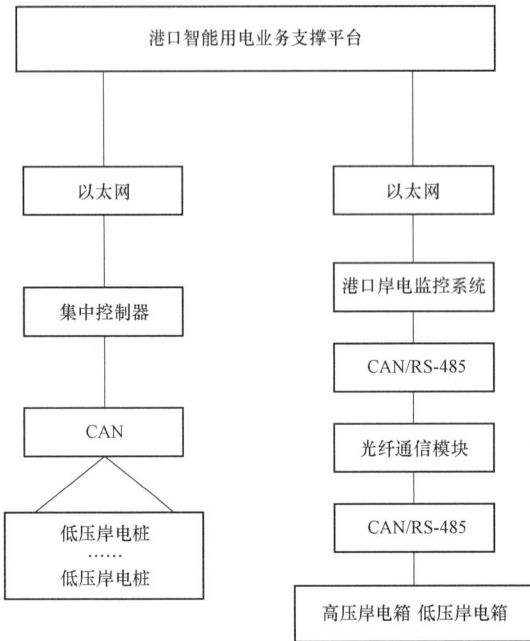

图 8-9　智能用电业务支撑平台通信网络结构

3. 系统通信方式

智能用电业务支撑平台与终端岸电设备的通信主要以以太网接入的形式为主。终端岸电设备采用 CAN、RS-485、光纤通信模块等方式，接入集中控制器或港口岸电监控系统，实现设备的管理与监测，同时完成设备信息的采集和通信。除此之外，终端设备还可以采用无线通信的方式直接与业务支撑平台进行数据交互。智能用电业务支撑平台通信网络结构如图 8-9 所示。

4. 平台业务扩展功能

港口智能用电业务支撑平台面向港口用电业务及服务，除支撑港口岸电运营外，还可提供港区公共设施管理、生产设施管理、供配电系统管理、港区能效监测及排放管理等增值业务功能。基于上述功能体系，最终实现对港区电能的辅助决策及使用优化，平台业务扩展功能如图 8-10 所示。

5. 平台应用前景

港口智能用电业务支撑平台是实现港口岸电运营和应用推广的信息化基础，是港口构建智能港口的关键环节。通过港口智能用电业务支撑平台可有效提升和扩展港口现有的用电服务，开展以岸电为代表的新型智能用电服务。同时，为后续第三方开展港口智能用电增值服务提供有效支撑。通过港口智能用电业务支撑平台，可实现港口单个系统的智能集成，支持终端设备和运营系统的接入，推动港口内部及港口和港口之间的信息共享和运营业务应用，促进智能用电业务在港口的发展和大规模应用。

现阶段港口岸电及其他港口智能用电业务还处于刚刚起步的阶段，港口现有运营支撑系统主要也围绕生产设备的使用和监测，港口缺少面向港口岸电运营及港口智能用电业务的支撑平台产品；针对不同港口岸电系统的应用场景，缺乏统一的运营业务支撑平台实现港口岸电服务的良性循环和长远发展；面向港口智能化、低碳化、园区化的发展趋势，港口智能用电业务支撑平台可有效承载港口发展的用电业务需求，拓展用电服务功能，开拓增值服务模式。现面向港口岸电运营的智能用电业务支撑平台正在江苏南京、泰州、盐城、无锡等不同港口码头试点建设和推广应用。

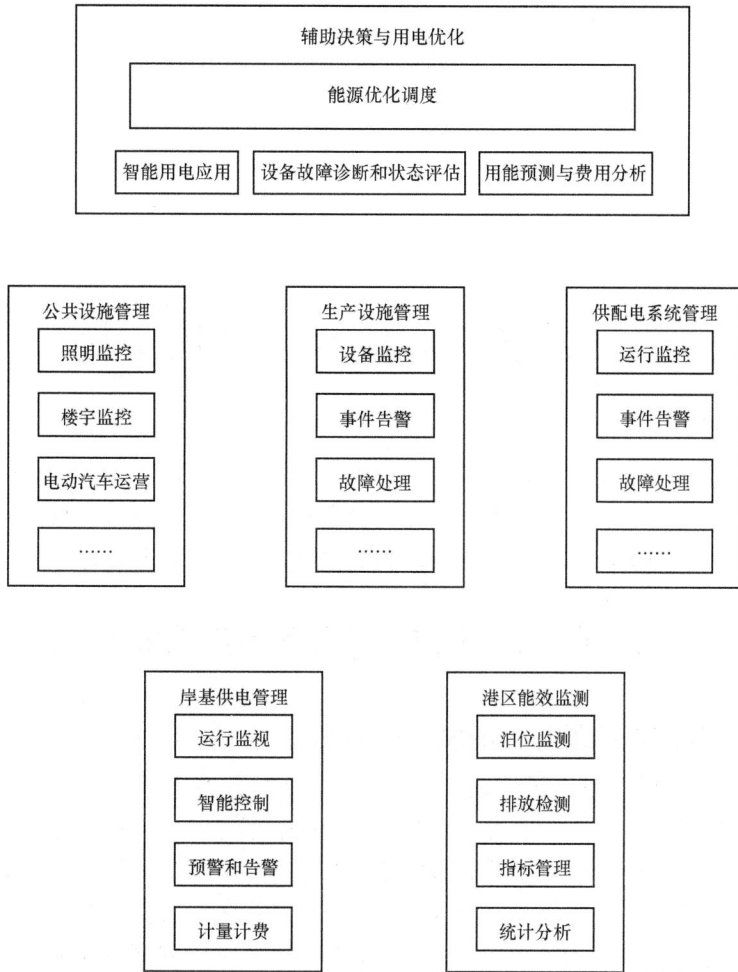

图 8 - 10　港口智能用电业务支撑平台扩展功能

参考文献

[1] 霍伟强，付威，徐广林，等．港口岸电技术及其推广分析 [J]．能源与节能，2017 (2)：2 - 5.

[2] 智连富，曲云，马安顺，等．港口岸电电能替代技术与效益分析 [J]．电子技术与软件工程，2016 (24)：109.

[3] 李金龙．推进靠港船舶使用岸电技术的政策建议 [J]．港口经济，2016 (8)：60 - 62.

[4] 黄堃，黄小钬，黄健，等．面向岸电运营的港口智能用电业务支撑平台设计 [J]．智能电网，2016 (6)：600 - 604.

[5] 赵春雨，王璐．浅谈港口岸电系统 [J]．品牌研究，2015 (3)：156 - 157.

[6] 黄细霞，包起帆，葛中雄，等．典型港口岸电比较及对中国港口岸电的启示 [J]．交通节能与环保，2009 (4)：2 - 5.

[7] 邱实．江苏港口岸电遍及江河湖海 [N]．国家电网报，2016 - 10 - 21 (001)．

第九章

港口智能用电技术的应用实例

科技的飞速发展推动了国内外港口智能用电技术的广泛应用，本章从国内外港口船舶岸电发展应用出发，简要介绍了几个极具代表性的国内港口岸电项目。同时，以大连港口岸电建设投产为例，具体阐述了港口岸电项目实施的方案及流程。

第一节 国内外港口岸电应用举例

一、国内外港口船舶岸电的发展及应用

早在 2000 年，瑞典哥德堡港就首次将岸电技术应用在其渡船码头，对船舶靠泊期间大气污染物减排发挥了重要作用。2007 年，在荷兰默兹河流域的鹿特丹港为内陆趸船供应岸电，极大地改善了船员的日常生活。此外，在欧盟的其他主要港口，如比利时安特卫普港的集装箱码头、泽布勒赫港、德国波罗的海的吕贝克港等港口也开展了岸电技术应用。在北美，2002 年，朱诺港首次将岸电技术应用在豪华游轮码头。2004 年，洛杉矶港首次将岸电技术应用在集装箱码头；2009 年，长滩港首次将其应用在码头。此外，北美其他一些港口，如休斯敦、理斯满、纽约、新泽西、西雅图、奥克兰、塔科马、温哥华和费城都开展了岸电项目。

国内港口岸电技术尚处于起步阶段。2009 年青岛港首先完成了 5000 吨级内贸支线码头低压岸电改造，为来往于招商局国际集装箱码头的船只服务；2010 年 3 月，全球首台移动式岸基船用变频变压供电系统在上海港外高桥二期集装箱码头试运行取得圆满成功，服务于集装箱船舶；2010 年宁波港一期岸电试点建成投产，二期于 2013 年建成投产，此后还进行了高压岸电的研发与试点建设，主要服务于集装箱船舶和散货船队；2010 年10 月，连云港港首次在国内实现高压船用岸电系统建设并应用于"中韩之星"游轮；2011~2012 年，蛇口港先后安装了低压和高压岸电系统为集装箱船服务；2014 年天津港东突堤码头的 17 个泊位和海河下游两岸的 28 个散货轮码头安装了低压岸电接电箱并投入使用。随着岸电在部分港口的试点成功，其他港口城市也开始有了岸电设施建设的计划。

自 20 世纪 90 年代到港口船舶使用岸电以来，世界上已有很多港口配备了岸电设施。岸电主要经历了从靠泊的滚装船和邮轮使用岸电扩展到游船、集装箱船、散货船等船型使用岸电，从早期码头为船舶提供低压岸电，逐步发展到以提供高压岸电为主的阶

段。2011 年，交通运输部发布的《公路水路箭筒运输节能减排"十二五"规划》等文件中指出推广靠泊船舶使用岸电技术，是港口及船舶节能减排的重要措施和迫切需要。在我国随着大气污染控制工作的不断推进，船舶污染已经引起相关部门的高度重视。2013 年 9 月国务院发布《大气污染防治行动计划》，指出要开展工程机械等非道路移动机械和船舶的污染控制。根据国内外经验，目前岸电技术是港口控制大气污染的有效手段之一。国内外岸电实施情况及应用详见表 9-1。

表 9-1　　　　　　　　　　　　　国内外岸电设施及应用

国家	港口	岸电基本情况	应用码头
瑞典	哥德堡港	高压 6.6kV/10kV、低压 400V；频率 50Hz	邮轮码头、客滚或渡船码头
	赫尔辛堡港	低压 400V/440V；频率 50Hz	—
	斯德哥尔摩港	低压 400V/690V；频率 50Hz	—
	皮堤阿港	高压 6kV；频率 50Hz	—
比利时	安特卫普港	高压 6.6kV；频率 50Hz/60Hz	集装箱码头
	泽布勒赫港	高压 6.6kV；频率 50Hz	客滚或渡船码头
芬兰	科密港	高压 6.6kV；频率 50Hz	客滚或渡船码头
	奥卢港	高压 6.6kV；频率 50Hz	客滚或渡船码头
	科特卡港	高压 6.6kV；频率 50Hz	客滚或渡船码头
德国	吕贝克港	高压 6.6kV；频率 50Hz	客滚或渡船码头
荷兰	鹿特丹港	—	集装箱码头
意大利	威尼斯港	—	邮轮码头
美国	洛杉矶港	高压 6.6kV/11kV；频率 60Hz	集装箱码头、邮轮码头
	长滩港	高压 6.6kV、低压 480V；频率 60Hz	集装箱码头、油码头
	旧金山港	高压 6.6kV/11kV；频率 60Hz	集装箱码头、邮轮码头
	圣地亚哥港	高压 6.6kV/11kV；频率 60Hz	邮轮码头
	西雅图港	高压 6.6kV/11kV；频率 60Hz	邮轮码头
	朱诺港	高压 6.6kV/11kV；频率 60Hz	邮轮码头
	匹兹堡港	低压 440V；频率 60Hz	—
	新泽西港		邮轮码头
加拿大	温哥华港	高压 6.6kV/11kV；频率 60Hz	邮轮码头
	鲁伯特王子港	—	集装箱码头
韩国	三星 LNG 天然气码头	高压 6.6kV；频率 60Hz	天然气码头
中国	天津港	高压 6.6kV、低压 380V；频率 50Hz/60Hz	工作船码头、集装箱码头
	青岛港	低压 440V；频率 50Hz	集装箱码头
	上海港	低压 440V；频率 50kV/60Hz	集装箱码头
	连云港港	高压 6.6kV、低压 440V；频率 50Hz/60Hz	客货班轮码头、散货码头
	宁波港	高压 6.6kV、低压 440V；频率 50Hz	集装箱码头、散货码头
	蛇口港	高压 6.6kV、低压 440V；频率 50Hz/60Hz	集装箱码头
	可门港（福建）	—	煤码头

注　"—"指暂无详细信息。

二、江苏首个高压岸电投用

江苏某港口的船用岸电工程从 2010 年 2 月启动，到 2010 年 10 月 24 日初步成功，召开"全球首套高压变频数字化船用岸电系统启用仪式"，历时半年。该港口的船用岸电与国内外已有的技术相比，具有不少优点。如，一根电缆，一个接口，操作简便；电缆从船上通过卷缆筒放到船上，省时省力；采用高压变频技术，船上安装船载变电站（包括高压电缆卷筒），岸上装高压变频装置，港口与船舶利益共享，责任共担。特别是高压上船，不间断供电，大大提高了效益，受到了船方的欢迎。

该港口 59 号泊位主要供某号客滚船停靠。在港口岸电工程实施前，该客滚船靠港时使用辅机发电，用以满足船上对冷藏、空调、加热、通信、照明等电力需求。在电能替代之前，船舶辅机持续运行，排放大量的空气污染物，对周围的环境造成了污染，并且使用燃油辅机的运营成本高，使用寿命也受到影响。如果使用电能替代，将带来以下三点好处。

（1）可减少能源消耗，减少环境污染。

（2）通过减少节省燃油费用，港口也可以提供港口岸电服务获得相应报酬。

（3）可以节约人力成本，辅机操作的船员不需要 24 小时值班。

1. 技术方案

变压器容量配置：输出电压，一路 6.6kV，隔离变压器 100V、415V、440V、690V 具体输出电压值可根据船方不同要求设计。

电力配套容量配置：供电电压等级 10kV，频率 50Hz，项目合同容量 11 600kVA。

项目商业模式：用户自主全资模式。在连云港港 59 号泊位港口岸电改造中，岸上设备由连云港港口集团投资，船上设备由船东投资。

2. 实施流程

首先做好项目规划和实施方案设计，确认场地、线路通道、设备均已符合要求；其次船舶加装岸电设备需要进行改造，确定变压器安装地点、电源接入船舶母线方式；再次组织高压变频电源系统、高压接线箱和船载岸电设备施工；最后项目竣工验收，正式投入运行。

三、南方电网智能岸电投用

日前，南方电网首个高压"港口岸电"项目在广东省珠海高栏港神华粤电珠海港煤炭码头建成投用。崭新的电缆桥架沿着码头廊道铺设，两台岸电接口箱整齐排列。自此，停靠在该码头的船舶将可利用清洁、环保的"岸电"替代船舶辅机燃油供电。据测算，项目每年给停靠船舶节约成本约 100 万元，减排二氧化碳 5620 吨。

"港口岸电"系统，简单来说，就是将岸上电力供到靠港船舶使用的整体设备，以替代船上自带的燃油辅机，满足船上生产作业、生活设施等设备的用电需求。

该项目由南方电网广东电网公司投资，并与神华粤电珠海港煤炭码头公司合作运营，此次建设的港口岸电系统包括安装 2000kVA 的成套变频电源设备，还铺设 5.9km 电力电缆，变频设备可满足国际和国内船舶不同的电源需求。

汽车、飞机辅助动力装置（APU）、靠港船舶使用燃油是大气污染排放的重要源头。数据显示，靠港船舶辅机燃油发电产生的碳排量占港口总碳排量的 40%～70%，是影响港口及所在城市空气质量的重要因素。"港口岸电项目建设，是响应珠海低碳生态发展模式的有效措施。"项目建成后，预计年用电量超过 360 万 kWh，替代燃油消耗 1778 吨，按过往靠港船舶数量测算，每年能减少 5620 吨二氧化碳排放量和 38 吨污染物排量。此外，在噪声抑制方面，可消除自备发电机组运行产生的噪声污染，为船员和港区居民提供更加舒适的生活和工作环境。

除了实际的成本价值和环保价值，这个国内最大规模的散货煤码头高压岸电项目还将对全国及珠三角地区形成示范引领作用，打造环境友好型港口。

2016 年 7 月，广东电网公司已在广东中山港口码头建成投运一个低压岸电示范项目，下一步，将在湛江、汕头、东莞、中山等地建设岸电服务设施。

电能替代是一种清洁化的能源消费方式，有利于减少大气污染、提高人民生活质量。2016 年，南方电网广东电网公司持续深入挖掘终端能源消费市场潜力，因地制宜推广电锅炉、热泵、电蓄冷空调、电窑炉、船舶岸电、电磁厨房、电动汽车等九类电能替代技术，创新工作机制，积极打造了一批电能替代示范项目。

港口岸电是我们电能替代的重要领域，此外，广东电网还划分出九大类替代技术领域，涵盖电动汽车、电磁厨具、电窑炉等，将积极以电能替代促进供给侧结构性改革。该公司制订了电能替代行动计划及具体推广措施，建立管理及跟踪服务体系，开展市场潜力研究，普及技术应用等。据统计，截至 2016 年 11 月底，广东电网已推动完成电能替代项目 229 个，并大力推广家庭电气化，预计年替代电量约 18.5 亿 kWh，促使电能占终端能源消费比重不断提升。

广东电网将继续积极推进电能替代工作，同时加强配套电网的建设和维护，提高供电保障能力，还将通过各种渠道大力传播电能替代工作成效和典型案例，提高公众的接受度与支持度，增强电能替代的信心。

四、浙江智能岸电港口建设

2015 年 11 月 12 日上午，宁波港股份有限公司远东集装箱码头 9 号泊位，七八名电力工人正推着线圈敷设电缆，至 2015 年年底，全省首个高压港口岸电项目在这里建成投运。之后停靠该码头的大吨位船舶无须再烧重油，只需将两条电缆与码头前沿的接电点相连，即可满足集装箱船舶的靠港用电。

大型船舶是港口主要的大气污染源之一，一艘中型集装箱船靠港期间一天排放的 PM2.5 污染物相当于 50 万辆"国四"小汽车一天的排放量。据统计，宁波—舟山港每年靠港船舶达 3 万艘次，船舶平均靠港时间为 10 小时，年耗重油达 6 万吨，船舶燃烧重油产生的污染已经成为港口区域最大的空气污染源。

2010 年起，宁波港股份有限公司开展了低压船舶接岸电设施建设，至今已经投资 600 万元，建成 58 个低压常频接电点，覆盖所辖全部集装箱码头和散货码头。近三年接岸电船舶累计超过 6000 艘次，用电量约 240 万 kWh，节约燃油成本 480 万元，减少排放二氧化碳、硫氧化物等污染物 1500 多吨。

然而由于低压常频岸电技术容量和频率的限制，只能满足宁波港三分之一的船舶靠港接岸电需求，对于另外三分之二需求容量大且频率为 60Hz 的大型船舶，低压常频岸电技术无能为力。

宁波供电公司与宁波港股份有限公司合作开展宁波港口智能岸电电能替代示范项目，双方共同投资 1800 万元，在宁波港集装箱码头和散货码头各建设一套高压变频船舶岸电电源系统。目前该项目已经进入实施阶段，远东集装箱码头岸电点建设项目今年年底将建成投运，中宅散货码头岸电点建设项目已完成设计，不久将开建。

在远东码头现场，码头泊位一侧的高压岸电工程配电房内，电气设备已安装到位。施工人员正在敷设 2050 米的高压及控制电缆。与国内其他城市比，宁波港的高压岸电工程采用了更为先进的智能变频技术，能根据停靠船舶的岸电受电设备自动调整电压和频率，适用于各国远洋船舶。远东码头的高压岸电工程投用后，年可减少各类气体污染物排放 2035.2 万标准立方米。

以绿色港口为目标，宁波港股份有限公司计划到 2020 年建设 50 个低压岸电点，4～6 个高压变频岸电点。

五、河北港口智能用电建设

从河北省沧州市区向东 80km 即使正在火热建设中的滨海新区，在京津冀协同发展和"一带一路"建设的大背景下，这里积极承接京、津的转移产业，各类企业落户的消息纷至沓来，这片土地正在迎接更加广阔的发展前景。

黄骅港，渤海新区的核心，年吞吐量 1.7 亿吨，我国第二大煤炭输出港，当下更是被冠上了许多新的头衔——智能港口试点、"一带一路"的物流中心、新欧亚大陆桥的东桥头堡等。

智能用电形成网络，以在线监测、远程诊断与云服务为代表的智能服务成为智能制造的重点内容之一，而供电正是智能服务的代表。作为河北南网区域内唯一拥有沿海港口供电职能的供电公司，国家电网沧州供电公司充分利用这一优势，相继推出"岸电上船""岸电入海"工程，以大数据、信息化技术将智能用电形成网络。

对于"岸电入海"工程，主要针对海洋石油钻井平台。在距离渤海新区海岸 10km 处，中石油有两处海上钻井作业平台，由于地理位置特殊，该平台脱离电网，只能采取"自发电"模式，依靠 2 万 kW 大型柴油发电机组维持平台设施运转，因燃油消耗大、设备折旧快，发电成本高达 1.8 元/kWh，且电源独立运行，供电可靠性差，对企业经济效益造成一定影响。

通过数据分析，借助距离海岸最近的变电站功能优势，从陆地援电入海，利用 110kV 变电站，向岸边架设 35kV 线路，再通过海底电缆连接客户海上作业平台变压器，经变压器对平台工作、生活设施供电，逐步替代海洋石油钻井平台自身柴油发电机组，实现由岸电带动平台作业的目的，为中石油海上钻井平台油气生产提供电力保障。自此，将海洋石油用电纳入到大电网系统，可以进行数字化的统一调度。

据悉，该工程于 2013 年 4 月立项，同年 11 月 10 日正式投运，总投资约为 5 亿元人民币。工程投运后年增售电量 1.6 亿 kWh，按 0.86 元/kWh 计算，此海洋钻井平台可节约 52% 的用电成本，而且岸电技术成熟，可靠性高，不易发生停电事故。

"岸电入海"只是沧州供电公司针对黄骅港实施的智能服务之一。第二项是"岸电上船"工程。2014 年 9 月，河北南网做了长达 60 页的《国网河北电力渤海新区智能港口岸电电能替代示范项目可行性研究报告》，具体负责项目实施的沧州供电公司在综合港区改造项目中采用 10kV 岸电应用系统，在 3000 吨码头试点建设项目中采用 0.4kV 岸电应用系统，通过变频、变压电源，解决了来自世界各国的船只用电设备电压、频率各不相同的难题，利用低压上船方式为靠港的船舶提供岸电支持，最终实现"船用岸电，以电代油"。

船用岸电技术，是指船舶在停泊码头期间接入码头的岸电电源，获得其泵组、通风、照明、通行和其他设施所需电力，关闭自身的柴油发电机组，既可以减少柴油燃烧颗粒及温室气体排放（港区内零排放），达到改善港口空气质量的目的，又可以使用价格低廉的电力从而降低船舶运营成本。

可行性报告指出，船舶岸电电源系统可分为三部分：岸上供电系统、电缆连接设备和船舶受电系统。岸上供电系统是将高压变电站交流电变频、变压后，供应到靠近船舶的连接点；电缆连接设备是指连接岸上供电箱和船舶受电装置间的电缆和设备；船舶受电系统是指在船上固定安装船舶受电系统，其主要包括电缆盘、船上变压设备以及船舶电气管理装置等。三部分完全以数字化相连接，形成了一个智能化的供电服务体系。

智能改造管理的环保账和经济账。

除了以大数据和新技术为特点的供电服务体系，对于黄骅港的智能改造还将继续引进合同能源管理等新模式，更好地算一笔环保账和经济账，这也符合工业 2025 中绿色制造的初衷。

首先是环保账。根据国际环保组织自然资源保护协会的《船舶港口空气污染防治白皮书》，一艘使用 3.5％含硫量燃油的中大型集装箱船，以 70％的功率行驶，其排放 PM2.5 的水平与 40 万量使用国四油品的货车相当。特别是船舶停靠期间，废气排放量更大。

由此可见，船舶在港靠泊期间，燃油发电机会产生大量有害物质，严重制约了港口的可持续发展。据了解，全球 70％的船舶废气排放发生在近港区域，其中 60％～90％发生在停泊期间，并且扩散速度很快，对港口附近区域尤其是人口密集区造成严重空气污染。据有关数据显示，使用岸电与正常的船用燃油相比，氮氧化物排放量减少 97％，氧化硫减少 96％，悬浮物排放量减少 96％，碳氧化物排放量减少 94％。

其次是经济账。长期以来，在港口运营管理中，码头船舶装卸货物、疏浚航道主要依靠船载发电机组提供动力，稳定性差且能耗高，每年船舶燃油费就占到码头运营总成本的 50％，而改造后比之前的用油可节约 52％的成本，这样算来每年可为港口运营节约 26％的成本，这是一笔巨大的经济账。

目前，北美和欧洲使用岸电数量较多，欧洲在推动减排的过程中，注重应用财政和经济手段，调整投入和产出的关系，具体措施包括免除靠港船舶使用岸电的税收和征收 15 欧元/吨二氧化碳排放的碳税。瑞典政府经欧盟批准，自 2011 年 11 月 1 日起，将靠港船舶使用岸电近似免税（税收由 0.28 瑞典克朗/kWh 降低到 0.005 瑞典克朗/kWh）。为促进靠港船用岸电技术的应用，2011 年年初，欧洲海港联合会（ES-PO）和欧共体船东协会（ECSA）联合要求，在修改 2003/96/EC 指令"欧共体能源产品和电力税收框架"时，免除靠港船舶使用岸电的税收，2011 年 4 月欧盟修改 2003/96/EC 指令时，明确 2020 年 12 月 31 日之前欧盟成员国应免除直接供应船舶使用电力的税收。

国内连云港其 59 号码头"中韩之星"渡轮实现了岸电接入。连云港港务公司的处理方式是以 0.8 元/kWh 的成本向电力公司购电，然后以 1.3 元/kWh 的价格卖给船方，以为船舶提供岸电用电服务费收取。如果靠船舶采用自身柴油发电机发电，用电成本在 1.8 元/kWh 左右，可见，靠港船舶采用岸电可降低船主 0.5 元/kWh 的用电成本。为了促进岸电技术的推广应用，应寻求一种可持续发展的岸电运营模式，此次黄骅港项目将对岸电运营模式进行探索应用，从岸电计量计费、合同能源管理、节能应用补贴等方面开展研究，提出切实可行的运营模式，促进岸电技术在国内的推广应用。

第二节　大连港口岸电应用实例

一、大连港口情况概述

国网辽宁省电力有限公司与大连港集团就港口船舶岸电项目进行沟通，双方就船舶岸电系统技术路线、资金分摊以及商务模式等方面进行了充分的交流，并达成了一致意见，大连港集团明确表态，在大连港建设船舶岸电系统意义重大，经济和社会效益好，在资金投入方面，由国网辽宁电力公司承担设备投资，线路引进，大连港港全力配合大连港港口船舶岸电试点工程项目的落地实施及现场操作。

示范工程要紧密切合国家相关节能政策要求，满足国家电网节能产业业务发展中的需求，吸取国内外先进技术经验，符合相关标准规范，主要设计、建设原则如下。

（1）突出典型样板，分步实施。按照功能区域模块化设计，形成典型功能区域样板，便于复制；整体工程在不影响正常生产工作的情况下，有序分步实施。

（2）整合资源，发挥优势。注重整合公司各级供电单位、科研机构、直属产业公司的资源，发挥各自优势，优质完成示范工程，推动公司节能产业链发展。

（3）符合标准规范。改造的各个方面，严格相关标准规范；方案同时支撑公司即将推行电力需求侧管理标准规范。

（4）具备较强的兼容性、可扩展性。系统架构呈现出较高的兼容性、可扩展性，便于系统进一步扩容和升级。

（5）先进性、成熟性。考虑到当前节能技术的飞速发展，在系统设计上要求紧跟时代的要求，提供一个先进的解决方案，保证系统在建成之后的一段时间内不会因技术落后而进行改造和调整，并保证能够通过升级扩容方式使系统不断满足增长的需求。

（6）安全性、可靠性。通过必要的技术手段确保系统数据安全、操作安全可靠，限制系统的非法侵入。

（7）兼容性、可扩展性。在系统的方案设计和设备选型中，要在实现当前要求的前提下，尽可能地保证系统与目前其他标准的兼容性，为系统的扩容扩展做充分的考虑，并在相应方面采取一定的措施，以便于将来的扩容。

（8）实用性、经济性强。系统的设计强调物尽其用的原则，提供一个满意的面向实际的方案。最终，方案设计和设备选型要在严格注意费用合理的前提下进行，不但要充分考虑其性能指标，而且要满足很好的经济性要求。

（9）可推广、复制性强。能够把设计方案应用到国内沿海各个港口，甚至泊位，也可以应用到国外的类似港口。

沿海港口船舶因分类方式的不同，同一条船舶可有不同的称呼。多数船舶是按船舶的用途分类称呼的。按用途的不同，可分为：集装箱船、散货船、滚装船、载驳船、散粮船、煤船、兼用船（矿石/油船、矿石/散货船/油船）、特种货船（运木船、冷藏船、汽车运输船等）、油船、液化气体船、液体化学品船等。其中以集装箱船和散货船最多，由于船舶用途的不同，船用电气设备的构成也不尽相同，如，由于冷藏箱的存在，集装箱船舶用电最大的特点就是容量大、符合稳定性要求。而散货船的用电负荷特点就是相对容量小，冲击负荷较大。为强化便捷用电示范工程的示范意义，针对目前港口码头停靠的两种类型典型船舶，建设具备相应适应性的港口船舶岸电系统，以此思路，本项目计划在大连港杂货码头公司煤炭作业公司栈桥位置以及大连港大窑湾港区集装箱码头各建设一套港口船舶岸电电源系统，具体如下。

1. 散货码头

散货码头选址大连港集团杂货码头公司煤炭作业公司栈桥位置 5 号泊位（见图 9-1），承建岸电电源数量 1 套，平均负荷 1000kW 以内，根据《码头船舶岸电设施建设技术规范》中岸电容量推荐选取船舶单台辅机容量的原则，18 万吨散货船（简单情况）单台辅机容量为 900kW，由于在靠岸装卸货期间需要开启两台 450kW 压载泵，算上船舶日常用电，最高负荷达 1500 kW，900 kW 不能满足船舶用电需求。加

图 9-1　大连港集团杂货码头公司煤炭作业公司栈桥卫星图

之考虑岸电系统安全稳定的需求，以及国内散货船改造的先例，选定容量为 2MW，进线电源为 10kV 50Hz，泊位前沿设置高压接线箱 2 台。散货码头岸电示范工程整体由船舶岸基供电系统，其由输配电系统、信息集控系统、功率变换系统、综合保护系统、电力连接系统等构成，转变为 6.6kV 60Hz 输出至码头接线箱。具体包括船舶岸电双频供电、船岸电切换装置、高压滤波补偿装置，并通过综合电力监控系统对所有设备进行电力监控，安全可靠地实现 6.6kV 60Hz 电源输出。

2. 集装箱码头

集装箱码头选址为大连港大窑湾港区 17 号泊位（见图 9-2、图 9-3），承建岸电电源数量 1 套，以 8000TEU 集装箱船为准，单台辅机容量为 2780kW，选定岸电电源容

量为 3MW，进线电源为 10kV 50Hz，泊位前沿设置高压接线箱 2 台。集装箱码头岸电示范工程整体由船舶岸基供电系统，其由输配电系统、信息集控系统、功率变换系统、综合保护系统、电力连接系统等构成，转变为 6.6kV 60Hz 输出至码头接线箱。具体包括船舶岸电双频供电、船岸电切换装置、高压滤波补偿装置，并通过综合电力监控系统对所有设备进行电力监控，从而实现 6.6kV 60Hz 电源输出。

图 9-2　大连港大窑湾港区泊位卫星图

图 9-3　大连港大窑湾港区现场图

3. 预期目标

通过此岸电示范项目的建设，预期达到以下目标。

（1）高质量完成港口船舶岸电系统建设。

（2）确保系统达到较高的使用率。

（3）减少由于大连港船舶自发电造成的环境污染。

（4）降低噪声和震动，改善船员、当地居民生活环境。

（5）降低船舶靠港期间用电成本，降低船舶自身发电设施的维护费用。

（6）摸索出一套成熟的港口船舶岸电项目商务合作模式。

（7）建立切实可行的智能港口电能替代新模式，推动开发电网公司新的终端用户。

二、实例背景

近年来，随着国家经济持续快速发展，港口建设的步伐越来越快，船舶停靠码头的数量和密度大幅增加，为此需要消耗大量燃油，形成了规模壮观的"海上流动烟囱"。船舶燃油供电受船舶自身设备质量、规模、品质等局限性影响，燃油利用率不高、损耗严重，且船舶柴油机产生的过剩电能又不能储存，消耗了大量的能源，造成了大量浪费，也对港口城市环境造成了巨大的破坏。通过对洛杉矶港和长滩港的分可知：①炼油厂、发电厂、汽车与港口的废气排放量比较集中，港口排放的有害气体超过汽车，南加州地区的柴油机废气 25% 来自于港口排放；②根据集装箱港口的废气排放分析，42% 的可吸入颗粒物 PM10 和 32% 的 NO_x 是由靠港船舶产生的，因此靠港船舶是港口节能减排的关键对象。船舶停靠码头所产生的巨大能源浪费和环境污染使得船舶在港口内的节能减排成为必然要求。

海运业务迅猛发展对不可再生能源消耗和环境污染造成了巨大压力。近 10 年间，由于政府和有关组织的强势干预，陆地高能耗和空气污染排放得到有效控制并呈逐渐下降趋势。然而，海运带来的能源消耗和环境污染状况却在持续不断地恶化。为了深入贯彻落实科学发展观，全面落实节约资源和保护环境基本国策，以提高能源利用效率、降低能源消耗强度和二氧化碳排放强度，节能减排将成为水运行业转变发展方式和产业结构调整的工作重点。因此，研究减少海运对能源消耗以及环境污染物排放的方法及技术对我国进一步发展海洋运输业务意义重大。

在港口全面推广岸电技术之后，将基本消除船舶靠港期间有害气体排放的问题，是适应港口繁忙的营运要求、实现港口节能减排的重要技术，也是建设"绿色循环低碳港口"和提高码头竞争力的重要措施。同时船舶接用码头供电系统后，可消除自备发电机组运行产生的噪声污染，减小噪声扰民问题，这不仅是各港口可持续发展的重要举措，也是构建和谐城区、改善港区环境质量，协调港口与城市发展的重要举措，具有重大社会效益。

繁忙的海运业带来经济繁荣的同时，船舶燃油发电引发的污染给环境造成巨大冲击，严重制约了港口城市的良性循环发展，危害着当地居民的身心健康，减少船舶停靠产生的污染已成为节能减排的必然要求。借鉴美国、欧洲利用岸电为船舶供电的成功经验，建设港口岸电设施为船舶供电替代燃油发电是解决港口污染的根本性措施。为了全面落实节约资源和保护环境基本国策，实施公司"以电代煤、以电代油、电从远方来"能源消费发展战略，在辽宁大连港建设港口岸电，推广以岸电供电替代燃油供电，不仅能够拓展公司售电市场，降低船舶用电成本，还能改善港口环境，具有较强的示范效应和良好的应用前景。

此外，大力发展港口船舶岸电项目，在实现节能减排，改善港口环境的同时，还可以建立电能替代新模式，开发电网企业新的终端用户群体，增加电网企业的经营性收入。

目前，世界上利用岸电为船舶供电的港口主要包括美国洛杉矶、瑞典哥德堡、加拿大温哥华等，都是港口电网向船舶电网同频率直接供电，主要供电形式为低压供电（洛杉矶港，低压 60Hz 直接供电）和高压供电（哥德堡港，高压 50Hz 直接供电）两种方式。

我国港口船舶岸电建设起步较晚，目前仅蛇口、连云港、上海外高桥、河北黄骅等少数几个国内港口建设了船舶岸电系统，但由于技术成熟度不高、商务模式模糊以及项目经济收益较差等原因造成国内港口船舶岸电建设推广相对迟缓。

大连港地处辽东半岛南端的大连湾内，港阔水深，冬季不冻，万吨货轮畅通无阻。大连是哈大线的终点，以东北三省为经济腹地，是东北的门户，也是东北地区最重要的综合性外贸口岸，是仅次于上海、秦皇岛的中国第三大海港。目前，全市拥有生产性泊位共 196 个，其中万吨级以上泊位 78 个，专业化泊位 78 个，港口通过能力达 2.4 亿吨，集装箱通过能力达近 800 万标箱，长期以来困扰大连的港口建设落后于港口生产的被动局面有了根本性的改变，初步形成了布局合理、层次分明、分工明确的现代化、专业化、集约化港口集群。这些港口以其泊位最多、功能最全、进出港船舶最多和现代化程度最高四项中国之最，构成了中国最大的港口群。从大窑湾至老虎滩近百千米的海岸线上，平均每 4km 就有一座港口，是中国港口密度最高的"黄金海岸"。繁忙的海运业带来经济繁荣的同时，船舶燃油发电引发的污染给当地的环境造成严重冲击，影响了当地居民的健康，在一定程度上破坏了城市的形象，进而制约了城市的良性循环发展。

三、项目技术方案

(一) 总体方案

变电站出线为工频 10kV 电源，并配有补偿装置，依次经移相变压器，高压变频电源装置，然后通过滤波装置，隔离变压器，转变为 6.6kV 60Hz 输出至码头接线箱。

电源输出分两路送至高压接线箱 1 和高压接线箱 2，两个接线箱位于泊位两侧。通过船舶电缆将船电与码头接线箱连接起来送至船载降压变压器（船上负载多为低压电器，所需电压由船上变压设备完成，相关规范文件请查阅中华人民共和国交通运输部发布的《码头船舶岸电设施建设技术规范》）。

方案系统单线图如图 9-4 所示。

本方案综合考虑了船舶岸基供电系统，其由输配电系统、信息集控系统、功率变换系统、综合保护系统、电力连接系统等构成。

作为岸基供电系统的核心设备——变频电源具有以下特点。

（1）能在各种性质的负载下包括电容性、电感性、混合型负载，输出稳定的电压和频率。

（2）输出频率稳定度：0～100% 负载变化时，输出频率不变。

（3）隔离电网免受冲击。变频电源起到与 10kV 电网隔离的作用，避免负荷变化对电网带来冲击，影响此 10kV 母线上其他设备的运行。

（4）变频电源的控制柜上有自动、手动控制选择。除具有远程控制以外变频电源还可实现本机控制，即可以通过变频电源本机操作面板"本机/远程"选择控制方式。

（5）变频电源均具有完备的通信接口，当选择远程控制时可以接收主控系统的各种指令。变频电源面向主控系统提供 ModBus 或 PROFIBUS 现场总线接口，通过该接口，可以向主控系统提供电源运行数据，并接受主控系统操作指令。

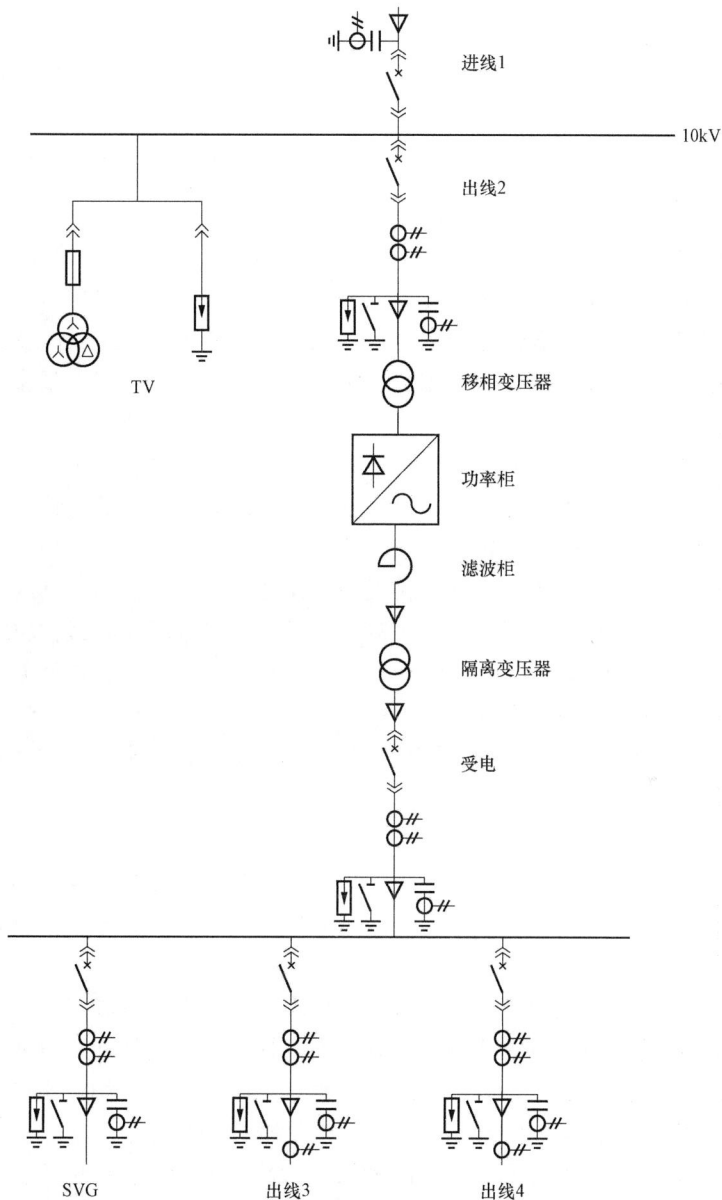

图 9-4　港口船舶岸电系统单线

通过通信接口主控系统可以读取表 9-2 所示的参数。

表 9-2　　　　　　　　　　　通信接口主控系统可读取参数表

序号	可读取参数
1	当前运行状态
2	当前应用模式和参数
3	运行参数：输入电压、电流、频率、功率；输出电压、电流、频率、功率

序号	可读取参数
4	功率因数
5	故障报警信号和故障代码
6	装置温度

（6）变频电源本身具有较完善的监视、报警和控制能力（含自诊断功能），具有与控制系统的通信接口，并反馈变频装置的主要状态信号和故障报警信号。

（7）变频电源有完善可靠的保护系统，该保护系统考虑到岸基供电变频电源运行的特殊性。对输入输出电源有完善的缺相、过压、欠压、过流、短路、超温、逆变器和输入变压器过热等保护功能（保护阀值任意设定），考虑对不同船舶的用电负荷的控制，当输出负荷容量达到任意设定值时发出预报警信号，以便控制用电负荷。

（8）变频电源内部采用光纤通信，每个单元与控制系统之间的通信互不干扰；强电与弱电信号分开走线；柜内设有屏蔽端子与接地排。

（9）变频电源对电网电压的波动有较强的适应能力，在-10%～+10%的电网电压波动时可以满载输出。在-30%～-15%输入电压时，可以降压降载输出。

（10）变频电源输入具备完善的预备措施，包括变压器预充磁和直流母线预充电措施，保证变频电源在上电时对电网没有冲击。

（11）变频电源的功率单元为模块化设计，方便从机架上抽出、移动和更换，所有同规格的单元可以互换。

（二）方案设计原则

（1）遵循全面性、先进性、适用性、差异性和前瞻性的原则，在总结国内外岸电技术经验的基础上，针对大连港口岸电建设的具体情况，提出具体建设方案，实现港口用电系统智能化。

（2）遵循创新试点示范原则，高要求、高标准、高质量完成港口岸电系统研究和建设工作，引领、示范国内港口智能用电系统建设，探索"以电代油"电能替代新模式。

（3）系统设计需遵循安全、高效的理念，最大化满足停港船舶的用电需求，减少船舶废气排放，降低噪声污染，实现港口及船舶节能减排的目标。

（4）系统在投入或退出时都应具有高度的可靠性、可用性、稳定性和少维护性。

（5）系统电能质量在谐波、电压偏差、电压不平衡度、电压波动和闪变等方面应满足相关的国家标准。

（三）船舶岸电系统布局

由于岸电系统主设备为高压变频电源等电力电子发热器件以及高压开关电缆等危险设备，考虑设备稳定运行的原因是岸电系统一般安置在泊位附近、通风系统良好的配电室内。

高压变电所和变频电源装置之间的连接电缆敷设在原有的地下电缆沟里。

合理的选择岸电连接点，放置两套岸电接线箱，使电缆连接距离最短，增强可操作性。

另外电源监控系统需要进行信息采集、岸电操作期间需要经常检查设备状态，配电室内可以设置监控操作室，方便可行。某些码头作业区特殊的场合中，现场建设安装位置有限，为了提升系统的便携性，也可采用系统集成集装箱的方式，但是码头恶劣盐雾环境及冷热温差给其带来一定的隐患。

总体来说，在现场条件允许的情况下使用配电室的方式较为稳妥。

（四）船电与岸电切换连接

针对船电、岸电切换连接过程中容易发生岸电电源和船舶自带电源短时并列运行状况，若此时船舶自带电源不满足并列运行条件，就会造成船电、岸电非同期合闸，容易发生事故。该岸电系统具备船电、岸电快速切换连接技术，通过船上同期装置，与岸电电源实现热并网，保证供电安全、可靠。

由于当岸基供电电压一定时，船载岸电设备低压端的电压是随负载变化而变化的（船载变压器在空载和额定负载状况下，其电压变化最大可达 10%～15%，由功率因素与变压器阻抗决定），为保证岸基供给船舶岸电低压端的电压稳定，保障船舶电气设备的正常运行，必须对岸基电源进行稳压和调压。

同时船舶电站与岸电并车，岸电和船电的频率、电压差、相位角必须满足相应的并车条件，如果岸电不加稳压和调压，岸电电压和船电电压的电压差很难全方位地满足并车条件，其结果很难达到 100%并车成功，为确保并车成功率，也必须对岸基电源进行稳压和调压。

针对到港大型船舶靠岸时间短，要求电缆安全、快速连接的问题，采取高压电缆上船，实现快速连接，提高岸电上船，并网接电效率。

（五）船舶岸电高压滤波补偿

1. 用电现状

由于船舶靠港期间用电负荷变化较大，以 18 万吨散货船为例日常停靠最低负荷为 350kW，而在生产期间最高负荷可达 1200kW，连同大型水泵的冲击负荷在内，最高可达 1500kW，对电源电压的稳定要求极高，即使高压岸电系统的智能控制部分能及时调整 IGBT 的脉冲触发角对失压进行部分补偿，然而由于系统自身容量有限，还需外部电网进行相应的补充，新型智能无功发生器的应用，采用可关断电力电子器件（IGBT）组成自换相桥式电路，经过电抗器并联在电网上，适当地调节桥式电路交流侧输出电压的幅值和相位，或者直接控制其交流侧电流。迅速吸收或者发出所需的无功功率，实现快速动态调节无功的目的。作为有源形补偿装置，不仅可以跟踪冲击型负载的冲击电流，而且可以对谐波电流也进行跟踪补偿。另外考虑到变电站所带的负荷及新增的岸电系统工作时会产生大量的谐波，影响主变及供电系统设备的正常运行，设置一套高压电能质量综合治理装置（SVG），可以消除谐波，提高电能质量，同时也可以提高功率因数，降低线路损耗，延长设备的使用寿命，保证主变、供电系统及岸电系统等免受谐波的影响，具有客观的经济效益。

2. 必要性与作用

（1）抑制系统电压波动及电压闪变。电压波动和闪变主要是负荷急剧变化引起的。×××港码头的起吊装置、传送带及船舶供电系统等设备启动和停止的瞬间使负荷急剧变化。负荷的急剧变化会导致负荷电流产生对应的剧烈波动，剧烈波动的电流使系统电压损耗快速变化，从而引起受电端电网电压闪变。

（2）响应速度更快，提高电网稳定性。可在极短的时间内完成从额定容性无功功率到额定感性无功功率的相互转换，这种无可比拟的响应速度完全可以胜任对冲击性负荷的补偿。

SVG 采用了 PWM 技术、多重化移相技术，不仅自身产生的谐波含量极低，还能够对负载的谐波进行滤除，实现有源滤波的功能。

（3）先进的动态无功补偿技术，提高功率因数，降低线损，节能降耗。船舶电力系统中的大量负荷，在运行中需要大量的无功；同时，输配电网络中的变压器、线路阻抗等也会产生一定的无功，导致系统功率因数降低。本装置不仅具有动态补偿系统无功功率的能力，还能够根据用户实际需要对电能质量进行综合补偿。

3. 补偿系统特点

（1）可靠性。SVG 动态补偿采用全模块设计，满足 IGBT 功率模块 N-1 运行方式，一个模块故障可旁路继续运行，可靠性高。模块化设计，安装、调试工作量小，基本免维护。通过控制控制柜进行自动控制，因此可实现连续可调，并且从最小容量到最大容量的过渡时间很短，因此可以真正实现柔性补偿。投运后免维护，无须专人职守。

（2）经济性。SVG 采用低电压可控硅控制，正常运行时无须承受高电压、大电流、采用自然冷却即可，投运后可实现免维护。输出电流小、开关频率低，运行损耗低，约为 0.5%～0.8%。为动态无功补偿经济效益最高。

SVG 为目前最先进的第三代补偿技术，补偿效果最好，避免了重复投资。

（3）安全性（保护类型）。SVG 是可控电流源，不会产生过电流、不会产生谐波电压放大，尤其适合变电站等对安全性要求高的用户使用。SVG 装置采用了综合保护策略，以提高装置可靠性。保护策略包括器件级保护、装置级保护和系统级保护三级，其中：

器件级保护的动作时限不超过 $200\mu s$，在发现器件过流、过压或驱动信号异常时，能够迅速实施保护。

装置级保护的动作时限为 $500\sim1000\mu s$，当发现装置有过载、直流电压过高等异常工况时，便实施保护。

系统级保护的动作时限为 $5\sim2000ms$，当发现系统失压、系统电压过高、冷却系统故障等异常工况时，便实施保护。

除了分级的保护策略外，控制单元为保护单元的后备保护，监测单元为控制单元的后备保护。这样，分级分层的综合保护策略大大提高了装置的可靠性。

SVG 保护类型还包括：母线过压、母线欠压、直流过压、过流、IGBT 元件损坏检测保护、控制系统电源异常、丢失同步电源、超温、保护输入接口、保护输出接口等保护功能。

（4）反应速度快。SVG 的响应速度快，可以实时跟踪冲击型负荷的波动，进行快速跟踪补偿。当 SVG 装置投入以后，所有的负荷无功都由 SVG 装置提供，系统提供的无功为跟踪系统无功变化，响应速度为 $0.5\mu s$ 完全达到快速补偿波动负荷的目的。

（5）扩容性。SVG 本体（含启动柜、功率柜、控制柜）户内安装，通过模块化设计，实际扩容只需要增加功率柜即可，可根据实际工况的不通，配置相同的功率柜，在投运后，也可根据实际的系统无功变化，扩充补偿无功容量。

（六）智能化监控

智能化监控与普通的电力监控有着本质的区别，不仅实现监控普通电力监控监测的电压、电流、功率及频率等，还有针对电源自身的各种状态及控制参数的监控。监控系统开发的界面具有以下部分：管理平台系统、控制系统、安全监控系统、各设备对应电表总管理平台、设备运行中能耗曲线分析图、设备运行报表、设备运行月报、三遥系统相应的界面、供电系统单线图、电流曲线、电压棒图。

（1）高低压配电技术。大功率港口供电设备安全防护要求很高，进线 10kV 高压开关柜、变频出线侧低压大电流开关柜要求具有过流、过压、过载、短路、缺相等保护功能，确保人员和设备安全。

（2）可靠性设计技术。所有变频、变压、高低压通断设备集成在标准舱内，整体设备要求适应高温、高湿、高腐蚀性、大负荷电流冲击等恶劣使用环境。

（3）保护功能。对输入输出电源有完善的缺相、过压、欠压、过流、短路、超温、逆变器和变压器过热等保护功能及报警装置（保护阀值任意设定），考虑对不同船舶的用电负荷的控制，当输出负荷容量达到任意设定值时发出预报警信号，以便控制用电负荷；当输出电压、频率连续超出 CCS 规范要求达 5 秒时，须自动切断输出回路。还应具有功率保护功能，保证岸电电源与船用电源安全并网。

（4）具备船舶电气发生故障，通过船上连锁控制信号，可断开变频装置主开关，切断供船舶的岸基供电电源的功能。包括但不限于以下功能：船舶 AMP 装置过流保护、船舶 AMP 装置欠/过压保护、船舶 AMP 装置频率异常保护、功率方向保护、三相不平衡保护、机械连锁保护。

系统实现与控制单元通信，可以对进线开关、变频电源、计量装置、进出线变压器、出线开关、码头接电箱、同步并网装置、无功补偿装置、所内照明、空调、通风、消防等全部系统的设备及其他附属控制设备等进行实时控制、参数修改、状态监测和故障记录与诊断等功能。变频电源站的继电保护系统还应具有遥调功能，保证不同船型设备用电的安全性、可靠性。

（七）设备配置说明及清单

由 2 路 10kV 电缆分别馈出至散货码头和集装箱码头高压变频装置。高压变频装置将 10kV/50Hz 工频电源经移相变压器，然后整流再逆变的过程转变为频率 60Hz，最后经隔离变压器输出 6.6kV/60Hz 模式并接至 2 个码头接电箱。主要设备包括：高压开关柜、高压变频装置、高压接电箱。其中高压变频装置主要由以下几部分组成：移相变压器柜、功率单元柜、滤波柜和智能控制柜等。整体结构由变压器、功率单元、控制部分组成，主电路采用若干个低压功率单元串联叠加方式实现高压输出，电网侧接入电压为 10kV，具体如下。

1. 高压开关柜

高压开关柜采用金属封闭式，并且满足现行国家标准《3kV～35kV 交流金属封闭开关设备和控制设备》（GB 3906—2006）的相关规定。防护等级达到 IP45，此外各个开关柜均设置微机综保装置，除在开关柜上保留应急手动操作分合闸手段外，其余全部的控制、测量、保护、报警、管理功能均由微机监控系统将有关信息参数上传至配电中心以及调度管理中心。开关柜参数：额定电压为 12kV；最大额定电流为 630A；额定短路开断电流为 25kA；4s 热稳定电流为 25kA；动稳定电流（峰值）为 80kA；最大闭合电流（峰值）为 80kA。

2. 移相变压器

移相变压器原边绕组直接连接到变频电源输入端，副边采用延边三角形连接，共 9 个不同的相位组，互差一定的电角度，形成 54 脉波的整流电路结构。

移相变压器是采用 NOMEX 绝缘材料制作的、绝缘等级为 H 级的干式变压器，在变压器中，具有相同标号的副边绕组相位一致，标号不同的副边绕组之间则具有一定的相位差，这样就可以消除电网中因功率单元内电力电子器件工作而产生的谐波电流，使输入电压、电流的总谐波含量（THD）远小于国家标准的要求，并且能保持接近 1 的输入功率因数，极大地改善了网侧电源的质量。实测的高压变频电源装置输入电压波形和电流波形如图 9-5 所示。

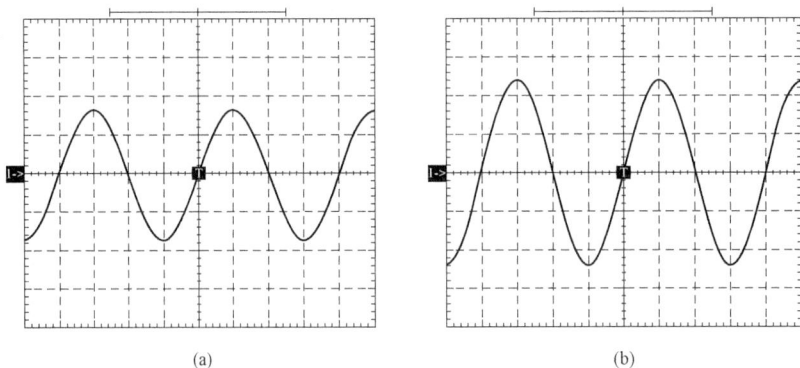

图 9-5　高压变频电源输入电压/电流波形图
（a）高压变频电源装置输入电流波形；（b）高压变频电源装置输入电压波形

移相变参数：输入电压为交流 10kV；输出电压为交流 690V；容量为 2000kVA/3000kVA；阻抗为 4.5%。

3. 功率单元柜

电网电压经过二次侧隔离变压器移相降压后向功率单元供电，功率单元为三相输入、单相输出的交－直－交 PWM 电源型逆变器结构。将相邻功率单元的输出端串接起来，形成 Y 联结构，实现变压变频的高压直接输出，供给三相负载。各功率单元分别由输入变压器的一组二次绕组供电，功率单元之间及变压器二次绕组间相互绝缘。此技术优点是每个变频功率单元比较稳定可靠，功率单元的串联个数决定变频电源的输出电压。输入功率单元由 27 个独立的功率单元组成，各单元之间具有互换性，便于维修更换，可以在短时间内进行维护，每一个功率单元都由主控制系统统一控制，保证输出完整的正弦波。

4. 滤波柜

用于吸收电网谐波，限制短路电流，优化电源质量，保证电源系统的安全运行。

5. 智能控制柜

智能控制柜内有主控系统，用来控制每个功率单元的输出，以保证电源的质量。控制系统有友好的人机界面，电网运行管理员可简单、方便地进行操作。主回路开关量信号引至柜内专门的端子上，便于上传中心集控动态模拟屏显示。控制接口为开放式系统，提供对外数据接口，实时将电源的运行工况上传到用户的上位机，让用户做到远程报警、显示作用。

6. 码头高压接电箱

根据船舶靠离泊时，缆绳对高压接线箱、船电高压电缆连接时对现场作业人员安全性影响，结构及安装将选择嵌入式安装、盖板始终是封闭结构，满足现场的安全需要，示意图如图 9-6 所示。

图 9-6　码头前沿高压接电箱示意图

单套船舶岸电系统相关技术参数见表 9-3。

表 9-3　　　　　　　散货码头 2MW 单套船舶岸电系统相关技术参数

序号	内容	参　数	备注
1	额定输入电压	10kV±10%	
2	额定输出电压	0~6.6kV（可调节）	
3	额定输入频率	50Hz±5%	
4	额定输出频率	0~60Hz（可调节）	
5	额定容量	2000kVA/3000kVA	
6	额定输出电流	200A /300A	
7	控制方式	V/F 控制	
8	效率	>96%	额定工况
9	输入侧功率因数	>0.95	
10	过载能力	110% 10min，120% 10s，150%立即保护	
11	输入整流脉波数	54/42	
12	输出电压电平数	29	
13	输出电压 THD	<3%	

序号	内容	参　数	备注
14	输出频率分辨率	0.01Hz	
15	输出电压分辨率	0.5%	
16	控制电源	AC380V	
17	通信接口	带有 LCD 显示、存储功能，全中文操作 RS232/RS485、Ethernet，通信协议公开	Modbus 协议、Profibus 协议、硬接线通信
18	冷却方式	强迫风冷	
19	保护功能	过流、过压、欠压、短路、接地、超温、通信故障等	
20	运行环境	0~40°，湿度 90% 以下，海拔 1000m 以下	

系统主要设备材料清单见表 9-4、表 9-5。

表 9-4　　　　　　散货码头 2MW 单套船舶岸电系统主要设备材料清单

序号	设备名称	规格型号	单位	数量	备注
1	10kV 进线柜		台	2	
2	10kV 出线柜		台	4	
3	10kV PT 柜		台	1	
4	10kV 计量柜		台	1	
5	干式移相整流变压器	10/2000	台	1	
6	变频功率单元组	10/690	套	27	
7	变频控制柜	CC-10	套	1	
8	隔离变压器		台	1	
9	高压插电箱		台	2	
10	专用通风冷却器		套	1	
11	高压滤波补偿系统		套	1	

表 9-5　　　　　　集装箱码头 3MW 单套船舶岸电系统主要设备材料清单

序号	设备名称	规格型号	单位	数量	备注
1	10kV 进线柜		台	2	
2	10kV 出线柜		台	4	
3	10kV PT 柜		台	1	
4	10kV 计量柜		台	1	
5	干式移相整流变压器	10/3000	台	1	
6	变频功率单元组	10/690	套	27	
7	变频控制柜	CC-10	套	1	
8	隔离变压器		台	1	

序号	设备名称	规格型号	单位	数量	备注
9	高压插电箱		台	2	
10	专用通风冷却器		套	1	
11	高压滤波补偿系统		套	1	
12	智能化监控系统		套	1	

（八）现场安装及散热方案

1. 安装方案

变频调速系统的柜体尺寸、外形尺寸和底板安装图请参看工程技术资料的有关图纸。所有的柜体都应该按图安装，在外围应留有充足的空间间距，以保证空气流动和最大的门摆动，以及维护所需的空间。提供进入安装基础的通道（过道间距等）和确保提供运输变频调速系统的辅助设备的空间。

整机安装尺寸要求（见图 9-7、图 9-8）。

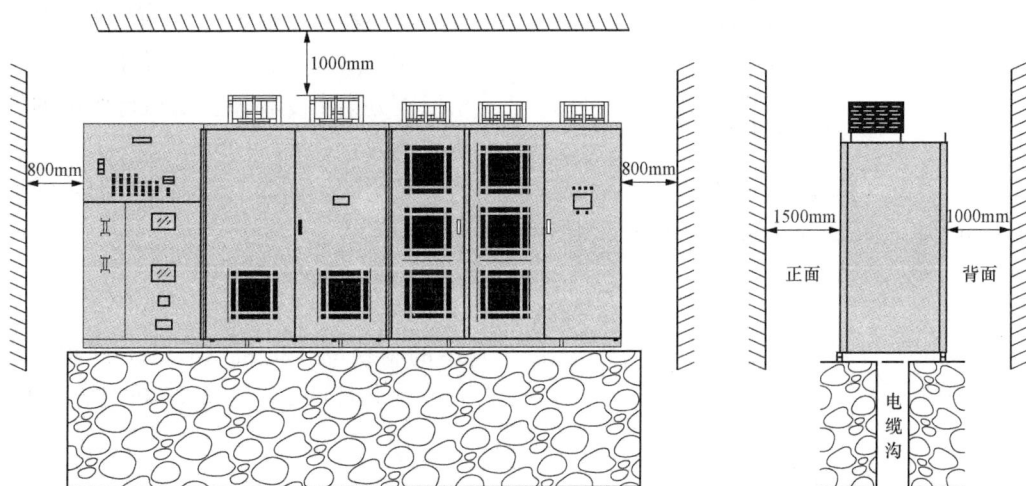

图 9-7 高压变频电源安装要求示意图（单位：mm）

装置背面距墙最小距离不得小于 1000mm，装置顶部与屋顶距离不得小于1000mm，装置正面离墙距离不得小于1500mm。装置侧面离墙距离不得小于800mm。

用水平仪检查基础水平，允许最大整体不平度＜5mm。如果地面不平，必须整平。高压功率线缆与低压信号线缆必须严格分开。

2. 散热方案

针对码头特殊的环境特点，比如盐雾、湿气较重等，推荐使用空调的散热方案。

（1）空调的制冷量。将高压变频调速器放置于一个比较封闭的房间内，然后在房间内安装空调，通过空调内部的循环将高压变频器产生的热量排到室外。变频器发热需要根据运行工况选择，考虑一定的裕量，最大发热量为变频器额定功率的 4%，变频器发热量选择为实际输出平均功率的 3.5%，如果长期运行频率低于 40Hz，则发热量可按照变频器额定功率的 2%进行估算，隔离变压器的发热量按 2%。按照房间实用面积计算空间单独空间制冷所需的空调容量，一般每平方米可以按照 0.15kW 计算（环境温度低于 40℃ 可以忽略此项）。

综上，空调总体的制冷量应为变频器的发热量加上空间制冷所需的制冷量。

$$Q_{空调制冷量} = \{Q_{变频器发热量} + Q_{隔离变压器发热量}\}$$
$$+ \{Q_{空间所需制冷量(小于40℃可忽略)}\}$$
$$= (W_{变频器输出功率} \times 3.5\%$$
$$+ W_{隔离变频器输出功率} \times 2\%)$$
$$+ (S_{房屋面积} \times 0.15)$$

（2）空调的匹数。所谓的空调"匹"数，指输入功率的大小，包括压缩机、风扇电机及电控部分所消耗的能量，制冷量以输出功率的多少计算。所说的空调是多少匹，是根据空调消耗功率估算出空调的制冷量。

$$X_{空调匹数} = Q_{空调制冷量} \div 2.5$$

所以本方案中变频器长期运行所需的空调匹数大概为：70 匹。

（3）空调的选型。空调在选型时，除通过匹数和机型选型外，还可以通过空调的输入功率选择。

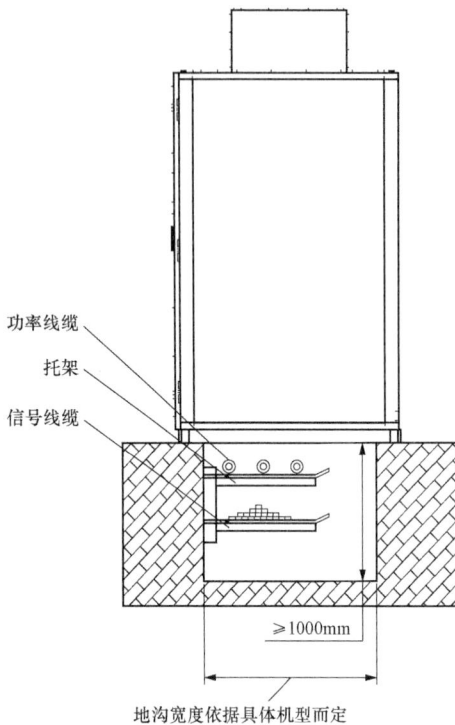

图 9-8 地基要求

1）按匹数选型。

$$X_{空调匹数} = Q_{空调制冷量} \div 2.5 = 70 匹$$

2）按机型选型。一般习惯用 1 匹等于 2500W 的制冷量（25 机型），1.5 匹约等于 3500 的制冷量（35 机型）。其余机型可以根据制冷量来估算匹数，比如 50 机型为两匹。

$$V_{机型} = Q_{空调制冷量} \div 100$$

3）按空调的耗电功率选型。

$$W_{功率} = Q_{空调制冷量} \div \eta_{能效比} \approx X_{空调匹数} \times 735（单位：W）$$

加装空调的优点是由于没有室内外空气的直接流通，容易保持室内环境的清洁，但是空调的可靠性会影响到系统的稳定性，初次投资和运行成本会相应增加。

（九）实施组织形式和管理措施

1. 施工计划

项目施工方在现场设 2 个施工分队对本项目进行施工，施工分队一为土建施工队，负责变电站的施工及码头前沿的土建打洞施工。施工分队二为电气施工队，负责设备安装、桥架管线敷设、电器元件连接和调试等。

整个工程计划为 5 个月完成，2 个月完成所有土建工程及建筑装修装饰工程，达到进设备的条件。第 3 个月中旬安装工作基本结束，全面进入调试与联调，确保本项目在 5 个月交付业主使用。

2. 施工组织与协调

（1）人力组织。通过研究工程特点，除选择优秀的项目班子成员外，并选派具有相

144

应劳务资质、技术成熟、组织严密、能打硬仗并有同类工程施工经验、能够连续施工的劳务施工队伍来负责本工程劳务施工。

（2）机具组织。根据工程需要，首先落实的联系混凝土运输车、搅拌机、泵车等，将在全单位内部调配落实，大宗材料的运输，将联系社会力量解决，自备运输车辆和小型机械将随施工队伍一起落实。

（3）现场协调准备。会同业主设备部、操作二部、业务部、生产服务部、安全管理部等单位，做好现场施工前的准备工作，包括施工许可手续、备案手续、现场动火许可、占用道路施工、原有设备区域施工等。

（4）技术准备。

1）组织图纸会审，制定图纸会审、图纸交底制度，尽可能把设计图纸上的疑问解决在施工之前。

2）修订和编制施工组织设计和施工方案，报业主代表认可。

3）根据一期工程资料及现场情况找准原平台桩基（桩帽）位置。

4）临水计算（临时施工用水量计算）。本工程现场用水分为施工用水、施工机械用水、生活用水和混凝土拌合用水四部分，根据现场实际情况，其用水量不大。

5）临电计算（临时施工用电计算）。施工现场从建设单位指定地点引入的动力电采用五芯电缆沿皮带机边缘设多级配电箱后接通至生产场地。生产、办公场地内的电源采用电杆架设三相五线电线接到用电设备。

3. 施工方案

（1）供配电设备安装工程。供配电设备包括进线柜、计量柜、变压器、岸电接电箱等柜体。

1）电源站内设备的安装。

a. 工艺流程。

设备开箱检查──→二次搬运──→基础型钢制作安装──→柜母线配制──→柜二次回路接线──→试验调试──→送电运行

b. 安装前准备。在安装前先落实土建以下工作是否已经完成。

①屋顶、楼板是否已施工完成，屋面、地面是否有渗漏现象。

②配电房、设备房的室内装饰工程是否已全面完成。

③各类预埋件是否已安装完成，是否符合设备安装条件。

④房间门窗是否安装完成。

⑤设备安装开始后不能再进行施工的其他工序是否全部完成。

高低压柜安装时，用叉车运到变电室的最近距离后，改用人工倒链倒运，动力柜可用人力搬运，搬运过程中要固定牢靠，以防受力不均，柜体变形或损坏部件。

c. 基础型钢制作安装。根据图纸要求，柜成排排列，安装在基础型钢上，配电室选用槽 10 的型钢。制作时先将有弯的槽钢矫平矫直，再按图纸要求预制加工好基础型钢，并进行除锈。基础型钢制好后，按图纸所标位置配合土建工程进行预埋。

安装基础槽钢时，应用水平尺找平、找正。基础槽钢安装的不平直度及水平度，每米长时应小于 1mm，全长时应小于 5mm。

埋设的配电柜的基础槽钢应做良好的接地。根据要求接地扁钢，两端分别与接地网进行焊接,焊接面为扁钢宽度的 2 倍。

槽钢上安装柜体,柜体找正时,柜与槽钢之间采用 0.5mm 铁片进行调整,但每处垫片最多不能超过 3 片。找平找正后,应盘面一致,排列整齐,柜与柜之间与柜体与侧挡板均应用螺栓拧紧,柜与柜之间接缝处的缝隙应小于 2mm,柜基础槽钢的顶部与侧面接缝处的允许安装偏差见表 9-6。

表 9-6　　　　　　　　　　接缝处允许的安装偏差

	项目			允许偏差(mm)	检验方法
1	基础型钢	顶部平直度	每米(全长)	1 (5)	各抽查 5 处。拉吊线尺量或用塞尺测量。每项各检测一点
2		侧面平直度	每米(全长)	1 (5)	
3	柜盘安装	每米垂直度		1.5	
4		盘顶垂直度	相邻两盘	2	
			成排	5	
5		盘面平整度	相邻两盘	1	
			成排	5	
6		盘间接缝		2	

柜的接地应牢固良好。每台柜宜单独与基础型钢做接地连接,每台柜从后面左下部的基础型钢侧面焊上鼻子,用不小于 6mm² 铜导线与柜上的接地端子连接牢固。

各柜之间采用母线连接,母线矫正、下料、加工、安装、涂色、刷油等均采用规范要求。

配电柜就位后一律采用螺栓与基础槽钢压接固定,严禁直接焊接。配电柜单独排列或成排排列时,其垂直度、水平度偏差以及盘面偏差和盘柜间接缝的总体偏差应满足相应规范要求。

d. 注意事项。

①抽屉推拉应灵活轻便,无卡阻、碰撞现象,同种规格的抽屉之间能灵活互换。

②抽屉的机械连锁及电气连锁装置应动作正确可靠,在断路器分闸后隔离开关才能分开。

③动触头与静触头的中心线应一致,触头接触紧密,以保证大电流通过触头不会过热。同时,抽屉与柜体间的二次回路连接插件亦能保持良好的接触。

④抽屉与柜体间的接触及柜体与框架间的接触应良好,抽屉与柜体间接地触头应紧密。当抽屉推入时,接地触头应比主触头先接触闭合,拉出时则相反。

柜内母线电器安装中,不同相的裸露载流部分之间及裸露载流部分与非绝缘的金属柜架之间的电气间隙应不小于 20mm,如不能满足此要求,必须采取绝缘防护措施。

e. 试验调整。

①试验内容:高压柜框架、母线、避雷器、高压瓷瓶、电压互感器、电流互感器、高压断路器等。

②调整内容:过流继电器、时间继电器、信号继电器调整及机械连锁调整。

③绝缘摇测:用 500V 摇表在端子板处测试每条回路的电阻,其值必须大

于 0.5MΩ。

④二次回路如有晶体管，集成电路，电子元件时，该部位的检查不准使用摇表，应使用万用表。

⑤接通临时控制电源和操作电源，分别模拟试验控制、连锁、操作、继电保护和信号动作。

f. 送电运行及验收。

①闭合高压进线柜开关，检查电压互感器柜上电压表是否电压正常。

②闭合变压器柜开关，检查变压器是否有电。

③闭合低压进线柜开关，检查电压表三相电压是否正常。

④送电空载运行 24 小时无异常情况，即可办理验收手续。

2）岸电接电箱的安装。岸电接电箱处于码头最前沿，考虑到各种干扰因素，箱子安装稳固与否至关重要，我们的设计方案采用剔除码头混凝土面层，利用钢筋与码头结构钢筋对接的方式，现浇岸电接电箱基础墩台，并在墩台的上表面预埋钢板。这样可确保接电箱稳固可靠。

a. 施工工艺流程。

现浇基础墩台──→岸电接电箱搬运吊装──→母线电缆压接──→柜内配线、校线──→柜盘调试──→试运验收

b. 操作工艺。岸电接电箱安装按工艺流程进行，应注意施工的先后顺序，按现场条件和作业情况，各过程也可适当分解或合并进行。

设备开箱检查：

①设备开箱检查由安装施工单位执行，供货单位、建设单位、监理单位参加，并做好检查记录。

②按设计图纸，设备清单核对设备件数。按设备装箱单和对设备本体及附件，备件的规格、型号。核对产品合格证及使用说明书等技术资料。

③箱体外观检查应无损伤及变形，油漆完整，色泽一致。

④箱内电器装置及元件齐全，安装牢固，无损伤无缺失。

⑤开箱检查应配合施工进度计划，结合现场条件，吊装手段和设备到货时间的长短灵活安排。设备开箱后应尽快就位，缩短现场存放时间和开箱后保管时间。可先做外观检查，柜内检查待就位后进行。

基础墩台现浇：

此部分制作工艺与电源站基础钢筋对接工艺类似，此处不再赘述。

其他安装方式与配电柜安装方式大体一致。

（2）电缆桥架、管线、电缆敷设。电源站的进线电缆从附近变电站预留高压馈电柜引出，利用采制样塔电缆桥架引到采制样控制室房顶，新建电缆桥架至电源站。

桥架安装工艺：

1）弹线定位。根据设计图确定出进线箱、柜等电气器具的安装位置，从始端至终端（先干线后支线），找好水平或垂直线，用粉线袋沿墙壁、顶棚和地面等处，在线路的中心线进行弹线，按照设计图要求及施工验收规范规定，分匀档距并用笔标出具体位置。

2）支架与吊架安装要求。

①支架与吊架所用钢材应平直，无显著扭曲。下料后长短偏差应在 5mm 范围内，切口处应无卷边、毛刺。

②钢支架与吊架应焊接牢固，无显著变形、焊缝均匀平整，焊缝长度应符合要求，不得出现裂缝、咬边、气孔、凹陷、漏焊、虚焊等缺陷。

③支架与吊架应安装牢固，保证横平竖直，在有坡度的建筑物上安装支架与吊架应与建筑物有相同的坡度。

④支架与吊架的规格一般不应小于扁铁 30mm×3mm；角钢 25mm×25mm×3mm。

⑤严禁用电气焊切割钢结构或轻钢龙骨任何部位，焊接后均应做防腐处理。

⑥万能吊具应采用定型产品，对线槽进行吊装，并应有各自独立的吊装卡具或支撑系统。

⑦固定支点间距一般不应大于 1.5～2m。在进出接线盒、箱、柜、转角、转弯和变形缝两端及丁字接头的三端 500mm 以内应设置固定支持点。

⑧支架与吊架距离上层楼板不应小于 150～200mm；距地面高度不应低于 100～150mm。

⑨严禁用木砖固定支架与吊架。

⑩轻钢龙骨上敷设线槽应各自有单独卡具吊装或支撑系统，吊杆直径不应小于 8mm；支撑应固定在主龙骨上，不允许固定在辅助龙骨上。

3）预埋吊杆、吊架。采用直径不小于 8mm 的圆钢，经过切割、调直、煨弯及焊接等步骤制作成吊杆、吊架。其端部应攻丝以便于调整。在配合土建结构中，应随着钢筋的同时，将吊杆或吊架锚固在所标出的固定位置。在混凝土浇注时，要留有专人看护，以防吊杆或吊架移位。拆模板时不得碰坏吊杆端部的螺纹。

4）预埋铁的自制加工尺寸不应小于 120mm×60mm×6mm；其锚固圆钢的直径不应小于 8mm。紧密配合土建结构的施工，将预埋铁的平面放在钢筋网片下面，紧模板，可以采用绑扎或焊接的方法将锚固圆定在钢筋网上。模板拆除后，预埋铁的平面应明露或吃进深度一般在 10～20mm，将扁钢或角钢制成的支架、吊架焊在上面并固定。

5）钢结构。可将支架或吊架直接焊在钢结构上的固定位置处。也可利用万能吊具进行安装。

6）金属膨胀螺栓安装要求。

①适用于 C5 以上混凝土构件及实心砖墙上，不适用于空心砖墙。

②钻孔直径的误差不得超过 +0.5～-0.3mm；深度误差不得超过 +3mm；钻孔后应将孔内残存的碎屑清除干净。

③螺栓固定后，其头部偏斜值不应大于 2mm。

④螺栓及套管的质量应符合产品的技术条件。

7）金属膨胀螺栓安装方法。

①首先沿着墙壁或顶板根据设计图进行弹线定位，标出固定点的位置。

②根据支架或吊架承重负荷，选择相应的金属膨胀螺栓及钻头，所选钻头的长度应大于套管长度。

③打孔的深度应以套管全部埋入墙内或顶板内后，表面平齐为宜。

④应先清除干净打好的孔洞内的碎屑，然后再用木槌或垫上木块后，用铁锤将膨胀螺栓敲进洞内，以保证套管与建筑物表面平齐，螺栓端部外露，敲击时不得损伤螺栓的螺纹。

⑤埋好螺栓后可用螺母配上相应的垫圈将支架或吊架直接固定在金属膨胀螺栓上。

8）桥架线槽敷设安装。

①桥架线槽直线段连接应采用连接板，用垫圈、弹簧垫圈、螺母紧固，接茬处应缝隙严密平齐。

②桥架线槽进行交叉、转弯、丁字连接时，应采用单通、二通、三通、四通或平面二通、平面三通等进行变通连接，导线接头处应设置接线盒或将导线接头放在电气器具内。

③桥架线槽与盒、箱、柜等接茬处，进线和出线口均应采用抱脚连接，并用螺钉紧固，末端应加装封堵。

④建筑物的表面如有坡度时，桥架线槽应随其变化坡度。待线槽全部敷设完毕后，应在配线之前进行调整检查。确认合格后再进行槽内配线。

9）吊装金属桥架线槽。万能性吊具一般应用在钢结构中，如工字钢、角钢、轻钢龙骨等结构，可预先将吊具、卡具、吊杆、吊装器组装成一整体，在标出的固定点位置处进行吊装，逐件的将吊装卡具压接在钢结构上，将顶丝拧牢。

①桥架线槽直线段组装时，应先做干线，再做分支线，将吊装器与线槽用蝶形夹卡固定在一起，按此方法，将线槽逐段组装成型。

②线槽与线槽可采用内连接头或外连接头，配上平垫和弹簧垫，用螺母固定。

③线槽交叉、丁字形、十字形应采用二通、三通、四通进行连接，导线接头处应设置接线盒或放置在电气器具内，线槽内绝不允许有导线接头。

④转弯部位应采用立上弯头和立下弯头，安装角度要适宜。

⑤出线口处应利用出线口盒进行连接，末端部位要装上封堵，在盒、箱、柜处应采用抱脚连接。

10）桥架线槽内保护地线安装。

①保护地线应根据设计图要求敷设在线槽内一侧，接地处螺丝直径不应小于 6mm；并且需要加平垫和弹簧垫圈，用螺母压接牢固。

②金属桥架线槽的宽度在 100mm 以内（含 100mm），两段线槽用连接板连接处（即连接板作地线时），每端螺丝固定点不少于 4 个；宽度在 200mm 以上（含 200mm）两段线槽用连接板连接的保护地线每端螺丝固定点不少于 6 个。

③桥架线槽盖板保护接地要求。当桥架线槽的底板对地距离低于 2.4m 时，桥架线槽本身和线槽盖板均必须加装保护地线。2.4m 以上的线槽盖板可不加保护地线。

11）桥架线槽内配线要求。

①桥架线槽内配线前应消除线槽内的积水和污物。

②在同一线槽内（包括绝缘在内）的导线截面积总和应该不超过内部截面积的 40%。

12）桥架线槽内配线方法。

①清扫线槽：清扫明敷线槽时，可用抹布擦净线槽内残留的杂物和积水，使线槽内

外保持清洁。清扫暗敷于地面内的线槽时，可先将带线穿通至出线口，然后将布条绑在带线一端，从另一端将布条拉出，反复多次就可将线槽内的杂物和积水清理干净；也可用空气压缩机将线槽内的杂物和积水吹出。

②放线：放线前应检查管与线槽连接处的护口是否齐全；导线和保护地线的选择是否符合设计图的要求；管进入盒时内外根母是否锁紧，确认无误后再放线。

电缆借用原有电缆桥架敷设的，需要打开原有电缆桥架的盖板，清扫落在原有电缆上的煤灰，清扫完毕后进行敷设，完成敷设后，将电缆盖板复位，并用钢带捆扎好。

电缆敷设前，应验收电缆桥架，电缆桥架的尺寸及电缆支架间距应符合设计要求，电缆桥架内应清洁干燥。

电缆在支架上敷设时，应按电压等级排列，高压在上面，低压在下面，控制电缆在最下面。

③电缆固定：垂直电缆敷设或大于45℃倾斜敷设的电缆在每个支架上固定。

交流单芯电缆或分相后的每相电缆固定用的夹具和支架，不形成闭合铁磁回路。

电缆排列整齐，少交叉；当设计无要求时电缆支持点间距不大于表9-7中的规定。

表9-7　　　　　　　　　　　电缆支持点间距

电缆种类		敷设方式	
		水平（mm）	垂直（mm）
电力电缆	全塑性	400	1000
	除全塑性外的电缆	800	1500
控制电缆		800	1000

④电缆挂标志牌：我们将严格按照业主的指示，在电缆的两端及敷设桥架中悬挂电缆标牌，标志牌规格应一致，并有防腐性能，挂装应牢固。

标志牌上应注明电缆编号、规格、型号、电压等级及起始位置。

电缆头的制作安装将严格按照招标文件及规范的要求，6kV采用冷缩接头，低压部分采用热缩接头。

（3）系统调试。

1）送电前的准备工作。安装作业全部完毕，质量检查部门检查全部合格后着手组织试运行工作。明确试运行指挥者，操作着和监护人。明确职责和各项操作制度。由建设单位备齐试验合格的验电器、绝缘靴、绝缘手套、临时接地编织铜线、绝缘胶垫、粉末灭火器等。彻底清扫全部设备及变配电室、控制室的灰尘。用吸尘器清扫电气、仪表元件。清除室内杂物、检查母线上、设备上有无遗留下的工具、金属材料及其他物件。查验试验报告单，试验项目全部合格，继电保护动作灵敏可靠，控制、连锁、信号等动作准确无误。

2）送电。由供电部门检查合格后，将电源送进配电室，经过验电校相无误，安装单位合进线柜开关受电，检查PT柜上电压表三相是否电压正常，并按以下步骤给其他柜送电：

闭合进线柜开关——→闭合变压器柜开关——→闭合低压柜进线开关

每次合闸后均要查看电压表三相是否电压正常。

3）校相。在低压联络柜内，在开关的上下侧（开关未合状态）进行同相校核。用电压表或万用表电压挡500V，用表的两个侧针分别接触两路的同相，此时电压表无读数，表示两路电同一相。用同样方法检查其他两相。

4）验收。送电空载运行24h无异常现象，办理验收手续，交建设单位使用。同时提交产品合格证，说明书，变更洽商记录，试验报告单等技术资料。工业项目在变配电交验后，经双方协商，有安装单位进行一段时间的保运。

4. 质量保证措施

（1）总体质量保证措施。项目部将根据工程实际情况建立健全质量责任制，配齐所需各种资源，落实质量责任制。

加强作业人员"质量第一、顾客至上"的质量意识教育。

实行持证上岗，严肃劳动纪律，谁出现质量问题追究谁的责任。

坚持计量设备的周期检验，增加见、测、试的频率，采用先进的计量设备、进行质量跟踪。

及时收集每项工程原始资料及隐蔽工程照片，认真填写各种资料并及时签认，同时为竣工文件做准备。

（2）工程原材料控制。施工用的工程原材料的规格、品种等各项技术特征，严格按规范要求进行抽检，不合格的不使用，钢材、设备、管道、电焊条都要有出厂合格证和检验单，对新材料代用材料等都要有技术鉴定合格说明，没有接到产品质量证明文件和经验证不合格的材料，禁止发放和使用。

采购物资的质量认定由采购员、材料员负责。进货前由采购员对产品的类别、型号、规格、数量、质量、证明文件、说明书及外观进行验证。

主要材料由材料员及仓管员共同进行验证，并根据国家和合同规定采用标准对产品质量证明书验证，验证合格的原始质量证明文件，由材料员编号、登记、存档管理。

使用前必须经过复验检验的物资，要按规范要求进行复验，未经复验或复验不合格的材料禁止投入使用。由材料员负责取样和送检，复检的数量、内容和标准按工程项目质量计划或规定的质量标准进行。凡设计文件有质量要求的建材，在使用前必须报送监理工程师审批，同意后方可使用。经复验合格，可用于工程的材料由材料员及时给予标识。

（3）文件和资料控制。对施工过程采用的文件进行控制，防止使用失效、作废的文件。

对施工过程所使用的各类文件将注意检查是否经过规定的审批，手续是否完备。只有合同规定采用或由单位技术部发布的有效技术规范、标准清单内的标准、规范方予使用，需使用其他标准、规范时，将申请办理审批手续。本项目设专职文件资料员负责进行文件资料的收集、编目、存档、保管，以确保文件的完整性，资料的准确性。

为工程质量符合规定要求和质量体系有效运行提供客观证据。质量记录分为四类：施工技术管理资料，工程质量保证资料，工程质量检验评定资料、质量体系运行资料。质量记录要求内容真实字迹清晰。设专人做好质量记录的收集、编目、归档及保管工作。

（4）确保工程质量针对性保证措施。

1）施工前的准备工作。

①组织有关人员进行施工现场调查，了解工程的自然条件和施工条件。

②组织技术等有关人员学习审查图纸，对设计图纸中存在的问题及时与设计单位联系解决，并填写图纸会审记录，及时请业主、设计签署意见。

③根据施工图纸以及有关技术规范编制施工组织设计。

2）施工中的技术管理。

①施工前，由项目工程师向参加施工的人员，进行口头和书面交底，同时听取施工人员的意见，最后做到岗位责任明确，各种交底手续完备。

②新开工的主要项目都要进行典型施工，经总结和改进后，方可进行正常施工。

③制订创优质工程质量措施计划，对主要工序建立质量管理点。

④学习全面本项目研发进度及具体内容，学习有重点，有成效，以此促进施工管理。

⑤施工的基线及计算书，隐蔽工程验收单、竣工资料。要及时组织验收整理，与有关单位签证及时，手续完备。

⑥施工中，大胆学习和采用新工艺、新材料、新技术、提高经济效益，缩短建设工期。

⑦加强现场组织与调度工作，对施工中出现的关键课题，发动群众，献计献策，保证施工的顺利进行。

⑧加强对试验及计量工作的管理，原材料的进场必须有产品合格证和验收单，对原材料的检验，混凝土配合比、混凝土强度等指标的控制要准确。各种量具检验合格，方可使用。

⑨主办技术员要认真做好本职工作，各种施工草图、技术交底都要有审核手续和签字手续，对上级的指示、设计变更、施工中的工程量等写入施工日志要详细完整。

⑩建立健全质量奖惩条例，使之切实起到监督、促进作用。

⑪严格执行"三检"制度，上道工序不合格严禁进入下道工序。

四、成本及综合效益分析

（一）成本分析

在充分考虑和计算港口船舶供电负荷大小，按照项目系统设计要求，对主要设备进行配置。项目主要由设备费、工程安装费及其他费用组成。编制工作力求准确，在保证项目顺利实施的前提下，尽可能节省费用。项目经济社会效益明显，在 5 年内可以收回投资成本，同时，该项目的实施在节能减排等方面的社会效益更是不可估量。

编制原则和依据如下：

（1）项目划分及取费标准执行 2009 年版《20kV 及以下配电网工程建设预算编制与计算标准》（国家能源局〔2009〕123 号）以及使用指南。

（2）定额采用国家能源局颁布《20kV 及以下配电网工程预算定额　第一册：建筑工程》《20kV 及以下配电网工程预算定额 第二册：电气工程》《20kV 及以下配电网工程预算定额　第四册：电缆工程》《20kV 及以下配电网工程预算定额　第五册：调试工程》。

（3）定额人工、材机调整系数执行电力工程造价与定额管理总站发布的《关于发布〈20kV 及以下配电网工程预算定额 2014 年上半年价格水平调整系数〉的通知》（定额〔2014〕26 号）。

（4）勘察设计费计算执行 2009 年版《20kV 及以下配电网工程建设预算编制与计算标准》中计价原则。

（5）设备、材料价格参照国家电网公司近期同类工程设备、材料招标价计列。

（6）基本预备费费率按 3%计算。

（7）不计列建设期贷款利息。

估算表见表 9-8。

表 9-8　　　　　　　　　　　投 资 估 算 总 表　　　　　　　　　　单位：万元

序号	工程或费用名称	建筑工程费	设备购置费	安装工程费	其他费用	合计	各项占总计（%）
一	主辅生产工程	58.2120	1328.2	290.7983		1677.2103	
（一）	主要生产工程	58.2120	1328.2	290.7983		1677.2103	
（二）	辅助生产工程						
二	与站址有关的单项工程						
	小计						
三	编制年价差			1.9385		1.9385	
四	其他费用				89.8618	89.8618	
	其中：						
	1. 建设场地征用及清理费						
	2. 基本预备费				51.4681	51.4681	
	3. 项目建设管理费				18.2805	19.8262	
	4. 项目建设技术服务费				16.4486	17.9625	
	5. 工程建设监督检测费				1.0470	1.1495	
	6. 生产准备费				2.6176	2.8737	
五	特殊项目						
	工程静态投资	58.2120	1328.2	292.7368	89.8618	1769.0106	
六	动态费用						
（一）	价差预备费						
（二）	建设期贷款利息						
	各项费用占静态投资比例（%）						

（二）投资合作模式

国网辽宁省电力有限公司大连供电公司与港口方面本着平等、自愿、诚信、互惠、互利的原则，共同推进大连港口船舶岸电建设工作，初定双方职责与项目分工如下。

国网辽宁省电力有限公司大连供电公司主要职责与分工：

（1）项目的前期推进工作，包括相关手续的办理，完成电力公司内部立项及相关的资金落实。

（2）技术方案的制订，明确项目的建设规模以及系统的具体配置。

（3）委托设计单位绘制初步设计图以及施工图等，并组织图纸评审。

（4）根据设计与施工需要确定设备供货商并采购相应设备与材料（包括变压器、变频电源、功率补偿器、滤波器、电力电缆、计量设备、监控设备等）。

（5）根据项目需要对相关电网设施进行改造升级（包括电力增容，进线电源铺设等）。

（6）组织现场施工、验收及接收工作。

（7）向政府进行相关奖励资金的申请（如有）。

大连港方面主要职责与分工：

（1）配合电力公司进行项目前期工作，提供相关资料，为项目现场调研提供便利和支持。

（2）在项目实施过程中如需对码头附近市政土地与设施进行改造等，港口方负责与市政部门进行协调。

（3）提供岸电系统所需占用场地空间。

（4）安排满足岸电要求的船舶进入对应泊位接入岸电，保证岸电系统的使用率。

（5）施工过程中提供必要的条件及协助。

（6）负责对岸电系统进行岸电接入操作及维护保养。

（7）配合电力公司向政府进行相关业务的报批与相关奖励资金的申请（如有）。

国网辽宁省电力有限公司大连供电公司以预付费的方式收取船舶电费，港口方仅负责港口船舶岸电系统的接入操作及维护保养，售电所得全部归电力公司，由电力公司向港口方支付岸电系统场地租金及人员操作服务费等相关费用。

（三）综合效益分析

为推进电能替代和水路运输节能减排，减少港区排放，在大连港散货和集装箱码头各建设一套船舶岸电系统，分别为散货码头 2MW，集装箱码头 3MW，项目投资约1769 万元。

本方案中港口岸电项目投运后，电网公司的收入包括电费和服务费，由于收费尚未确定统一收费标准，且需将少部分利润与港口分享，同时由港口负责船舶接入岸电操作及维护保养，因此本分析中仅考虑收取电费进行保守测算。

$$年收益＝年岸电电量×（售电均价－购电均价）$$

其中，年岸电电量取决于港口岸电的利用时间。

1. 近期收益分析

按照与大连港达成的合作意向，大连港承诺落实接电船舶，在项目建成投运时有 2 艘散货船（每艘停靠平均负荷 900kW）和 2 艘集装箱船（每艘停靠平均负荷 1800kW）将可以连接岸电，集装箱每艘船每个月停靠 4 次，每次停靠 12h，散货每艘船每个月停靠 3 次，每次停靠 24h 计算，大连港购售电差价约 0.473 56 元/kWh，依以上数据计算，实际效益见表 9-9。

表 9 - 9	实 效 效 益	
投资（万元）	实　　际	
	效益（万元/年）	回收期（年）
1769	172	10.3

2. 理想效益分析

按照规划，到 2020 年，集装箱单泊位吞吐量将达到 68 万 TEU，年停泊 158 艘次，散货单泊位吞吐量将达到 950 万吨，年停泊 79 艘次，在这种状况下，理想效益见表9 - 10。

表 9 - 10	理 想 效 应	
投资（万元）	理想状况	
	效益（万元/年）	回收期（年）
1769	239	7.4

（四）项目重要意义

1. 大连靠港船舶实现"零排放"

2016 年年底，国网大连供电公司船舶岸电电能替代示范项目顺利投运，成为东北首个高压变频岸电项目，辽宁大连大窑湾集装箱码头开启了"港口岸电"系统。

所谓"港口岸电"，简单来说，就是将岸上电力供到靠港船舶使用的整体设备。船舶靠港期间使用岸上电力来满足船上生产作业、生活设施等电气设备的用电需求，靠港期间无须使用船上自带的燃油辅机，消除了发电机尾气排放和噪声污染，极大地提高了港区环境质量。

在辽宁大连大窑湾集装箱码头实现"零排放"，意义重大。该码头是东北地区最大的集装箱枢纽，可靠泊 3E 级 1.8 万 TEU 集装箱船舶，内外贸集装箱班轮航线 100 余条，航线网络覆盖国内外 100 多个港口，外贸集装箱吞吐量占东北口岸的 97%。然而，大量靠港船舶燃油发电机所排放的废气也成为高栏港的重要污染源。

靠港船舶排污问题并不容易被解决，据国内业界专家透露，目前船舶靠港减排的通行技术有 3 种，分别是换用低硫油、采用 LNG 动力和接岸用电。低硫油对减少氮氧化物和细颗粒物的排放几乎没有作用，但岸电却作用巨大，而且接岸用电还可以减少船舶振动和辅机磨损。

对此，大连供电公司新能源专责门志勇介绍说："港口岸电项目建设，是响应大连'蓝天'工程建设的有效措施。"项目预计年用电量超过 360 万 kWh，每年将节约燃油 70 余万吨，减少氮氧化物排放 8000 余吨、二氧化碳排放 4000 余吨。此外，在噪声抑制方面，可消除自备发电机组运行产生的噪声污染，为船员和港区居民提供更加舒适的生活和工作环境。

2. 攻坚克难建成东北最高端岸电系统

施工过程中，难题不断。比如，本次装设的成套岸电系统涉及站内输出电源至码头船舶接电箱段电缆线路建设，由于现场大部分场地受限，无法建设正常的电缆沟。进过多次现场勘察后，制定了沿现场建筑制作电缆桥架作为出线电缆敷设的路径，而由于现场桥架制作的位置有部分涉及高空作业，要求必须采取架设脚手架等措施进行施工，因此对涉及落空施工安全措施的情况也较为多样。

为推动大连港绿色示范港口建设，大连供电公司主动联系市政府相关部门及大连港集团，通过现场勘测及技术论证，为辽宁大连港大窑湾集装箱码头量身定做岸电系统可行性研究报告，克服待建电缆通道邻近运行中的机械传输设备、高压上船技术等难点，推进项目高效落地。

再如，在推进过程中，辽宁大连大窑湾集装箱码头共建设一套高压岸电设施。大连港船用岸电项目采用一系列先进技术，首次将电能质量智能调节装置用于港口船舶岸电系统，确保船舶安全、稳定接用岸电。同时运用智能变频变压技术，配置安装输出容量 2000kVA 和 3000kVA 高压变频装置，将 10kV 50Hz 工业电源转化成 6kV 50Hz 及 6.6kV/60Hz 船用双品双压输出电源，以满足不同电制靠港船舶的用电需求，并可在船载发电机不停机状态下，实现船舶带负荷并网，达到船电与岸电无缝切换。同时建设码头 2、3 泊位非地埋式岸基电源高压插座箱，铺设 5.9km 电力电缆，设置两台岸电箱，能满足今后停泊在码头的所有船舶的用电需求。

3. 年电能替代量约 360 万 kWh

就节能减排效果而言，大连岸电项目成为东北港口节能减排当之无愧的"主力军"。

大连港地处东北亚经济圈中心，港阔水深，不淤不冻，是中国北方面向太平洋、走向世界的海上门户。随着大连东北亚国际航运中心建设和辽宁沿海经济带开发上升为国家战略，大连港集团呈现快速发展的态势。现已拥有集装箱、原油、成品油、散矿、粮食、煤炭、滚装等现代化专业泊位 100 多个，万吨级以上泊位 70 多个，实现了世界上有多大的船，大连港就有多大的码头。

港口岸电是交通领域电能替代的一个重要方面，对于港口岸电建设下一步的规划，备受关注。采取以点带面的推广策略，先行打造示范项目，积累项目建设、运营经验，再行逐步推广覆盖全市港口码头。

"十三五"期间，大连供电公司计划投资 1.706 亿元，建设 38 套高低压船用岸电系统。其中，低压岸电系统 20 套，高压岸电系统 18 套。

港口岸电是电能替代一个重要方面，除此之外广东电网还划分出九大类替代技术领域，涵盖电动汽车、"煤改电"等，将积极以"电能替代"促进供给侧结构性改革。制订电能替代行动计划及具体推广措施，建立管理及跟踪服务体系，开展市场潜力研究，普及技术应用等。据统计，截至 2017 年 3 月底，大连供电公司已推动完成电能替代项目 229 个，替代电量总量完成 18.5 亿 kWh，促使电能占终端能源消费比重不断提升。

4. 应对气候变化的"大连经验"

当北方持续大范围雾霾天气肆虐人们生活的时刻，谈论这个"港口岸电"项目，显得迫切又重要。

现阶段，我国能源供应主要依靠化石能源，煤炭的消费比重仍然高达 64.4%，非化石能源消费比重仅占据 12%。能源供给侧结构不合理导致环保问题日益突出，雾霾成为公众高度关注的社会性问题，中国应对气候变化的政策与行动中，对优化能源结构、节能提高能效做出了安排：针对工业、能源、建筑、交通、节能、城镇化、林业、农业、消费等重点领域提出了分领域的低碳发展基本思路、战略任务和政策措施。

具体而言，推进岸电工作，交通运输部不遗余力。2015 年 8 月 27 日，交通运输部颁布了《船舶与港口污染防治专项行动实施方案（2015—2020 年）》，方案中明确要求，到 2020 年，全国主要港口 90％的港作船舶和公务船舶靠泊使用岸电，50％的集装箱、客滚和邮轮专业化码头具备向船舶供应岸电的能力。

国际约束亦渐行渐近：国际海事组织（IMO）近日在英国伦敦召开的国际海事组织海洋环境保护委员会第 70 届会议上，通过了自 2020 年 1 月 1 日起，船舶燃油含硫量从现在的 3.5％降低到 0.5％的规定。

应对气候变化治理体制变革离不开理念的引领。大连供电公司首个高压"港口岸电"项目在大连港大窑湾码头建成投产，卓有成效的节能减排行动，是对全球应对气候变化进程的一大贡献。

小　结

在全球运输业务不断发展的情况下，海运比陆地运输模式有着明显的优势，得到迅速发展，这不仅因为其对基础设施需求较小，还因为以往海运很少出现交通阻塞且对环境的污染也相对较小。但随着全球海运业务的急剧增长，由海洋运输工具造成的环境污染日趋严重。最近 10～20 年，来自陆地的空气污染的排放物由于政府和有关组织的强势干预其增幅已经得到有效控制并呈逐渐下降趋势；然而海运带来的环境污染状况却在持续不断地恶化。因此，研究减少海运对环境污染物排放的方法及技术对我国进一步发展海洋运输业务意义重大。

岸电技术的推广和应用仅有 20 多年的时间，属于新兴技术。虽然目前在世界很多地方已经开展大范围推广，但仍有诸多问题需要解决。

1. 资金层面

目前，岸电实施的建设投资普遍较高。一套低压岸电设施的建设费用在 100 万元左右，一套高压岸电设施的建设费用在 1000 万元左右，如果码头电力涉及增容问题，则投资更大，对于港方来说投资的回收期很长。如何解决好投资、效益和收益的问题是摆在我们面前的重要课题，因此各地方政府考虑在港口建设岸电之前应该权衡岸电技术和其他管控技术或设施的投资与效益比，根据地方政府的能力有序地推进岸电设施的建设。同时，在未来还需进一步探索政府、港口以及社会共同投资的模式，缓解在资金方面的压力。

2. 技术层面

由于船舶的流动性较大，每个港口都会接收来自世界各地的船舶，大小不一，种类繁多。虽然目前已经发布实施了《港口船舶岸电系统技术条件》《港口船舶岸电系统操作技术规程》，但仅对来自国内的靠泊船舶使用岸电的技术标准进行了规范，对于来自远洋的船舶则无法适从。存在的差异主要有船舶供电电制、岸电接口、岸电供电方式不一致等问题，需要在设计岸电设施建设方案时加以考虑，同时需要不断与国外船级社或船公司紧密沟通，研究设计出一系列在国内以及国际上通用性较强的岸电使用标准和技术规范。

3. 法规、政策层面

船舶靠泊使用岸电技术是一个利船、利民、利国的好举措，需要在国家层面进行鼓励和推动。目前多地港口岸电设施建设已经开展，但船舶也需要进行相应的改造才能够使用岸电，船方进行岸电改造的意愿需要政府出台补贴政策加以引导。由于我国进行岸电应用的技术还不成熟，出台靠泊船舶强制使用岸电的法规可行性较差，但可以在有条件的区域设计排放控制区（如果条件成熟，只是需要 5 年的时间），船舶在此区域内靠泊时可以选择使用岸电或者其他能够减少大气污染物排放的方式，否则予以处罚。通过设立排放控制区，不仅有助于改善港口城市环境空气质量，还能够倒逼各类船舶进行岸电改造或采取更先进的减排措施。

为了减少工业中大型柴油机排放的废气对空气质量的影响，贯彻《中华人民共和国环境保护法》和《中华人民共和国大气污染防治法》，由国家环保局和国家质检局共同发布《非道路移动机械用柴油机排气污染物排放限值及测量方法》（GB 20891—2007）。其中对非道路移动机械用柴油机排气污染物排放量进行了限制，见表 9-11。

表 9-11　GB 20891—2007 规定非道路移动机械用柴油机排气污染物排放限值

大气污染物	CO	HC	NO_x	PM	烟气总量
排气污染物排放限值（g/kWh）	3.5	1.0	6.0	0.2	10.7

为计算方便，假设在使用岸电供船发电之前，靠泊于码头的船舶靠柴油机发电均达到固定的限制水平。取单泊船舶 1000kW 功率计；泊位利用率根据国家交通部《港口工程技术规范》的取值范围，取值 0.58，全年天数为 365 天，则全年的泊位利用天数为 211.7(365×0.58)天，全年的泊位利用时间为 5080.8(211.7×24) 小时。计算结果见表 9-12，通过岸电供船发电可以使单位泊位的年减排量总量最多可以达到 108.73 吨，其中单泊位全年的一氧化碳减排量为 17.78 吨，碳化氢（HC）减排量为 5.08 吨，氮氧化物（NO_x）减排量为 1.02 吨，烟气总减排量为 54.36 吨。

表 9-12　　　　　　　　　　　岸电供船单泊位的年减排量

大气污染物	CO	HC	NO_x	PM	烟气总减排量	总减排量
1kWh 排气污染物排放限值（g）	3.5	1	6	0.2	10.7	21.4
1000kWh 排气污染物排放限值（t）	0.0035	0.001	0.006	0.0002	0.0107	0.0214
1000kWh 排气污染物排放限值（t）	17.78	5.08	30.48	1.02	54.36	108.73

港口使用岸电技术既不是低碳技术，也不是经济有效的节能技术，而是减少靠港船舶大气污染排放物的减排技术。港口采用岸电技术后，船舶到港靠泊后，不需要采用辅助发电的方式为船舶上的供电设备进行供电。由于船舶用辅机供电主要靠燃油方式进行的，所以会对港口的环境带来很大的影响，尤其是对于大气的污染。

在环境效益中，石油制品的燃烧，会排放氮氧化物、一氧化碳、碳氢化合物等有害物质。通过非道路移动机械用柴油机排气污染物排放限值的标准，可以大致估算出港口中单泊位船舶靠泊时所产生的最大排放量的污染气体。如果采用岸电技术后，则可以减少此部分有害气体的排放量，为增加社会效益，特别是对港口周围的大气环境的情况有明显的改善。

在经济效益中，主要分析了船舶靠泊时所需要消耗的辅机燃料的价格与采用岸电技术所需要消耗的电费。通过两者比较，可以发现采用岸电方式供电可以比燃油消耗更经济。

近年来，随着国家对节能减排、环境保护工作的不断重视，我国各行各业都在努力开拓思路，促进节能减排、环境保护工作的具体落实。国家电网公司提出的"以电代煤、以电代油、电从远方来"的思想逐渐成为社会共识，并得到了广泛的认可。港口发展岸电技术作为港口节能减排的重要举措之一，具有极大的环境和经济效益，符合国家电网公司的倡导，且具有广阔的推广前景和深远的意义。